“十二五”职业教育国家规划教材
经全国职业教育教材审定委员会审定

21 世纪高职高专规划教材 ◆ 金融保险系列

保险原理与实务

（第四版）

BAOXIAN YUANLI YU SHIWU

李　民　刘连生　编著

中国人民大学出版社
·北京·

前 言

距离2008年本书第一版出版，已经过去十年时间。十年间，中国保险业发展突飞猛进，本书也进行了第二版、第三版修订，来自全国各地的教师、学生以及保险行业人士都对本书给予较高的评价，作者深感荣幸并倍受鼓励。

本书2015年6月第三版出版至今，保险行业相关法律法规逐步健全，新的保险案例不断涌现，书中的部分内容已不能很好地反映保险业的发展现状，因此有必要对本书进行修订。在广泛征求本书使用意见的过程中，我们获得了诸多一线任课教师和学生提出的中肯建议与意见。在此基础上，我们又拜访了一些保险行业人士，认真听取了他们对本书的意见，从而使此次修订工作建立在坚实的调研与实践的基础之上。我们希望修订后的教材不仅能较好地满足教学需要，而且能和中国保险实践更好地接轨。本次修订首先结合中国保险业发展现状对全书主要内容及相关资料进行了全面且丰富的更新；其次，根据使用本书的教师、学生的反馈对部分章节内容及课后习题进行了调整；最后，根据保险行业人士的建议在书中引入更多保险业务实例。

本书第一章及第二章由刘连生老师负责编写，第三章至第十一章由李民老师负责编写。感谢使用本书的各位教师、学生及保险行业人士提出的真知灼见，也感谢本书责任编辑的辛勤工作，希望广大读者今后继续对本书提出宝贵意见。

为了给使用本书的教师提供教学支持，我们配备了相关的PPT课件及课后习题答案。您可以登录中国人民大学出版社网站http://www.crup.com.cn/jiaoyu或扫描二维码关注本书公众号（baoxianyanjiu）下载相关资料。在教材使用过程中，若您有任何意见和建议，可通过发送邮件至litottimin@sina.com或者公众号直接联系作者本人。

本书公众号：

编著者

目　录

第一章
风险与保险

学习目标

1. 了解风险的概念、属性、种类及风险管理的程序；
2. 掌握风险因素、风险事故、损失的基本含义；
3. 理解保险的要素、特征和基本的分类；
4. 理解保险的职能；
5. 了解保险产生与发展的历史。

第一节　风险与风险管理

一、风险的含义

（一）风险的定义

保险存在的自然基础在于风险的广泛存在。风险是在特定环境下某种随机事件发生后给人的利益造成损失的不确定性。其中，不确定性是风险的本质。世间万物都处于永恒的变化之中，人们的主观意识对于客观世界变化的把握始终受到各种条件的制约，因而是有限的。意外的变化或难以确定的因素永远存在，构成了风险产生和存在的客观基础。

（二）风险的三要素

1. 风险因素

风险因素又称风险条件，是促使或引起风险事故发生，或在风险事故发生时，致使损失增加、扩大的条件。风险因素可以分为以下三种：

（1）实质风险因素，又称物质风险因素，是指增加标的风险发生机会或损失严重程度的直接条件。实质风险因素是一种有形因素。例如，干燥的气候会引起或增加火灾发生的机会；湿滑的路面容易引起车祸。

（2）道德风险因素，是一种与人的品德修养有关的无形因素，是指由于人的恶意行为或不良企图，故意促使风险事故发生或扩大已发生的风险事故所致的损失程度。如纵火骗赔、盗窃、抢劫、贪污等。

（3）心理风险因素，是指由于人们主观上的疏忽或过失，以致增加风险事故发生的机会和扩大损失程度的因素。心理风险因素也是一种无形因素。例如，由于投保人的疏忽，出门忘了锁门，增加了被偷窃风险的发生概率；锅炉工忽视了及时给锅炉加水，增加了发生爆炸的可能。

道德风险因素与心理风险因素有时也可以被统称为人为心理因素。

2. 风险事故

风险事故又称风险事件，是指风险的可能变为现实，以致引起损失的结果。风险事故是损失的直接原因。

3. 损失

损失是非故意的、非计划的和非预期的经济价值的减少。显然，该定义包括两方面的条件：一是非故意的、非计划的和非预期的要素；二是经济价值的要素，即损失必须能以货币来衡量。二者缺一不可。

课堂讨论：
风险因素、风险事故和损失的关系。

例如，花钱买礼品虽然减少了个人的经济价值，但该行为是有计划的；再如折旧、馈赠，虽然有经济价值的减少，但不符合第一个条件。

风险是由风险因素、风险事故和损失三个要素共同构成的，其关系如图1-1所示。

风险因素 → 风险事故 → 损失

图1-1 风险三要素的关系

相关资料1-1

风险三要素的识别

2017年1月28日21时左右，北京的冯先生骑行一辆ofo共享单车，骑出不到100米遇下坡，不想自行车刹车突然失灵，导致冯先生摔倒，牙齿折断5颗、缺损1颗，上下唇内外及面部挫裂伤，鼻梁骨折，根据监控录像，冯先生当时昏迷了十几分钟。为此，冯先生起诉ofo单车的运营主体北京拜克洛克科技有限公司，要求赔偿2万元。

在此案例中，风险因素、风险事故、损失分别是什么？

风险因素：光线不好、下坡路、刹车失灵的自行车等。

风险事故：交通事故。

损失：医疗费用、收入减少、车辆损坏、赔偿责任等。

（三）风险的属性

1. 风险的充实性

在不同的层次上，风险都构成密集的网络，它同经济网络的充实性是一致的，因而无论是对个人、企业还是对国家而言，风险都是处处存在、时时存在的。充实性是指在风险环境中不存在“安全岛”，试图摆脱风险只能导致更大的风险。充实性的另一个含义是风险在总体上是不可能被消灭的。

2. 风险的变异性

从风险定义中可以知道风险是随特定空间、时间、条件的变化而变化的，因而分析和处理风险必须注意风险之外其他条件的变化，从而把握风险的内容、形式和损害程度的变异。

3. 风险的可控性

几千年人类文明的进步就建立在有效地控制了各种各样的风险基础之上，尽管人们并未充分地意识到这一点。建立风险科学的目的就在于科学地认识风险，有效地控制风险，避免历史上各种风险所导致的悲剧在今后重演，加速社会经济的发展。

4. 风险的效益性

风险的实质在于不确定性。我们传统上将损害的不确定性定义为风险，随着风险管理水平的提高，化害为利的措施得到广泛应用，损害的不确定性也可以转化为效益的不确定性，投机风险就是这一特性的典型。效益和损害是风险的两个方面，现代风险科学的发展把实现风险的效益性作为一个极为重要的目标。

（四）风险的种类

基于不同的认识水平和分析目的，人们对于风险的分类是多种多样的。

1. 按风险产生的原因划分

（1）自然风险。自然界因素及物理的、化学的和生物的变化等导致的风险。例如风、雨、雷、电等。

（2）社会风险。个人或集团的社会行为导致的风险。例如偷窃、暴动、政变等。

（3）经济风险。个人或集团的经营行为导致的风险。例如价格波动、亏损破产等。

（4）政治风险。种族、宗教的冲突或叛乱、战争引起的风险。

2. 按风险的性质划分

（1）纯粹风险。只有导致经济损失一种可能的风险。例如车祸、火灾、核电站事故等。

（2）投机风险。具有损失和获益两种可能的风险。例如建立工厂、外汇投机等。

3. 按风险的影响范围划分

（1）基本风险。无论是从起因还是后果上分析都是社会性的风险。例如市场变化、社会动乱、失业等。

（2）特殊风险。无论是从起因还是后果上分析都是个人性或集团性的风险。例如偷窃、伤残、火灾等。

4. 按风险产生的环境划分

（1）动态风险。与社会变化相关的风险。例如市场风险、生产风险、技术风险等。

（2）静态风险。与社会变化无关的风险。例如普通火灾、自然锈蚀、病残等。

5. 按风险损害的对象划分

（1）财产风险。财产发生毁损、灭失和贬值的风险。例如房屋遭受火灾、财产贬值等。

（2）人身风险。由生、老、病、死生理规律所引起的风险和因自然、政治、军事、社会等原因所引起的人身的伤、残、亡等风险。

（3）责任风险。对于他人所受到的身体伤害或财产损毁应负的法律赔偿责任或依法履行契约应负的契约责任风险。例如医师、律师、会计师所负的责任事故风险。

（4）信用风险。又称保证风险，是指由于各种信用活动所导致的风险。例如商业信用风险、进出口信用风险、期货交易等信用风险。

（五）风险的成本

风险的成本指的是在处理风险过程中人们承受的经济损失，这个损失不一定必须用货币价值来表现。在安排风险管理计划之前，我们先要了解风险的成本是什么，有多大价值，这样我们才能安排各种防范和处理措施。倘若处理风险的费用大于风险带来的经济损失，则可以听任风险发生。

一般而言，风险的成本大致有三个部分：

（1）防范、分散或转移风险的费用。一旦意识到面临的各种风险，人们首先考虑采用各种手段防患于未然，这就要发生咨询费、保险费、保护设施安装费、搬迁费等。还有一种不能用货币表示的“机会成本”，即由于风险分析或安装设施等活动要耗费一定的人力、财力和物力，不能将这部分资源投入其他活动而获益的间接损失。

（2）风险造成的损失及处理费用。如企业发生火灾导致人员受伤、产品报废、厂房受损，这就需要一定款项作为安抚伤员、恢复生产之用。同时，由于事故发生导致的其他关联企业经营困难等，也属于该火灾的间接费用。不言而喻，这里同样存在一个“机会成本”的问题。

（3）风险的社会成本。由于风险的存在，与之关联的各种经营活动都蒙上了一层阴影，经营管理者要做出相应的资金、材料、人员乃至精神状态的准备，这些应变活动无疑是正常经济效益的一种损失。

相关资料 1-2

什么是机会成本？

机会成本是指做一个选择后所丧失的不做该选择而可能获得的最大利益。如生产一单位的某种商品的机会成本是指生产者所放弃的使用相同的生产要素在其他生产用途中所能得到的最高收入。

一位刚刚获得 MBA 学位的 A 先生，自己投资 200 万元（当前市场利率为 10%）开设一家企业；如果受雇，其年薪为 100 万元。自己开公司，预计年销售额为 800 万元，会计成本为 690 万。问：A 先生自己开公司净赚多少？

A 先生自己开公司“净赚”－10 万元。因为 A 先生自己开公司，可以赚 110 万元，但机会成本是 120 万元。其中工资收入 100 万元，200 万元银行存款利息收入 20 万元。选择了自己开公司，就放弃了自己受雇的工资和 200 万元银行存款利息收入，放弃的就是机会成本。

二、风险管理

（一）风险管理的定义

所谓风险管理，是指经济单位通过对风险的认识、衡量和分析，以最小的成本获得最大安全保障的管理方法。风险管理是研究风险发生规律和风险控制技术的一门新兴的管理学科，即利用各种自然资源和人类技术手段对各种导致人们利益损失的风险事件和现象施以防范、控制乃至将其消除的全部过程。风险管理的宗旨是以最小的经济成本，达到分散、转移、消除风险，保障人们经济利益和社会稳定的基本目的。当然，对于不同的主体，风险管理还有一些特定的附属目标。如对个人而言，身体健康和家庭生活的稳定是公民个人风险管理的具体目标；对于企业经营而言，保证产品质量稳定、占领销售市场、防止价格波动、减少库存增加等，都构成企业在一定时期内风险管理的确定目标；对于国家而言，保证政治安定、民众生活富足、对外投资获利、边境平安等构成了国家风险管理的确定目标。

事实上，上述特定的目标同时也是个人、企业和国家经营管理的目标。有经济行为发生，就有风险发生。对经营行为的管理，就是对风险的管理。经营管理与风险管理在本质上是一致的，是同时的。随着科学和经济的进步，人们对于风险管理的认识逐步深入，风险管理科学的前景会更加广阔。

相关资料 1-3

保险公司是如何进行风险控制的：以健康险为例

承保前

1. 在保单设计和条款制定阶段。必须使保险条款通俗化、标准化、规范化，明确界定责任范围，这样可以避免因为条款模棱两可而导致的理赔纠纷，从而降低因此而产生的民事纠纷风险。

2. 被保险人资格审核阶段，要秉承谨慎的原则。在健康保险中，要进行体检并了解被保险人的已有病史，若被保险人之前曾经投过保，可以考察被保险人的历史理赔记录，从而防止被保险人的逆选择风险。综合考虑出险概率，厘定保费。

保险期间

1. 观察期条款：投保第一年，要有半年至两年的观察期，以观察被保险人是否有隐瞒病情，或自身状况的情况发生，在观察期内，保险公司可以免责。

2. 要求被保险人履行告知义务，若在保险期限内其身体情况、职业等发生变化，风险概率有所改变，要及时告知保险公司，以防信息不对称给保险公司带来的承保风险。

出险后

1. 赔偿等待期：在发生符合保险合约的风险事件以后，有两到三个月的等待期，以便保险公司对医疗费用支出和风险损失水平及风险事件的真实性进行调查。以防被保险人夸大病情，夸大医疗费用支出给保险公司带来损失。

2. 损失补偿原则：健康险中的医疗费用赔偿实行的损失补偿原则，按照实际医疗费用支出来赔偿，被保险人不能获得额外的保险利益，从而规避了被保险人的道德风险。

3. 权益转让条款：由于医疗费用赔付的特殊性，保险人在支付了赔偿金后，获得了代位追偿的权利，可以向事故责任人追偿，降低了承保和赔偿的风险。

4. 惯合理费用条款：损失的赔偿是按照惯常的合理费用计算，以防止被保险人过度医疗，造成过高的医疗费，也避免其夸大费用支出。

保单期满，未出险

1. 可续保条款：当健康保险合同期满时，保险人有权决定是否予以续保；仍然要重新审核资格，在更新合同的同时，根据被保险人目前的情况，更新费率。

2. 若未出险，保险人可以适当降低下一年的保费，以鼓励被保险人不出险，从而获得保费优惠。减低保险人的承保风险，被保险人会更加关注和爱护风险标的。

其他风险控制措施

1. 再保险：将承保的保险标的再向另一家保险公司投保，将承保的部分风险转移给其他保险人，从而起到分散风险的作用。

2. 保险公司积极与医疗机构合作，通过管理式医疗，降低医疗费用，减少过度医疗损失，减少承保赔偿的经济负担。

3. 防范经营风险，有保险公司的保险资金进入资本市场保值增值，进行运作，但是会出现流动性问题。保险公司可通过设立保险技术准备金，应对流动性风险。

4. 通过保险创新、保单证券化、巨灾债券，将承保的风险转移给资本市场的投资者。

（二）风险管理的基本程序

风险管理内容呈现一种阶段性，在不同的阶段，风险管理的目标、方法均有差异。目前，比较成熟的风险管理大致分为三个阶段。

1. 风险识别

风险识别即根据某种科学方法认识并区别风险。一般经济单位的风险识别通常包括：一是全面了解经济单位的人员构成和资产分布以及业务活动；二是对人和物所面临的和潜在的风险，以及发生风险损害的可能性进行识别与判断；三是分析经济单位所面临的风险可能造成的损失及其形态，如可能发生的人员损失、财物损失、营业损失、费用损失、责任损失等。

对风险的识别一方面可以通过感性认识和经验进行判断，另一方面，也是更重要的，必须依靠对各种客观的会计、统计、经营资料和风险记录进行分析、归纳及整理，从而发现各种风险的损害情况以及风险发生的规律。国家进行风险管理有以下具体方法：首先，财务分析法。根据一国国际收支平衡表或财政收支表，对该国资产项目和负债项目进行逐项评价，判断有多少种因素可能导致该国外债危机或政府财政危机。在各种因素中挑选出在目前环境下最有可能实现的因素。其次，民意测验法。采取民众调查的方式，了解该国当前存在的影响稳定的最大问题及其根源。最后，国别比较法。选取与该国为同一类型的其他国家的资料同该国在政策、发展阶段、经济结构、前景等多方面进行比较论证，根据他国的经验教训来发现本国风险隐患等。

2. 风险评估

风险评估是根据各种方法测定某一风险的发生频率和损害程度，为进一步处理提供科学依据。

风险评估的一个基础理论是数学中的概率论。在自然界和人类社会中，存在大量表面上毫无规律的偶发事件，如刮风下雨、火灾、战争等。这些事件不以人们的意志为转移，而且难以把握。但从较长的时间去考察，或从较广的区域去审视，这些事件却呈现出一种稳定的变化频率。例如，火山爆发、洪水泛滥在一个较长时间段内考察是有时间间隔的，一般每过 10 年或 20 年爆发一次等。同样，城市交通事故的发生也有大致的规律，如平均每天死伤多少人，损失多少财产物资等。概率论将这些就个别来看是偶然发生的，就全体来看却呈现出规律性的事件称为随机事件。从长期或广泛区域考察，这些随机事件发生的稳定的频率即概率。概率分析不仅有助于确定风险发生的频率，而且是保险公司制定保险费率的重要依据。

判断风险发生的损害程度，主要从两个方面考虑：一是直接损害，它可以用防范和处理风险时所消耗的人力、财力和资源来表示；二是间接损害，是指由于风险发生而导致与受损企业相关联的其他企业的经济损失和社会损失。

一旦确定了诸种风险发生的频率和损害程度后，人们就可以将防范和控制的目标集中在几种发生概率较大、损害较严重的风险上。至此，风险管理进入第三阶段。

3. 风险控制

风险控制的基本措施有以下五种：

（1）风险回避。根据预测评估，事先就避开风险源头，或改变行为方式以消除风险隐患。如搬迁以躲避洪水、放弃生产某种商品以防范市场价格风险等。尽管这是最有效的控制方式，但在多数情况下，风险是无法回避的，因而这种方式是比较消极的。

（2）风险抑制。其目的在于降低风险发生的概率和减轻风险损害的程度。例如：建立水库和分洪设施，安装设备保险装置，组织定期的防火普查等。风险抑制是应用最为广泛的风险控制手段。作为实施的前提，个人、企业等均应建立一个管理计划，力争在风险发生之前就采取必要措施。应当指出，风险抑制只是在部分程度上实现风险控制，对于较大的、分布较广的风险，单靠个人或个别企业的力量是远远不够的。

（3）风险自留。即个人或企业自己承担一定风险。自留的风险包括：通过经济核算表明自留比保险更为有利的小型风险；保险机构不予承保的风险；事发突然，无法转移的风险等。个人或企业必须建立一笔准备金以承担这部分风险。在保险业不发达的社会中，风险自留是主要的风险控制形式。

（4）风险集合。将具有同类风险的单位尽可能多地集合起来，共同承担该风险，以提高每个单位应对风险的能力。例如，玻璃窗的破损风险、汽油供应不足的风险等都可以利用这种方式。风险集合也体现着概率论的原则，将大量同类风险集合起来，使其发生的频率和损害程度趋于一个稳定的数值，大家共同承担这个确定的损失，就可以减少个体的风险损失。风险集合往往在特定的行业、地区和时期内行之有效，在其他条件下，风险集合的组织工作成本是很高的。

（5）风险转移。个人或企业通过一定方式将风险转移到其他单位。例如，通过工程承包合同，建设单位可以将建设风险的一部分转移给施工单位；出口企业通过信用证、托收承付等方式将收汇风险转移给进口方银行等。其中最为重要的转移方式就是保险，个人或企业通过保险单将诸种风险向保险机构转移。

（三）风险管理的范围

从理论上讲，有风险存在的地方，就应有风险管理的存在。实际上，风险管理是一门综合性和专业性很强的科学，要求每个人都成为风险管理专家是不可能的，同样，要求企业在所有工序和经营环节上都进行严格的风险管理也是不现实的。而且，不加区分地进行风险管理的经济代价非常高，以至于它本身就构成了一种风险因素。在现实生活中，风险管理的范围是有限的，它集中在若干个风险源上。当然，在不同时期，风险源是会迁移的，但通常人们还是确定了一个大致的框架。

1. 个人风险管理的主要范围

（1）人身伤害。如死亡、残疾、伤害等。

（2）财产伤害。如丢失、被盗、损害等。

（3）责任风险。由于本人的行为或其应负责承担的其他人的行为给他人造成人身伤害或财产损失的赔偿责任。如偷盗、行凶、失职等。

2. 企业风险管理的主要范围

（1）生产风险。如原料、动力供应的变化，成本变化，工序衔接，产品质量等。

（2）市场风险。如预测失误、市场丧失、销售网失灵等。

（3）财务风险。如资产负债表变化、收益变化等。

（4）技术风险。如新技术工艺的出现、技术工人的缺乏等。

（5）社会风险。如工人罢工、宗教冲突、骚乱等。

（6）政治风险。如国有化措施、内战、政变等。

（7）人事风险。如劳动者伤亡、玩忽职守、欺骗、偷盗等。

（8）自然风险。如地震、洪水、化学污染等。

3. 国家风险管理的主要范围

（1）经济风险。如政策失误、通货膨胀等。

（2）政治风险。如政变、外交失策等。

（3）社会风险。如社会骚乱、宗教冲突等。

风险管理范围的确定，为系统研究减轻、分散和转移风险提供了一个稳定的框架。现实生活中，各种保险险种的设计和发展往往建立在这个基础之上。同时，风险管理技术的发展，也将减轻、分散和转移风险的机制延伸至新的领域，从而充实风险管理的范围。

三、风险、风险管理与保险的关系

（一）风险是保险产生和存在的前提

无风险则无保险。风险是客观存在的，是不以人的意志为转移的，时时处处威胁着人的生命和物质财产的安全。风险的发生直接影响社会生产过程的继续进行和家庭的正常生活，因而产生了人们要求对损失进行补偿的需要。保险是一种被社会普遍接受的经济补偿方式。因此，风险是保险产生和存在的前提，风险的存在是保险关系的基础。

（二）风险的发展是保险发展的客观依据

社会进步、生产发展、现代科学技术的应用，在帮助人类社会克服原有风险的同时，也带来了新风险。新风险对保险提出了新的要求，促使保险业不断设计新险种、开发新业务。

（三）保险是传统、有效的风险处理措施

人们面临的各种风险损失，一部分可以通过控制的方法消除或减少，但不可能消除全部由各种风险造成的损失。单靠自身力量解决，就需要提留与自身财产价值等量的后备基金，这样既造成资源浪费，又难以解决巨灾损失的补偿问题，因此，转移就成为风险管理的重要手段。保险作为转移方法之一，长期以来被人们视为传统的处理风险手段。通过保险把不能自行承担的风险集中转嫁给保险人，以小额的固定支出换取巨额的风险经济保障，使保险成为处理风险的有效措施。

（四）保险经营效益受风险管理技术的制约

保险经营效益的大小受多种因素的制约，风险管理作为非常重要的因素，对保险经营效益产生很大的影响。如对风险的识别是否全面，对损失频率和损失程度的估测是否准确，可保风险的范围，保险的成本与效益的比较等，均制约着保险的经营效益。

（五）保险与风险管理相辅相成、相得益彰

一方面，保险人对风险管理有着丰富的经验和知识，经济单位与保险人合作，可以使经济单位更好地了解风险，并通过对风险的系统分析，提出哪些需要保险，以及投保什么险种等，从而促进了风险管理；另一方面，由于经济单位加强和完善了风险管理，就要求保险人提供更好的保险服务，以满足自身的发展要求，这又促进了保险业的发展。

第二节 保险概述

一、保险的定义

保险有广义和狭义之分。广义的保险，一般包括由国家政府部门经办的社会保险、由专门的保险公司按商业原则经营的商业保险和由被保险人集资合办、体现自保互助精神的合作保险等。

课堂讨论：
社会保险与商业保险的关系。

狭义的保险，一般指商业保险，即通过合同形式，运用商业化经营原则，由专门机构向投保人收取保险费，建立保险基金，用作对被保险人在合同范围内的财产损失进行补偿、对人身伤亡以及年老丧失劳动力者的经济损失给付的一种经济保障制度。本教材主要研究的是商业保险。

保险既是一种经济制度，也是一种法律关系。一方面，保险是一种经济制度，它是为了确保经济生活的安定，对特定风险事故或特定事件的发生所导致的损失，运用多数经济单位的集体力量，根据合理的计算，共同建立基金，进行补偿或给付的经济保障制度。另一方面，保险是一种法律关系，保险这一经济制度对于国民经济有着重要作用。所以，世界上大多数国家均将调整这种保险经济关系的准则用法律形式固定下来，借以巩固这一经济补偿制度。

根据《中华人民共和国保险法》（2015 年修订）（以下简称《保险法》）第二条的规定，保险是指投保人根据合同约定，向保险人支付保险费，保险人对于合同约定的可能发生的事故因其发生所造成的财产损失承担赔偿保险金责任，或者当被保险人死亡、伤残、疾病或者达到合同约定的年龄、期限等条件时承担给付保险金责任的商业保险行为。

人与人之间有经济关系、血缘关系、社会关系，其中受法律支配的，就是法律关系。保险关系是受法律支配的，因此它是一种法律关系。这种法律关系的成立有两种方式：一是国家通过法律文件规定，某一特定的意外事故一定要投保，保险双方当事人所建立的权利义务关系是强制进行的。二是由双方当事人协商成立，即依据保险合同确定法律关系。但这种自愿建立的保险合同关系也要依据国家的法定程序，符合国家的有关法律规定。不论用何种方式建立，均属于法律关系。

保险的法律关系与一般损害赔偿的民事法律关系不同。首先，保险事故的发生不是保险人的行为所致，即保险人不是因侵权或违约行为而承担补偿损害责任，而是因为法律规定或保险合同确定要承担补偿损失的义务。其次，保险人承担的只是损失补偿的责任。它有两层含义：一是对保险事故造成的损失进行补偿；二是在约定范围内，根据损失数额进行补偿。最后，保险法律关系的另一方（被保险人）以支付保险费的方式来换取风险保障的权利，所以保险费的支付是取得风险保障的代价。因而，保险法律关系也是一种有一定代价的权利义务关系。

二、保险的要素

（一）可保风险

可保风险是指符合保险人承保条件的特定风险。一般来说，理想的可保风险应具备以下条件：

（1）可保风险是纯粹风险。纯粹风险即风险一旦发生，便成为现实的风险事故，只有损失的机会，没有获利的可能。

（2）风险必须具有不确定性。风险的不确定性有三层含义，即风险是否发生是不确定的；风险发生的时间是不确定的；风险发生的原因和结果是不确定的。

（3）风险的发生是意外的。所谓意外，是指非人的故意行为所致。故意行为容易引起道德风险，为法律所禁止；必然发生则为人们准确预期。因此，故意行为引起的风险及必然发生的风险，都不可能通过保险来解决，属于不保风险。

（4）风险必须是大量标的均有遭受损失的可能性。由于保险需要大数定律作为保险人建立稳定的保险基金的数理基础，只有一个标的或少量标的所具有的风险，是不具备这种基础的。要准确地认识风险，必须通过大量的风险事故才可能对风险进行测定，认识风险的运动规律。

（5）风险的损失必须是可以用货币计量的。凡是不能用货币计量损失的风险是不可保风险，但对人身保险来说，很难用货币来计算一个人的伤残程度或死亡所蒙受损失的价值量，所以死亡给付的标准在出立保单时就确定了。

应当指出，可保风险是个相对的概念。随着保险需求的不断扩大以及保险技术的日益进步，可保风险的范围也会发生改变。

相关资料 1-4

通常认为，下列事项属于不可保的风险：

1. 人身险中：

（1）被保险人在犯罪活动中所受的意外伤害。

（2）被保险人在寻衅斗殴中所受的意外伤害。

（3）被保险人在醉酒、吸食或注射毒品后发生的意外伤害。

2. 财产险中：

（1）战争、敌对行为、军事行动、武装冲突、罢工、暴动。

（2）被保险人及其代表的故意行为或纵容所致。

（3）核反应、核辐射以及放射性污染。

（4）地震、暴雨、洪水、台风、暴风、龙卷风、雪灾、雹灾、冰凌泥、石流、崖崩、滑坡、水暖管爆裂、抢劫、盗窃。

（5）保险标的本身缺失，保管不善导致的变质、霉烂、受潮、虫咬、自然磨损、损耗、自燃、烘熔所造成的损失。

（6）保险财产遭受承保危险引起的各种间接损失。

（7）由于行政或执法行为所造成的损失。

(8) 不属于保险责任范围内的损失。

（二）多数人的同质风险的集合与分散

保险通过集合风险来实现其补偿职能，即由多数人或多数企事业单位参加保险，分担少数人或少数企事业单位的损失，故保险以多数经济单位的结合为必要条件。“多数”的含义，一般没有具体规定，但必须以收支平衡为最低保险基金，应与支出的保险金总额保持平衡。参加保险的经济单位越多，保险基金越多，赔偿损失的能力就越强，每个单位的分摊金也相应减少。多数经济单位的结合，一般有两种方式：一是直接结合，即在一定范围内，处在同类风险中的多数经济单位，为一致的利益组成保险结合体；二是间接结合，即由第三者充当保险经营主体，使处在同类风险中的多数经济单位，通过缴纳保险费的方式，由保险经营主体促成其结合。

由互助性引发的保险的一个技术特征是风险的分散性。多数投保人的集合使少数投保人的风险得以分散，而分散风险能够保持保险经营的稳定性，这也是大数定律和概率论在保险中运用的条件。在保险中，在一定的外部条件下，承保的同类风险标的越多，风险越分散，出现事故的概率和损失概率也呈现出规律性和相对稳定性。以此概率来厘定保险费率，所收取的保险费的金额更接近于实际损失额和赔付额，从而使保险建立在科学的基础上，使保险经营持续稳定。将损失尽量分散，变成微小的损失，就需要参加保险的人越多越好，无论是相互保险还是保险公司经营的保险都是如此。因为参加保险的人数越多，损失就越分散，每个成员的负担也就越轻；投保者越多，交的保险费就越多，所能积聚起来的保险基金数额就越大，对被保险者就越有保障。

（三）保险费率的合理厘定

保险不仅是一种经济保障活动，而且是一种商品交换行为。保险需要众人协力，而且投保者越多越好。但是，在结成互助共济关系的成员中，特别是间接互助共济关系的成员，他们所面临的风险是不同的。风险不同，损失的分担即应缴的保险费就应该不同。如果风险不同而损失分担无异，必然会引发如下后果：一部分风险较小的成员因感觉吃亏而退出保险，剩下那些风险较大的少数投保人也因无法负担巨额的保险费而无法支持下去，原来所形成的互助共济关系就会受到破坏。此外，作为“出卖”保险的保险人，同样是有风险的，这种风险就是保险事故发生时所必须承担的赔偿责任。倘若保险人的风险大而赔付能力小，保险就难以为继。因此，保险要得以正常维持，一要使投保人有负担保险费的能力并易于缴付保险费，以维持必要的互助关系；二要保证保险人的保险费收入与损失赔付总额大体相当，以保证保险人的赔付能力。这一目标的实现，就必须使保险的众人协力建立在科学方法基础之上，即必须根据概率论的科学方法，合理地计算出各种保险的保险费率。合理的保险费率使每个投保人的负担相对公平合理，这是维系保险的众人协力得以长久的关键。一般而言，保险标的负担多少保险费，取决于保险标得的风险大小和保险金额的多少。风险大，保险费就相应多一些；风险小，保险费就相应少一些。在实际中，厘定保险费率的工作是由保险精算师进行的。

（四）保险基金的建立

保险基金是通过商业保险形式建立起来的后备基金，它是仅用于补偿或给付由自然灾害、意外事故或人生自然规律所致的经济损失以及人身损害的专项货币基金，保险基金主要来源于开业资金和保险费。就财产保险准备金而言，它表现为未到期责任准备金、赔款准备金、总准备金和其他准备金形式；就人寿保险准备金而言，它主要以未到期责任准备金形式存在。保险基金的来源具有分散性和广泛性，保险基金具有退还性、专项性、增值性、赔付责任的长期性等特点。可见，无保险基金的建立，也就无保险的补偿给付，也就无保险可言。

（五）订立保险合同

保险是一种经济关系，是投保人与保险人之间的经济关系。这种经济关系是通过合同的订立来确定的。保险专门对意外事件和不确定事件造成的经济损失给予赔偿，风险是否发生、何时发生、损失程度如何，均具有较大的随机性。保险的这一特性要求保险人与投保人应在法律或契约关系约束下履行各自的权利与义务，否则，保险关系则难以成立。因此，订立保险合同是保险关系得以成立的基本要素。

三、保险的特征

现代商业保险主要有下述几个特征。

（一）经济性

保险是一种经济保障活动。保险的经济性主要体现在保险活动的性质、保障对象、保障手段、保障目的等方面。保险是整个国民经济活动的一个有机组成部分，其保障对象（即财产和人身）直接或间接属于社会生产中的生产资料和劳动力两大经济要素；其保障手段，最终都必须采取支付货币的形式进行补偿或给付；其保障的目的，无论是从宏观角度还是从企业微观的角度，都是有利于经济发展。保险的经济性还表现为在市场经济条件下，保险是一种特殊的劳务商品，体现了一种特殊的等价交换的经济关系。这种经济关系直接表现为个别保险人与个别投保人之间的交换关系，间接表现为在一定时期内全部保险人与全部投保人之间的交换关系。此外，从经营的角度看，经营商业保险业务的保险公司属于商业性机构，经营的主要目标之一是提高经济效益，追求利润最大化。但是，商业保险公司追求利润最大化，必须建立在保险经济效益与社会效益相一致的基础上。

（二）互助性

保险具有“一人为众，众为一人”的互助特性。没有互助性，保险就失去了其意义。保险是在一定条件下，分担了个别单位或个人所不能承担的风险，从而形成的一种经济互助关系。这种经济互助关系通过保险人用多数投保人缴纳的保险费建立的保险基金对少数遭受损失的被保险人提供补偿或给付得以体现。当然，在现代商业保险条件下，保险公司出现，并作为一种中间性的机构来组织风险分散和经济补偿，从而使互助性的关系演变成一种保险人与投保人之间的直接经济关系，但这种变化并不改变保险的互助性这一基本特征。

（三）法律性

从法律角度看，保险具有明显的法律性质。由于保险是一种合同行为，所以保险的法律性主要体现在保险合同上。保险合同的法律特征主要有：保险行为是双方的法律行为；保险行为必须是合法的；保险合同双方当事人必须有行为能力；保险合同双方当事人在合同关系中的地位是平等的。保险的法律性，不仅体现在保险本身是一种合同行为，法律是规范和实现保险行为的条件，而且法律也是保险组织和某些保险业务活动（如法定保险、责任保险等）产生的前提条件。此外，对保险的监督管理也是以法律为依据的。

（四）科学性

保险是以科学的方法处理风险的一种有效措施。现代保险经营以概率论和大数法则等科学的数理理论为基础，保险费率的厘定、保险准备金的提存等都是以科学的数理计算为依据的。

四、保险的分类

（一）按照保险实施的方式分类

1. 自愿保险

自愿保险是指在自愿的原则下，投保人与保险人双方在遵循平等互利、等价有偿原则的基础上通过协商，采取自愿方式订立保险合同而建立的保险关系。自愿保险投保人可以自由决定是否投保、向谁投保，中途可以退保，也可以自己选择保险金额、保障范围、保障程度和保险期限等。保险人有自愿决定是否承保、如何承保的权利。

2. 强制保险

强制保险又称为法定保险，是指根据国家颁布的法律或法规，凡是在规定范围内的单位或个人，不管愿意与否都必须参加的保险。强制保险具有全面性与统一性的特征。例如，我国的交强险就是一种强制保险。

（二）按照保险标的分类

1. 财产损失保险

广义的财产保险包括财产损失保险、责任保险、信用保险、保证保险和农业保险等。狭义的财产保险仅指财产损失保险，是以财产及其有关利益为保险标的的一种保险。财产损失保险包括普通财产保险、货物运输保险、运输工具保险、建筑安装工程保险、特殊财产保险等。普通财产保险的前身是火灾保险，包括企业财产保险、家庭财产保险、个体工商户和私营企业保险等。特殊财产保险主要有航天保险、核电站保险、计算机保险等。

2. 人身保险

人身保险是以人的寿命和身体为保险标的的保险。人身保险包括人寿保险、意外伤害保险和健康保险。

（1）人寿保险。人寿保险简称寿险，是以被保险人的寿命为保险标的，以被保险人生存或死亡为给付保险金条件的保险。人寿保险是人身保险的主要构成部分。人寿保险又包括以下几类：

1）生存保险。生存保险是以被保险人期满生存为给付保险金条件的保险。如果被保险人在保险期限内死亡，保险责任即告终止，保险人不给付保险金。如各种生存保险和各种年金保险。

2）死亡保险。死亡保险是以被保险人在保险期限内死亡为给付保险金条件的保险，分为定期寿险和终身寿险。

3）生死两全保险。生死两全保险又称生死混合保险，是以被保险人在保险期内死亡或期满生存为条件获得保险金的一种保险。

（2）意外伤害保险。意外伤害保险是以被保险人在约定的保险期限内，因遭受外来的、明显的、剧烈的意外伤害而导致残疾或死亡为给付保险金条件的保险。

（3）健康保险。健康保险是以被保险人因疾病所致医疗费用及收入损失发生为给付保险金条件的保险。在商业保险中，保险人较少单独经营健康保险，多将健康责任作为附加险，与寿险和意外伤害保险合并办理。

相关资料 1-5

“吃货险”“熊孩子险”……靠谱吗?

“还记得那些年因贪吃而遭的罪吗？那为何不投保一份‘吃货险’，让自己吃得更有保障呢?”记者在淘宝保险的一家店铺里看到，购买这份“吃货险”保费仅需9元，此后的一年中，如果因急性肠胃炎住院和门诊治疗，最高可赔付1 000元。

像“吃货险”一样让人想不到的互联网创新保险不在少数，这些保费低、保障期限短、趣味性强的特色保险吸引了越来越多的保险线上消费。其中，0.9元就能投保的“偶尔受个小伤险”，保障期为1到3个月任选，其间意外受伤最多有2 000元的赔付。购买这款保险的“January5”说：“花小钱买个安心。”还有花8元保一整年的“熊孩子险”，未满17岁的儿童打碎商场花瓶或者学校玻璃都能获赔。

不难看出，互联网保险在传统的财产保险与人身保险中拓展出了更多的应用场景，比如保障被宠物伤害所造成的医疗费用的“汪星保”、为“手滑党”推出的“手机碎屏险”、针对整形意外伤害的“貌美如花险”。相较于传统保险，这些基于特定场景开发的互联网保险满足了用户短期的个性化的细分保险需求。

值得注意的是，互联网保险给消费者带来便利的同时也存在风险隐患。有的保险机构为片面追求关注度和销售量，推出所谓的“吸睛”产品，存在宣传内容不规范、网页所载格式条款的内容不一致或显示不全、未明确说明免责条款等问题，涉嫌误导消费者。另外，某些在线平台暗藏“搭售”，在其票务、酒店预订页面通过默认勾选的方式销售一些保险产品，未明确列明承保主体或代理销售主体，未完整披露保险产品条款等相关重要信息，侵害了消费者的知情权、自主选择权等权益。西南政法大学民商法学院教授曹兴权表示，《保险法》规定了产品开发的审批与备案机制，对于不符合保险原理的所谓“创新”，政府层面应通过严格执行加以管控。

3. 责任保险

责任保险是以被保险人对第三者依法应当承担的赔偿责任为保险标的的保险，主要有公众责任保险、雇主责任保险、产品责任保险、职业责任保险等品种。

（1）公众责任保险。主要承保被保险人在固定的公众场所从事生产、营业或其他活动时，由于意外事故对他人造成的人身伤害或财产损失依法应承担的经济赔偿责任。

（2）雇主责任保险。主要承保被保险人的雇员在受雇期间从事工作时，因遭受意外事故导致伤害或死亡，依照雇佣合同应由雇主（被保险人）承担的经济赔偿责任。这种保险多以法定形式实施。

（3）产品责任保险。主要承保被保险人（制造者、销售者、修理者等）因产品缺陷而致用户或他人遭受人身伤害或财产损失，依法应由其承担的经济赔偿责任。

（4）职业责任保险。主要承保各种职业技术人员（医生、药剂师、设计师、会计师、律师等）因工作上的疏忽或过失造成合同对方或他人的人身伤害或财产损失，依法应由其承担的经济赔偿责任。

4. 信用保险

广义的信用保险包括狭义的信用保险和保证保险。

（1）狭义的信用保险，是指以信用交易中债务人的信用作为保险标的的，在债务人未能如约履行债务清偿义务而使债权人遭受经济损失时，由保险人向债权人提供风险保障的一种保险。

（2）保证保险，是指由保险人为被保险人向权利人提供的担保业务，当被保险人的行为使权利人遭受经济损失时，保险人负经济赔偿责任。保证保险主要有以下两种方式：

1）忠诚保证保险。承保雇主因其雇员的欺诈和不诚实行为（如偷窃、侵占、伪造、私用、非法挪用、故意误用等）而遭受的经济损失。该保险中的雇主是权利人，雇员是被保证人。

2）履行保证保险。承保合同的权利人因义务人（被保险人）的过错致使合同不能履行或不能完全履行而遭受的经济损失。该保险通常为适应投资者对建设工程要求按合同规定完成而开办。

5. 农业保险

农业保险是指由保险公司专门为农业生产者在从事种植业和养殖业生产的过程中，对遭受自然灾害和意外事故所造成的经济损失提供经济保障的一种保险，是一种经济政策性保险。

（三）按照承保形式分类

1. 原保险

原保险是指投保人向保险人转移风险，通过签订保险合同，与保险人建立权利义务关系，保险人对保险标的承担直接风险责任的保险。通过原保险建立的是最初的保险关系。当保险标的遭受保险责任范围内的损失时，保险人直接对被保险人承担赔偿责任。

2. 再保险

再保险又称分保，是保险人将其所承保的保险业务分给另一个或几个保险人分担的保险。其中，转让业务的是原保险人，接受分保业务的是再保险人。

3. 重复保险

重复保险是指投保人就同一保险标的、同一保险利益、同一保险事故分别与两个以上保险人签订保险合同，各保险合同的保险金额加起来超过保险价值的保险。

4. 共同保险

共同保险又称为共保，是由几个保险人联合直接承保同一标的或同一风险，保险金额不超过保险标的价值的保险。在发生赔偿责任时，各保险人按照各自承保的金额比例分摊。共同保险这种转嫁风险的方式属于风险的第一次转嫁，而再保险是属于风险的第二次转嫁。

相关资料 1-6

共同保险和重复保险的区别

共同保险与重复保险有相似之处，尤其与未超额的重复保险极为相似。重复保险与共同保险都存在多个保险人，但两者至少有以下四方面的区别：

一是共同保险是多数保险人主动就同一标的共同承保同一风险的承保行为，是保险公司的主动行为；而重复保险是投保人或被保险人将同一保险标的、同一保险利益、同一保险事故向两个及以上保险人投保的行为，是投保人或被保险人的主动行为。

二是共同保险中投保人与保险人只订立一个保险合同，只缴纳一份保险金，各保险人的权利义务关系较为紧密；而重复保险中投保人与保险人需订立数个保险合同，需缴纳多分保险金，各保险人的权利义务关系基本松散，甚至彼此没有任何联系。

三是共同保险的保险金额一般都不高于保险价值，也不构成超额保险，而重复保险，其保险金额往往超出保险价值，也必然成为超额保险。

四是共同保险中没有同时保险和异时保险之区分，而重复保险根据合同订立的时间不同，分为同时重复保险和异时重复保险。

五、保险的职能

（一）保险保障的职能

保险保障职能是保险的核心职能，包括经济补偿职能和保险金给付职能。经济补偿职能是在发生保险事故造成损失后根据保险合同，按所保标的的实际损失数额给予赔偿，这是财产保险的基本职能。保险金给付职能是在保险事故发生时，保险双方当事人根据保险合同约定的保险金额进行给付，这是人身保险的职能。

（二）资金融通的职能

保险的资金融通职能是保险人参与社会资金融通的职能。保险资金中闲置的部分可以重新投入社会再生产过程中，因此，保险可以发挥金融中介作用。保险资金的运用是有其必要性和可能性的。首先，保险人为了使保险经营稳定，收取保费后必须保证保险资金的保值与增值，这就要求保险人对保险资金进行运用。其次，在收取保费与赔偿之间存在的时间差和资金数量差使投资成为可能。保险的资金融通职能主要体现为筹资职能和通过购买有价证券、购买不动产等投资方式的投资职能。

（三）社会管理的功能

社会管理是指对整个社会及其各个环节进行调节和控制的过程，目的在于正常发挥各系统、各部门、各环节的功能，从而实现社会关系的和谐，以及整个社会良性运行和有效管理。保险的社会管理功能不同于国家对社会的直接管理，它是通过保险内在的特性，促进经济社会的协调以及社会各领域的正常运转和有序发展。保险的社会管理功能是在保险业逐步发展成熟并在社会发展中的地位不断提高之后衍生出来的一项功能。它主要体现在社会保障管理、社会风险管理、社会关系管理、社会信用管理等方面。

随着保险业的发展，保险正朝着一种社会制度的方向发展，逐渐成为社会管理功能的重要组成部分，承担起更多的社会责任，保险业在社会管理中所起的作用也越来越不容忽视。

保险的三大功能之间既相互独立又相互联系、相互作用，形成一个统一、开放的现代保险功能体系。

第三节　保险的产生与发展

一、保险的历史沿革

（一）古代的保险思想

保险的萌芽状态是以经济补偿为目的的互助合作组织，即由一些有共同要求、面临同样风险的人所组成，以预交分摊金方式建立后备金，在损失发生后进行补偿的互助合作组织。这种组织或其原始形式曾存在于古代社会之中，古代的保险思想也基于这种形式而产生。从世界范围来说，保险思想最早产生于古巴比伦和古希腊。

相关资料 1-7

公元前 2500 年前后，古巴比伦王国国王命令僧侣、法官、村长等收取税款，作为救济火灾的资金。古埃及的石匠成立了丧葬互助组织，用缴纳的会费作为收殓安葬的资金。古罗马帝国时代的士兵组织，以集资的形式为阵亡将士的遗属提供生活费，逐渐形成保险制度。随着贸易的发展，大约在公元前 1792 年，为了援助商业及保护商队的骡马和补偿货物损失，在《汉穆拉比法典》中规定了共同分摊补偿损失之条款。

公元前 916 年，在地中海的罗德岛上，国王为了保证海上贸易的正常进行，制定了《罗地安海商法》，规定某位货主遭受的损失，由包括船主、所有该船货物的货主在内的受益人共同分担，这是海上保险的滥觞。

在公元前 260 年至公元前 146 年，古罗马人为了解决军事运输问题，收取商人 24%～36%的费用作为后备基金，以补偿船货损失，这就是海上保险的起源。

公元前 133 年，在古罗马成立的各雷基亚（共济组织），向加入该组织的人收取 100 泽司和一瓶敬人的清酒。另外每个月收取 5 泽司，积累起来成为公积金，用于丧葬的补助费，这是人寿保险的萌芽。

（二）海上保险的起源和发展

海上保险是各类保险中起源最早的一种，近代保险是从海上保险发展而来。

1. 共同海损分摊是海上保险的萌芽

共同海损分摊原则被公元前 916 年制定的《罗地安海商法》所采用，并正式规定为："凡因减轻船只载重投弃入海的货物，如为全体利益而损失的，须由全体分摊归还。"这一共同海损分摊原则可以说是海上保险的萌芽。

2. 海上借贷与船舶抵押借款是海上保险的雏形

船舶抵押借款最初起源于船舶航行在外急需用款时，船长以船舶及船上货物向当地商人抵押借款，以获得继续航海的资金。由于航海在当时是一种风险很大的活动，所以这种借款所采用的办法是：如船舶安全到达，本利偿还；如果船舶中途沉没，债权即告消失。由于债主承担了船舶航行安全的风险，因此，它的利息要比一般借款利息高得多，这种高出一般利息的部分，实质上就是最早形式的海上保险费。船长在做抵押时，抵押品可以是船舶和货物，也可以仅是货物。货物抵押借款的办法与船舶抵押借款相同。

3. 意大利是现代海上保险的发源地

目前世界上发现的最古老的保险单，是一个名叫乔治·勒克维伦的热那亚商人，在 1347 年 10 月 23 日出立的一张船舶航程保单，不过它还不具有现代保险单的形式。最早的纯粹保险单是一组保险人在 1384 年 3 月 24 日为四大包纺织品出立的从意大利比萨运送到沙弗纳的保险单。第一家海上保险公司于 1424 年在热那亚出现。

4. 资本主义的发展促进了保险立法

随着资本主义经济的发展，社会对保险的需求逐渐增加，商业保险的发展迫切需要规范，这就促进了保险立法的进程。同时，由于资本主义社会生产力的不断发展以及垄断的产生，生产资料和社会财富越来越相对集中，社会贫富差距加大，劳资矛盾更加激化，工人运动高涨，迫使各国逐渐重视社会保险立法。

5. 英国海上保险的发展及劳合社的产生

从1554年起，英国商人从国王那里获得特许，组织贸易公司垄断经营海外地区的商业。

1575年，由英国女王特许在伦敦皇家交易所设立保险商会，办理所有保险单的登记业务，并参照安特卫普法令及交易所的习惯制定标准保单。

1601年，英国颁布了第一部有关海上保险的法律，规定在保险商会内设立仲裁庭解决海上保险的纠纷案件。

1720年，英国女王授予皇家交易所及伦敦两家保险公司经营海上保险的专利，其他公司或合伙组织不得经营海上保险业务。

劳合社，于1871年由英国议会通过法案正式成为一个社团组织，至今已有100多年历史，已成为当今世界上最大的保险垄断组织之一。

（三）火灾保险的起源和发展

原始火灾保险起源于德国，现代火灾保险起源于英国。

1666年伦敦发生大火，损失惨重，巴蓬医生于是在1667年设立专门承保房屋火灾保险的商行，至1680年左右这一商行改组，随后又成为火灾保险公司。

（四）其他保险业的产生和发展

1. 人寿保险的起源和发展

人寿保险是由三个方面的情况及其汇集演变而形成的：其一是海上保险；其二是古代的殡葬制度；其三是中世纪欧洲的“行会制度”。

1656年，意大利银行家洛伦佐·佟蒂创立了“联合养老法”，即“佟蒂法”，为人身保险的发展做出了重要贡献。

1693年，哈雷编制了世界上第一张比较完整的生命表，为人身保险的科学计算奠定了基础。

1756年，詹姆斯·道德森根据哈雷编制的生命表计算出了自然保费，并提出了“均衡保费”的理论。

2. 责任保险的起源和发展

责任保险是一种以被保险人的民事损害赔偿责任作为保险对象的保险。这实际上是对无辜受害人的一种经济保障。

责任保险首先创办于法国，19世纪在《拿破仑法典》中已有了民事赔偿责任的规定；1857年英国开始办理责任保险；1887年以后美国才有责任保险，但发展迅速，很快就成为世界最大的责任保险市场；1895年汽车第三者责任保险首创于英国，紧接着美国于1898年经营该险种。

3. 保证保险的起源和发展

1702年，英国设立了雇主损失保险公司，开创了忠诚保证保险；1840年，英国成立了保证社，于1842年又成立了英国保证公司；1876年美国在纽约开办了忠诚保证保险。

二、我国保险发展的历史沿革

（一）我国古代保险思想的萌芽

1. 荒政和仓储制度是古代保险思想的萌芽

荒政是我国古代救济灾荒以稳定政权的措施。早在上古夏代后期，我国就有储粮备荒的思想。

我国古代的荒政措施和仓储制度基本上是由国家强迫缴纳粮食（辅以少量货币）进行储备，以便实施社会保障、公共救济、相互援助以及经济补偿。这是我国古代保险思想的一个重要特征。

2. 人寿保险的萌芽

在《礼记·礼运》中有："……使老有所终……鳏寡孤独、废疾者，皆有所养"，又在《礼记·王制》中记载："凡养老……五十养于乡，六十养于国，七十养于学……"，这些可以说是我国社会人寿保险的起源或萌芽。

在我国漫长的封建社会里，民间流传着名目繁多的丧葬互助会组织，如长生会、长青会、老人会、葬亲会等，入会者相互约定，遇有入会者本人或其亲长死亡时，其他入会者要各出一定的金钱作为丧葬费用，这也是人寿保险和养老保险的原始形式。

（二）国外保险势力的侵入

1805 年，英商在广州设立了谏当保安行，即广州保险会社。

1835 年，英商在广州设立了于仁洋面保安行。

1863 年，保家行、保安保险公司、保裕保险公司在上海设立。

1866 年，香港火烛保险公司在香港成立，此后外国商人又陆续在上海设立了扬子保险公司、中华保险公司、保宁保险公司、太阳保险公司、巴勒保险公司等。

（三）新中国成立之前保险业的发展

1. 我国民族保险业的兴起

1865 年，上海华商义和公司成立，这是最早的民族保险企业，但没有太大的影响。

1875 年 12 月，轮船招商局在上海开设保险招商局，这是近代民族保险业产生的标志。

1876 年 7 月，唐廷枢等集资 25 万两白银，创办了仁和保险公司，这是中国人民自办的第一家保险公司。

1912 年，由黎元洪等人设立了华安合群人寿保险公司，这是中国第一家人寿保险公司，后因经营不善而倒闭。

2. 20 世纪前期的保险业

抗日战争时期，中国的保险市场基本上集中在上海和重庆两地。抗日战争胜利后，上海恢复成为我国保险市场的中心。

（四）人民保险事业的创立和发展

1. 人民保险事业的创立

1949 年 10 月 20 日，中国人民保险公司在北京成立。到 20 世纪 50 年代末，全国保险机构已达 4 600 多个，并与世界许多保险公司建立了广泛的业务联系。

2. 国内保险业务的起伏

第一次起落是从中国人民保险公司成立到 1953 年停办农村保险业务为止。第二次起落是从 1955 年恢复农村保险业务到 1958 年决定全面停办国内业务。第三次起落是 1964 年要求大力发展国外保险业务至 1967 年"文化大革命"砸烂保险。

3. 人民保险事业的发展

1980 年 1 月 1 日起，中国人民保险公司正式恢复办理国内保险业务，并逐步扩大国外保险业务，1982 年恢复人身保险业务。1986 年，新疆生产建设兵团农牧业保险公司成立。

1988年，深圳平安保险公司成立。1991年，交通银行上海保险部改建为中国太平洋保险公司。1992年，友邦保险在上海引入个人代理人营销制度。1995年10月1日，《中华人民共和国保险法》正式实施。1997年年底，人身保险业务保费收入首次超过财产保险保费收入。1998年11月18日，中国保监会成立。2001年12月11日，保险业开始对外开放。2018年4月8日，中国银行保险监督管理委员会（下称“银保监会”）正式挂牌，保监会随之成为历史，中国保险业进入新的发展阶段。

本章小结

有风险才有对保险的需求。风险是指损失的不确定性。风险是由风险因素、风险事故和损失三个要素共同构成的，风险因素引起或增加风险事故；风险事故发生可能造成损失。风险具有充实性、变异性、可控性和效益性的特征。按风险损害的对象可将风险分为财产风险、人身风险、责任风险和信用风险；按风险的性质可将风险分为纯粹风险和投机风险；按风险产生的原因可将风险分为自然风险、社会风险、经济风险、政治风险；按风险产生的环境可将风险分为静态风险和动态风险。风险管理是指经济单位通过对风险的认识、衡量和分析，以最小的成本获得最大安全保障的管理方法。风险管理的基本程序包括风险识别、风险评估和风险控制。

保险是风险管理最重要、最有效的一种手段。保险有广义和狭义之分。狭义的保险特指商业保险。保险的要素有：可保风险；多数人的同质风险的集合与分散；保险费率的合理厘定；保险基金的建立；订立保险合同。保险的基本特征有经济性、互助性、法律性和科学性。

保险的基本职能是保险的原始与固有的职能。经济补偿和保险金给付职能是保险的基本职能。保险的派生职能是资金融通职能和社会管理职能。保险在国民经济中有重要的作用。自然基础和经济基础是保险产生的基础。

重点概念

风险	风险管理	可保风险	保险
原保险	再保险	重复保险	共同保险

复习思考题

一、填空题

1. 风险的基本要素包括（　　）、（　　）和（　　）。
2. 风险因素可分为（　　）、（　　）和（　　）。
3. 按风险的损害对象分类，风险分为（　　）、（　　）、（　　）和（　　）。
4. 保险的基本职能是（　　）和（　　）。保险的派生职能是（　　）和（　　）。
5. 按保险的实施方式分类，保险分为（　　）和（　　）。
6. 按保险保障范围分类，保险分为（　　）、（　　）、（　　）、（　　）。
7. 保险人把其原保险业务转让给其他保险人的方式叫（　　）。
8. 按业务承保方式分类，保险分为（　　）、（　　）、（　　）和（　　）。

9. 火灾保险起源于（　　）。

10. （　　）的编制和运用，奠定了现代人寿保险的数理基础。

二、判断题

1. 某一风险的发生具有必然性。（　　）

2. 补偿损失或给付保险金既是保险产生和发展的根本原因，又是保险活动的最终目的。（　　）

3. 企业财产险属于法定保险方式。（　　）

4. 再保险、重复保险和共同保险都是同一风险由两个以上的保险人来承担赔偿责任。（　　）

5. 最古老的保险是从火灾保险发展起来的。（　　）

6. 第一张生命表是由辛普森于 1693 年编制的。（　　）

三、单项选择题

1. 按风险损害的性质分类，风险可分为（　　）。

A. 人身风险与财产风险　　B. 纯粹风险与投机风险

C. 经济风险与技术风险　　D. 自然风险与社会风险

2. 下列选项不属于可保风险特性的是（　　）。

A. 风险不是投机性的　　B. 风险必须具有不确定性

C. 风险必须是意外的　　D. 风险必须是相同性质的

3. （　　）风险因素是有形因素。

A. 道德　　B. 实质　　C. 风纪　　D. 心理

4. 风险处理的最有效措施是（　　）。

A. 预防　　B. 分散　　C. 避免　　D. 保险

5. 权利人因义务人而遭受经济损失的风险是（　　）。

A. 财产风险　　B. 人身风险　　C. 责任风险　　D. 信用风险

6. 适用于保险这一风险处理方法的有（　　）。

A. 损失频率高、损失程度大　　B. 损失频率低、损失程度大

C. 损失频率高、损失程度小　　D. 损失频率低、损失程度小

7. 股市的波动属于（　　）性质的风险。

A. 自然风险　　B. 投机风险　　C. 社会风险　　D. 纯粹风险

8. 风险估测是建立在（　　）基础之上的。

A. 风险评价　　B. 风险选择　　C. 风险识别　　D. 风险效果评价

9. 某建筑工程队在施工时偷工减料导致建筑物塌陷，则造成损失事故发生的风险因素是（　　）。

A. 物质风险因素　　B. 心理风险因素

C. 道德风险因素　　D. 思想风险因素

10. 某房东外出时忘记锁门，结果小偷进屋、家具被偷，则风险事故是（　　）。

A. 小偷进屋　　B. 家具被偷

C. 外出时忘记锁门　　D. 房东外出

11. 对于损失频率低、损失程度大的风险应该采用（　　）的风险管理方法。

A. 保险　　B. 自留风险　　C. 避免风险　　D. 减少风险

12. 对于损失频率低、损失程度小的风险应该采用（　　）的风险管理方法。

A. 保险　　B. 自留风险　　C. 避免风险　　D. 减少风险

13. 对于损失频率高、损失程度大的风险应该采用（　　）的风险管理方法。

A. 保险　　B. 自留风险　　C. 避免风险　　D. 减少风险

14. 对于损失频率高、损失程度小的风险应该采用（　　）的风险管理方法。

A. 保险　　B. 自留风险　　C. 避免风险　　D. 减少风险

15. 两个或两个以上的保险人共同承保同一保险责任、同一保险利益、同一保险事故的保险称为（　　）。

A. 重复保险　　B. 再保险　　C. 共同保险　　D. 综合保险

16. 保险人将其承担的保险业务以承保形式部分转移给其他保险人的保险行为是（　　）。

A. 再保险　　B. 原保险　　C. 重复保险　　D. 共同保险

17. 现代保险是从（　　）发展而来的。

A. 海上保险　　B. 火灾保险　　C. 人寿保险　　D. 责任保险

18. 下列关于劳合社的表述中，正确的是（　　）。

A. 劳合社是一个保险公司

B. 劳合社是一个保险市场

C. 劳合社的成员只能是法人

D. 投保人在投保时和承保辛迪加直接见面

19. 在各类保险中，最早的险种是（　　）。

A. 火灾保险　　B. 人身保险　　C. 财产保险　　D. 海上保险

四、多项选择题

1. 下列有关风险的表述中，正确的是（　　）。

A. 风险是指某种损失发生的可能性

B. 风险的存在与客观环境及一定的时空条件有关

C. 风险是风险因素、风险事故与损失的统一体

D. 没有人类的活动，也就不存在风险

E. 风险是不可以转移的

2. 商业保险一般可承保的风险有（　　）。

A. 纯粹风险　　B. 自然风险

C. 责任风险　　D. 投机风险

E. 战争风险

3. 下列对风险因素、风险事故和损失三者之间关系的表述中，正确的是（　　）。

A. 风险因素引起损失　　B. 风险事故引起损失

C. 风险因素产生风险事故　　D. 风险因素增加风险事故

E. 风险事故引起风险因素

4. 风险事故的不确定性表现在（　　）。

A. 风险是否发生不确定　　B. 风险何时发生不确定

C. 发生事故不确定　　D. 风险于何地发生不确定

E. 风险发生概率不确定

5. 可保风险的特性是（　　）。

A. 风险不是投机性的

B. 风险必须具有不确定性

C. 风险必须是少量标的均有遭受损失的可能性

D. 风险可能导致较大损失

E. 风险在合同期内预期的损失是可计算的

6. 下列事件中，属于投机风险的是（　　）。

A. 车祸　　B. 疾病

C. 赌博　　D. 股票买卖

E. 试制新产品

7. 重复保险是指投保人以（　　）分别与两个以上保险人订立保险合同的保险。

A. 同一保险利益　　B. 同一保险事故

C. 同一保险标的　　D. 同一保险期限

E. 同一保险金额

8. 下列有关保险的表述中，正确的是（　　）。

A. 保险是风险处理的传统有效的措施

B. 保险是分摊意外事故损失的一种财务安排

C. 保险体现的是一种民事法律关系

D. 保险不具有商品属性

E. 保险的基本职能包括分摊损失与防灾防损

五、案例分析题

某工厂于2018年7月投保于A保险公司，险种是保期2年的财产保险，保险金额为7亿元人民币。事后，A保险公司将其中的一部分分保给B保险公司。该工厂为了保险起见，又于2018年9月投保于C保险公司，也是保期2年的财产保险，保险金额也是7亿元人民币。该工厂将在A保险公司保险之事告诉C保险公司。事后，C保险公司将其中的一部分分保给D保险公司。在C保险公司投保以后，该工厂又将此事告诉A保险公司。

2019年2月，该工厂发生重大事故，遭受重大损失。

问题：(1) 什么是再保险？

(2) 什么是重复保险？

(3) 在上述4个保险公司中，工厂可以向哪个保险公司索赔？

第二章
保险合同

学习目标

1. 了解保险合同的特点及种类；
2. 了解保险合同的要素；
3. 了解人寿保险合同中的常见条款；
4. 了解保险合同的订立、履行、变更与终止；
5. 了解保险合同的解释原则和争议的处理。

第一节　保险合同概述

一、保险合同的含义

合同是平等主体的自然人、法人和其他组织之间，为实现一定的目的，以双方或多方意思表示一致设立、变更、终止民事权利义务关系的协议。《保险法》第十条规定：保险合同是投保人与保险人约定保险权利义务关系的协议。保险合同包括三层含义：当事人是投保人和保险人；内容是关于保险的权利义务关系；合同性质属于协议。根据保险合同，投保人向保险人缴付约定保险费，当合同中约定的保险事故发生并造成保险标的损失时，保险人向被保险人支付赔偿金，或者当被保险人死亡、伤残、疾病、生存到约定年龄，合同期限届满时，保险人向被保险人或受益人给付合同中约定的保险金。保险合同属于民商事合同的一种，其设立、变更、终止的权利义务关系是具有保险内容的民事法律关系，因此，保险合同不仅适用《保险法》，也适用《合同法》和《民法通则》。

二、保险合同的特点

保险合同作为一种特殊的合同，除具有一般合同的法律特征外，还具有下述一些独有的法律特征。

（一）保险合同是特殊的有偿合同

保险合同的成立、生效，以投保人交付保险费为条件，即投保人以支付保险费作为将自身的风险转移给保险人，换取保险人承担风险的代价。如果没有这种代价的支付，保险合同就不会发生法律效力，因为保险的实质是多数人分摊少数人的损失，保险费就是参与保险的人所负担的分摊额。如果没有保险费的支付，那么就不可能有保险赔偿。所以，从这个意义上讲，保险合同为最标准的有偿合同，它不能转变成无偿合同。同是有偿合同的买卖合同则不同，它经过当事人的协商可以转变成无偿合同。

保险合同的有偿性决定了保险合同的双务性。即保险合同当事人都承担着对价的义务，投保人的义务主要是交付保险费；作为接受保险费的对价，保险人的义务就是在保险合同约定的事故或事件发生时，承担赔偿损失或给付保险金的义务。但是，保险合同的双务性与一般合同的双务性相比较又有着自身的特点。在一般的双务性合同中，合同一经成立，当事人的权利义务就已经确定，当事人双方必须同时履行义务。保险合同则不同，合同一经成立，投保人的义务就已经确定，必须履行向保险人支付保险费的义务，而保险人的义务虽然在合同中已经确定，但保险人的义务不是合同成立时就必须履行，而是要等到合同中所附条件（即保险合同中约定的事故或事件发生）成立时，保险人才履行自己的义务。若条件不成立，则保险人就不必履行义务。所以，从这种意义上讲，保险合同是特殊的双务性合同。

（二）保险合同是射幸合同

射幸合同是指合同的履行在订立合同时并不能确定的合同。保险的目的在于当保险合同约定的保险事故和事件发生时，由保险人承担赔偿或给付保险金的义务，以保障投保人或被保险人的利益。但是，保险合同中当事人约定的保险事故或事件是否发生以及发生的时间，当事人在订立合同时是不能预料的。所以，在法学理论上，称保险合同为射幸合同。

> **课堂讨论：**
> 保险与赌博的区别。

与射幸合同相对立的是交换合同。所谓交换合同，是指合同的一方当事人给予对方的报偿，应与自己的取得具有对等的价值。保险合同是射幸合同，因为在保险合同有效期限内，如果保险合同约定的事故或事件发生，则投保人（或被保险人、受益人、继承人）从保险人那里得到的金额远远大于其支出的保险费；如果保险合同约定的事故或事件不发生，投保人则分文不能得到。这样，保险合同当事人的取得与付出之间是不等值的，而且也是不确定的。保险合同的射幸性是由保险行为本身的特点决定的，保险事故的偶然性导致了保险合同的射幸性。

（三）保险合同是附合合同

一般民商事合同完全或者主要是由各方进行协商以约定合同的内容，但保险合同则不然，保险合同是附合合同。附合合同是指其内容不是由当事人双方共同协商拟定，而是由一方当事人事先拟定，另一方当事人只是做出是否同意的意思表示的一种合同。保险合同可以采用保险协议书、保险单或保险凭证的形式订立。在采用保险单和保险凭证形式时，保险条款已由保险人事先拟定，当事人双方的权利义务已规定在保险条款中，投保人一般只是做是否同意的意思表示。投保人可以与保险人协商，增加特别约定条款，或对保险责任进行限制或扩展，但一般不能改变保险条款的基本结构和内容。

（四）保险合同是最大诚信合同

任何合同的订立和履行都应当遵守诚实信用的原则。但是，由于保险双方信息的不对称性，保险合同对诚信的要求远远高于其他合同。因为，一方面，保险标的在投保前或投保后均在投保方的控制之下，而保险人通常只是根据投保人的告知来决定是否承保以及承保的条件。此外，投保人对保险标的过去的情况、未来的事项也要向保险人做出保证。所以，投保人的道德因素和信用状况对保险经营来说关系重大。另一方面，保险经营的复杂性和技术性使得保险人在保险关系中处于有利地位，而投保人处于不利地位。这就要求保险人在订立保险合同时，应向投保人说明保险合同的内容；在约定的保险事故发生时，履行赔偿或给付保险金的义务等。所以，保险合同较一般合同对当事人的诚实信用的要求更为严格，故称为最大诚信合同。

三、保险合同的种类

（一）财产保险合同和人身保险合同

这是根据保险合同的标的进行的分类，是我国《保险法》对保险合同分类的一种方式。

1. 财产保险合同

财产保险合同是以财产及其有关利益为保险标的的保险合同。财产保险合同所涉及的标的包括有形财产和无形财产，以有形的物质财产为合同标的的是有形财产保险合同；以无形的财产为合同标的的是无形财产保险合同。

2. 人身保险合同

人身保险合同是以人的寿命和身体为保险标的的保险合同。由于人身保险合同所保障的风险不同，又可具体分为人寿保险合同、意外伤害保险合同和健康保险合同。

（二）单一风险合同、综合风险合同和一切险合同

这是根据保险人所承保的风险的状况不同进行分类的。

1. 单一风险合同

单一风险保险合同是指保险合同只承保一种风险责任，如农作物雹灾险合同，只对由冰雹造成的农作物损失负责赔偿。

2. 综合风险合同

综合风险保险合同是指一个保险合同承保两种以上的多种特定的危险责任，如财产保险合同等。只要损失是由所保风险造成的，被保险人就可获得赔偿。

3. 一切险合同

一切险合同是指保险人承保的风险是合同中列明的除不保风险之外的一切风险的保险合同。由此可见，一切险合同并非意味着保险人承保一切风险，即保险人承保的风险仍然是有限制的，只不过这种限制采用的是列明不保风险的方式。在一切险合同中，保险人并不列举规定承保的具体风险，而是以责任免除条款确定其不承保的风险。也就是说，凡未列入责任免除条款中的风险均属于保险人承保的范围。

（三）定值保险合同、不定值保险合同和定额保险合同

这是按保险标的的价值是否载于保险合同进行分类的。

1. 定值保险合同

定值保险合同是指载明保险双方约定的保险标的的价值的保险合同。在定值保险合同中，若保险标的因保险事故导致全损，不论保险事故发生时保险标的的实际市场价值是多少，保险人均按保险合同中载明的保险标的的价值赔偿。定值保险合同一般适用于特殊的保险，如古玩、字画等，由于其本身的价值难以确定，因此需要保险双方事先约定一个固

定的价值作为保险价值进行保险。在国际保险市场上，由于需运输的货物的市场价格在起运地、中途和目的地都不相同，为保障被保险人的实际利益，避免赔款时因市价差额而带来的纠纷，习惯上也采用定值保险合同。船舶险亦然。

2. 不定值保险合同

不定值保险合同中列明保险金额作为赔偿的最高限额。当保险标的发生保险责任范围内规定的事故损失时，保险人以当时损失发生地的市场价格为依据确定保险价值，并以此作为标准进行保险赔付。

3. 定额保险合同

定额保险合同是指合同双方当事人事先协商约定保险金额的合同。人身保险合同均采用定额保险合同的形式。因为人的生命和身体是无价的，保险金额只能根据保险人的实际需要和缴付保险费的能力来确定，发生保险事故时，保险人以合同约定的保险金额作为给付金额。

（四）补偿性保险合同和给付性保险合同

这是按保险人支付保险金的行为性质不同进行分类的。

1. 补偿性保险合同

补偿性保险合同是指当保险事故发生时，保险人根据被保险人的要求并对保险标的的实际损失进行核定后赔偿保险金的合同。大多数财产保险合同都属于补偿性保险合同。

2. 给付性保险合同

给付性保险合同是指保险人与投保人协商议定保险金额，待保险事故发生时，保险人负有支付全部保险金义务的合同。该类保险合同多为人身保险所采用。因为人身不可能以金钱进行计算，故亦不可能发生对人身的直接补偿问题。

（五）原保险合同与再保险合同

这是根据保险人所负保险责任的次序进行分类的。

1. 原保险合同

原保险合同是指投保人与保险人签订的保险合同。

2. 再保险合同

再保险合同又称分保合同，是指原保险人为了分摊已承保保险的风险而与再保险人签订的保险合同。这种保险合同通常以原保险人所承担的全部或一部分责任作为保险标的，由再保险人负责赔偿按规定分摊的保险赔款。再保险合同是一种补偿性合同。

第二节 保险合同的要素

一、保险合同的主体

合同关系的主体及合同的当事人，通常是指订立并履行合同的自然人、法人或其他组织，他们在合同关系中享有权利并承担相应义务。保险合同的主体与一般合同的主体有所不同。当投保人与被保险人为同一人时，保险人、投保人或被保险人是合同关系的当事人；受益人是保险合同的关系人。当投保人与被保险人不是同一人时，投保人是合同的当事人，而被保险人是保险合同的关系人。

（一）保险合同的当事人

1. 保险人

保险人亦称承保人，在我国是指与投保人订立保险合同，并根据保险合同收取保险费，在保险事故发生时承担赔偿或者给付保险金责任的保险公司。大多数国家的法律规定只有法人才能成为保险人，自然人不得从事保险业务。

相关资料 2-1

按我国现行《保险法》的规定，保险人必须符合如下条件：

（1）保险人要具备法定资格。具体内容包括：保险人必须是依照法定条件和程序设立的保险公司，要接受保险监管部门的监管；保险公司的组织形式应是国有独资公司和股份有限公司两种形式；保险公司要分业经营，在保险监管部门批准的范围内开展保险业务。

（2）保险人必须以自己的名义订立保险合同。保险公司只有以自己的名义与投保人订立保险合同，才能成为保险合同的保险人。

（3）保险人需依照保险合同承担保险责任。订立保险合同的目的在于保险人在合同约定的保险期间内，对于发生的保险事故或事件承担赔偿或给付保险金的责任。按照保险合同的约定承担保险责任，是保险人最主要、最基本的合同义务。

2. 投保人

投保人亦称要保人，是指与保险人订立保险合同，并按照保险合同负有支付保险费义务的人。投保人并不以自然人为限，法人和其他组织也可以成为投保人。投保人应具备的条件是：

（1）投保人须具有民事权利能力和民事行为能力。民事权利能力是指由法律赋予的享有民事权利、承担民事义务的资格，它是自然人、法人、其他组织参加民事法律关系、取得民事权利、承担民事义务的法律依据，也是自然人、法人、其他组织享有民事主体资格的标志。民事行为能力是指能够以自己的行为行使民事权利和设定民事义务，并且能够对自己的违法行为承担民事责任，从而使民事法律关系发生、变更或消灭的一种资格。

（2）投保人须对保险标的具有保险利益。

（3）投保人与保险人订立保险合同并按约定交付保险费。

（二）保险合同的关系人

1. 被保险人

被保险人是指其财产或者人身受保险合同保障，享有保险金请求权的人。投保人可以为被保险人。当投保人为自己的利益投保时，投保人、被保险人为同一人。当投保人为他人利益投保时，须遵守以下规定：不得为无民事行为能力人投保以死亡为给付保险金条件的人身保险。但父母为未成年子女投保的人身保险不受此限制，只是死亡给付保险金额总和不得超过保险监督管理部门规定的限额。被保险人应具备的条件是：

（1）被保险人须是财产或人身受保险合同保障的人。在财产保险合同中，当发生保险事故致使被保财产受损失后，被保险人可依照保险合同获得补偿；在人身保险合同中，当被保险人死亡、伤残、患病或达到约定年龄期限时，保险人要根据保险合同赔偿或给付保险金。

(2) 被保险人须享有保险金请求权。保险金请求权的享有以保险合同的订立为前提，其行使则以保险事故或事件的发生为条件。在财产保险合同中，保险事故发生后，未造成被保险人死亡，保险金请求权由被保险人本人行使；造成被保险人死亡，保险金请求权由其继承人依据我国《继承法》继承。在人身保险合同中，保险事故或事件发生后，被保险人仍然生存的，保险金请求权要由被保险人本人行使；被保险人死亡后，保险金请求权由被保险人或者投保人指定的受益人行使；未指定受益人的，保险金请求权由被保险人的继承人行使。

2. 受益人

我国《保险法》第十八条明确规定，受益人是指人身保险合同中由被保险人或者投保人指定的享有保险金请求权的人。投保人、被保险人可以为受益人。当由投保人指定受益人时，必须经被保险人同意。被保险人为无民事行为能力人或者限制民事行为能力人的，可以由其监护人指定受益人。受益人为数人的，被保险人或投保人可以确定受益顺序和受益份额；未确定受益份额的，受益人按照相等份额享有受益权。投保人变更受益人须经被保险人同意。

受益人可以是自然人，也可以是法人。受益人如果不是被保险人、投保人，则多为与其有利害关系的自然人。胎儿也可以成为受益人，但须以出生时存活为必要条件。

相关资料 2-2

如何指定受益人

被保险人为无民事行为能力人或限制民事行为能力人，由其监护人指定受益人。受益人姓名根据投保人和被保险人的指定填写，若无指定，则空缺不填。对指定受益人，切不可使用模糊语言，如妻子、孩子、丈夫等，而应该写出其姓名。

若受益人指定为企业，则选择“企业代码证书”，填写企业代码证书上的企业代码或营业执照上的号码。

在填写受益人与被保险人的关系时，要填写受益人的具体称谓（如父亲、母亲、儿子、女儿、祖父、祖母、外祖父、外祖母、丈夫、妻子、朋友、雇主、雇员等）；若为企业，需填写受益人与被保险人的关系或指定理由，如雇主等。

受益人可指定一人或数人，受益人为数人时，可以指定受益顺序和受益份额。

受益顺序：根据投保人和被保险人的指定填写；若没有指定受益顺序，此项空缺不填，默认所有受益人为同一受益顺序。

受益份额：根据投保人和被保险人的指定填写，应填写百分比的整数形式（如35%）；指定多个受益顺序时，同一受益顺序下各受益人受益份额之和必须等于100%；同一受益顺序各受益人未确定受益份额的，受益人按照相等份额享有受益权。

人身保险合同中，因投保人订立合同的目的不同，合同约定的受益人也不同：投保人以自己的生命、身体为他人利益而订立保险合同的，投保人是被保险人，受益人是其指定的人；投保人以自己的生命、身体为自己的利益而订立保险合同的，投保人既是被保险人也是受益人。人身保险的受益人由被保险人或者投保人指定。投保人指定受益人时须经被保险人同意。投保人为与其有劳动关系的劳动者投保人身保险，不得指定被保险人及其近亲属以外的人为受益人。被保险人为无民事行为能力人或者限制民事行为能力人的，可以由其监护人指定受益人。当被保险人死亡，如果已确定了受益人，则受益人以外的任何人无权分享保险金，受益人领取的保险金不列入死者的遗产，不得用来清偿死者生前的债务；如果未确定受益人，或受益人先于被保险人死亡而没有其他受益人，或受益人依法丧失受益权或放弃受益权，也没有其他受益人，则保险金作为被保险人的遗产，由保险人向被保险人的继承人履行给付保险金的义务。

案例分析 2-1

5年前，当时还是单身的王某投保了某保险公司10万元的终身寿险，并每年投保20万元的意外险。王某在保险合同的"受益人"一栏填写了"法定"。不久前，王某在一次交通事故中死亡，保险公司认定属保险责任，准备给付30万元的保险金。

但在保险金的分配问题上，王某刚结婚不久的妻子和王某的母亲产生分歧。王某的母亲认为，王某投保时尚单身，填写"法定"，本意是以母亲作为受益人，而王某的妻子认为自己才是王某发生事故时的法定继承人。

分析：王某在"受益人"栏内填写"法定"，属于不确定受益人的情况，故该笔保险金应当作为王某的遗产，由王某的母亲和妻子按我国《继承法》等额分割继承。

（三）保险合同的辅助人

保险合同的辅助人是指在保险合同的订立、履行过程中起着辅助作用的人，包括保险代理人、保险经纪人和保险公估人等。

> **课堂讨论：**
> 保险合同辅助人的作用。

保险代理人是指根据保险人的委托，在保险人授权范围内代为办理保险业务并向保险人收取代理手续费的人。保险代理人既可以是自然人，也可以是法人；既包括专业代理人，也包括兼业代理人。保险代理人在保险授权范围内的代理行为所产生的一切法律后果由保险人承担。要从事保险代理业务，须通过全国性的资格考试并得到政府颁发的营业执照。

保险经纪人是指基于投保人或保险人的利益而为投保人与保险人订立保险合同提供中介服务并获取佣金的中间人。保险经纪人一般被看成是被保险人的代理人，其代理行为只能约束被保险人而不能约束保险人，但由于保险经纪人的中介活动客观上起着扩大保险人业务的作用，所以其佣金通常由保险人支付。而当保险经纪人代替被保险人或受益人向保险人索赔时，其佣金由被保险人或受益人支付。

保险公估人是指独立于保险人与被保险人之外，以第三者的身份，凭借丰富的专业知识和技术，本着客观公正的态度处理保险合同当事人委托办理的有关保险业务公证事项的人，包括保险调查人、保险鉴定人和保险理算人。保险公估人具有特定的资格，应向主管机关登记，交存保证金，领取营业执照。保险公估人的职业信誉较高，所做的决断和证明及公估报告常为保险双方当事人所接受，成为建立保险关系、履行保险合同、解决保险纠纷的有力保障。

二、保险合同的客体

客体是指在民事法律关系中主体履行权利和承担义务时共同指向的对象。保险合同的客体是投保人于保险标的上的保险利益。投保人对保险标的应当具有保险利益；投保人对保险标的不具有保险利益的，保险合同无效。保险标的是保险合同双方当事人的权利义务关系所指向的对象，即作为保险对象的财产及其有关利益或者人的寿命和身体。保险标的是特定的，必须明确载于保险合同中，并据以确定保险金额和保险费率。保险利益是投保人对保险标的具有的法律上承认的利益。例如，某家银行对其放款抵押品的一幢房子投保火灾保险，虽然保险标的是这幢房子，但银行要求保障的是它对这幢房子的利益，而不是构成这房子的一砖一瓦。如果这幢房子在银行已经收回放款后被烧毁，即使是在保险有效期内，银行也得不到补偿。其原因在于这家银行在这幢房子被烧毁时已经没有可保利益了。

案例分析 2-2

刘某于 2016 年 2 月为其妻王某投保了一份养老保险，并经妻子同意将受益人确定为自己。2018 年 12 月，刘某与王某离婚。离婚后刘某仍然按期交纳这笔保险费用。2019 年 3 月，王某因车祸意外身亡。随后，王某的父亲和刘某都向保险公司提出领取保险金的申请。保险公司在收到两份申请后，无法决定到底付给谁保险金。诉至法院后，刘某认为自己是保险合同唯一的指定受益人，依法应由其受领保险金。王某的父亲则认为刘某与王某早已离婚，刘某对王某没有保险利益，无权领取保险金，自己是王某唯一的继承人，故保险金应由其受领。

分析：法院认为在此案件中，刘某在投保时对被保险人王某显然具有保险利益，尽管刘某与王某离婚了，但保险合同在订立时显然是有效的，离婚后，王某没有及时变更受益人，且刘某仍然按期交纳保费，因此，保险合同的效力并未因离婚而丧失，刘某是这笔保险金的唯一受益人。

三、保险合同的内容

（一）基本条款

1. 保险人的名称和住所

保险人在我国专指保险公司，其名称须与保险监管部门及工商行政管理机关批准和登记的名称一致。保险人的住所即保险公司或分支机构的主营业场所所在地。

2. 投保人、被保险人、受益人的名称和住所

将投保人、被保险人和受益人的名称和住所作为保险合同基本条款的法律意义是：明确保险合同的当事人、关系人，确定合同权利义务的享有者和承担者；明确保险合同的履行地点，确定合同纠纷诉讼管辖。

3. 保险标的

保险标的如为财产及其有关利益，应包括该标的的具体坐落地点，有的还要包括利益关系；保险标的如为人的生命和身体，还应包括被保险人的年龄，有的还要包括被保险人的职业、健康状况，通常视具体险种而定。

4. 保险责任和责任免除

保险责任是指保险合同中载明的，当保险标的发生了约定的保险事故或事件时，保险人应当承担的经济赔偿或给付保险金的责任。责任免除是指保险人依照法律责任规定或合同约定，不承担保险责任的范围，这是对保险责任的限制。

相关资料 2-3

保险金额与保险价值的关系

在财产保险合同中，保险金额十分重要，它是保险人承担赔偿或者给付保险金责任的最高限额，也是投保人缴付保险费的依据，保险金额与保险价值的关系非常紧密。根据《保险法》的规定，两者的基本法律关系是：保险价值是确定保险金额的依据，保险金额可以低于保险价值，不得高于保险价值；保险金额超过保险价值的，超过的部分无效。具体来说，在财产保险合同中，保险金额与保险价值的关系可以有三种状态：一是保险金额与保险价值相等。这是足额保险，在这种保险中，如果保险标的发生保险事故而受到损失，被保险人可以得到与实际损失价值相等的保险金赔偿。二是保险金额超过保险价值。这是超额保险，这种状态主要是由于投保人和保险人对保险财产的实际价值未能准确掌握，或者保险合同订立后保险财产的实际价值下降，或者是投保人故意虚报保险财产价值等原因而形成的。对于超额保险，不管是什么原因造成的，对保险金额超过保险价值的部分，都是无效的，被保险人不得获得超额的经济补偿。三是保险金额低于保险价值。这是不足额保险，在这种保险中，保险人是按照保险财产的实际损失承担赔偿责任，最高不超过保险金额。

5. 保险期间和保险责任开始时间

保险期间是指保险人为被保险人提供保险保障的起止日期，即保险合同的有效期间。保险期间可以按年、月、日计算，也可按一个运程期、一个工程期或一个生长期计算。

保险责任开始时间即保险人开始承担保险责任的时间，通常以年、月、日、时表示。保险责任开始时间应由当事人双方在保险合同中约定。我国保险实务中以约定起保日的零点为保险责任开始时间，以合同期满日的 24 点为保险责任终止时间。

6. 保险价值

保险价值是指保险标的的商定价值，即保险合同当事人双方约定的保险财产的价值。保险价值的确定主要有以下三种方法：

(1) 由当事人双方在保险合同中约定。

(2) 按事故发生后保险标的的市场价格确定。

(3) 依据法律的具体规定确定。

7. 保险金额

保险金额是指保险人承担赔偿或者给付保险金的最高限额。在定值保险中，保险金额为双方约定的保险标的的价值。在不定值保险中，保险金额可以按以下方法确定：

(1) 由投保人按保险标的的实际价值确定。

(2) 由投保人和保险人协商按保险标的的实际价值确定。

(3) 根据投保人投保时保险标的的账面价值确定。

无论是定值保险还是不定值保险，保险金额都不得超过保险价值，超过的部分无效。

8. 保险费及其支付的办法

保险费是指投保人为取得保险保障，按合同约定向保险人支付的费用。保险费是保险基金的来源，其多少取决于保险金额的大小、保险期限的长短和保险费率的高低等。

9. 保险金赔偿或给付办法

保险金赔偿或给付办法是指保险人承担保险责任的具体办法，由保险合同当事人在合同中依法约定。投保人订立保险合同的目的在于保险事故或事件发生后，保险人能按合同约定的方式、数额或标准，通过赔偿或给付保险金来承担保险责任。在财产保险合同中，按规定的方式计算赔偿金额；在人身保险合同中，保险金额按规定定额给付。

10. 违约责任和争议处理

违约责任是指保险合同当事人因其过错不履行或不完全履行合同约定的义务所应承担的法律后果。保险合同关系到当事人的利益，任何一方的违约均可能给对方造成损失，因此，在保险合同中必须明确违约责任，以防范违约行为的发生。承担违约责任的方式也应在保险合同中订明，主要是支付违约金或支付赔偿金。

争议处理是指保险合同发生争议后的解决方式，包括协商、仲裁和诉讼等。具体使用何种方式可由当事人双方在合同中事先约定或在争议发生后协商确定，如事先无任何约定（尤其是未约定采用仲裁方式），一方当事人也可在争议发生后直接向人民法院提起诉讼。

11. 其他

其他内容包括：订立合同的年、月、日；当事人的主要义务等。

（二）附加条款

附加条款是指保险合同当事人在基本条款的基础上另行约定的补充条款。附加条款一般采取在保险单空白处批注或在保险单上用附贴批单的方式使之成为保险合同的一部分。附加条款是对基本条款的修改或变更，其效力优于基本条款。

（三）保证条款

保证条款是指投保人或被保险人就特定事项担保的条款，即保证某种行为或事实的真实性的条款。例如，人身保险合同的投保人保证其申报的被保险人年龄真实。保证条款一般由法律规定或同业协会制定，是投保人或被保险人必须遵守的条款，如有违反，保险人有权解除合同或拒绝赔偿。

案例分析 2-3

人保财险大连分公司因擅自更改保险条款被罚 30 万元

2017 年 11 月 27 日，大连保监局发布连保监罚〔2017〕31 号行政处罚决定书，中国人民财产保险股份有限公司大连市分公司（以下简称“人保财险大连市分公司”）因擅自改变保险条款责任范围，被责令改正并罚款 30 万元。文件显示，人保财险大连市分公司自 2014 年 10 月至 2016 年 3 月期间，对承保的 884 笔清障车保单擅自改变保险条款责任范围，涉及保费 633.23 万元；人保财险大连市分公司自 2012 年 4 月至 2016 年 3 月期间，对承保的 25 369 笔特种车保单擅自改变保险条款责任范围，涉及保费 17 516.82 万元。大连保监局认为，上述行为违反了《保险法》第一百三十五条的规定，根据该法第一百七十条，决定对人保财险大连市分公司责令改正，罚款 30 万元。

第三节 人寿保险合同中的常见条款

一、不可抗辩条款

不可抗辩条款又称不可争条款，是指自人身保险合同订立时起，超过法定时限（通常为 2 年）后，保险人将不得以投保人在投保时违反如实告知义务（如误告、漏告、隐瞒某些事实）为理由，而主张合同无效或拒绝给付保险金。

人身保险合同是最大诚信合同，对于被保险人的年龄、健康状况、职业等足以影响保险人决定是否同意承保的因素，投保人或被保险人应履行如实告知义务，不得有任何隐瞒或欺骗。如果在投保时，投保人故意隐匿或因过失遗漏而做不实申报，足以影响保险人对于风险的估计，保险人有权解除合同。但由于涉及此条款的合同为长期性合同，如果不加以限制，保险人有可能滥用这一权利，而使被保险人的利益无法得到保障。同时，经过较长时间后要查明投保人投保时是否履行如实告知义务非常困难，这样往往容易引起纠纷，而且引起纠纷后，也很难处理。因此，法律规定一个期间，要求保险人在此期间内进行审查，并有权解除合同，一旦超过该期限，保险人不得再主张合同解除或不承担给付保险金责任，从而保护被保险人和受益人的利益以及便于解决纠纷。

《保险法》第十六条第二款规定：投保人故意或者因重大过失未履行前款规定的如实告知义务，足以影响保险人决定是否同意承保或者提高保险费率的，保险人有权解除合同。但同时，该条第三款又指明：前款规定的合同解除权，自保险人知道有解除事由之日起，超过 30 日不行使而消灭。自合同成立之日起超过 2 年的，保险人不得解除合同；发生保险事故的，保险人应当承担赔偿或者给付保险金的责任。由此看出，保险人在投保人不履行如实告知义务（如误告被保险人的年龄）时有解除合同的权利，但保险人这一权利的行使也受到了时间上的限制，即自签订合同之后的 2 年内，保险人有权主张解除合同并在扣除手续费后，向投保人退还保险费；超过 2 年以后，保险人则失去这一权利。

相关资料 2-4

根据不可抗辩条款规定，保险合同签订 2 年后，发生了保险事故，保险公司就必须要承担赔付保险金的责任，不得以各种理由拒赔。但在实际操作中，有两种情况例外。

第一种情况是既往症：这种情况，一般来说是指被保险人在投保之前，就已经罹患了或罹患过某种重大疾病或者可能引起重大疾病的轻症，那么，即便合同生效超过两年，也是不受“两年不可抗辩”条款保护。这是因为保险合同中重疾险赔付有规定：若被保险人因意外伤害或于等待期后首次发病并经保险公司指定或认可的医院确诊首次患有本合同约定的重大疾病，保险公司将按照本合同的基本保险金额向被保险人给付重大疾病保险金。

第二种情况是等待期出险：一般情况下，投保后没度过等待期就出了事故，保险公司是不赔付的。同时，如果在等待期出险不告知保险公司，而是等到两年之后再向保险公司申请赔付，这种情况也是不受“两年不可抗辩”条款保护的。

二、年龄误告条款

年龄误告条款主要是针对投保人申报的被保险人年龄不真实，而真实年龄又符合合同限制年龄的情况而设立的。法律与保险合同中一般均规定年龄误告条款，要求保险人按被保险人的真实年龄对保险费或保险金进行调整。我国《保险法》第三十二条第二款和第三款规定：投保人申报的被保险人年龄不真实，致使投保人支付的保险费少于应付保险费的，保险人有权更正并要求投保人补交保险费，或者在给付保险金时按照实付保险费与应付保险费的比例支付。投保人申报的被保险人年龄不真实，致使投保人支付的保险费多于应付保险费的，保险人应当将多收的保险费退还投保人。

年龄误报时保险费（或保险金）的调整有以下两种情况：

其一，合同约定的保险事件尚未发生或期限尚未到达时，发现投保人申报被保险人年龄不真实。在此种情况下，保险人应及时进行调整，发现投保人支付的保险费少于应付保险费的，尽早通知投保人补交过去少交的保险费或按原交纳的保险费数额调整保险金额。发现投保人支付保险费多于应交保险费的，应予以及时清算并退还投保人。

其二，合同约定的保险事件发生或期限到达时，发现投保人申报被保险人年龄不真实。如果投保人支付的保险费少于应付保险费，保险人在给付保险金时只能按照实付保险费与应付保险费的比例给付。如果投保人实付的保险费多于应付保险费，保险人应该将多收的保险费退还投保人。如果由于投保人申报被保险人年龄不真实，导致保险人多支付保险金，被保险人、受益人或领取保险金的人应将多领的保险金退还保险人。

案例分析 2-4

2016 年 11 月 12 日，某单位为全体职工投保了简易人身险，每个职工 50 份（5 年期），月交保险费 30 元。2018 年 5 月，该单位职工付某因交通事故不幸死亡，他的家人带着单位开出的介绍信及相关的证明资料到保险公司申领保险金。保险公司在查验这些单证时，发现被保险人付某投保时所填写的年龄与其户口簿上所登记的不一致，投保单上所填写的 64 岁显然是不真实的。实际上，投保时付某已有 67 岁，超出了简易人身险条款规定的最高投保年龄（65 岁）。于是，保险公司以单位投保时申报的被保险人的年龄已超出了保险合同约定的年龄限制为理由，拒付该笔保险金，并在扣除手续费后，向该单位退还了付某的保险费。

三、宽限期条款

宽限期条款是对合同约定分期支付保险费的，投保人支付首期保险费后，未按时交付续期保险费的，法律规定或合同约定给予投保人一定的宽限时间（通常为 1 个月或 2 个月），在宽限期内，保险合同效力正常。

一般情况下，分期支付保险费的合同，投保人应于合同成立时支付首期保险费，并应当按期交纳其他各期保险费。但由于人身保险合同的保险期限较长，一时疏忽或者经济困难或者因其他客观原因使投保人没能在约定的期限按时交付保险费的情况时有发生。如果保险人据此解除保险合同，将使保险人、投保人、被保险人的利益均受到损害。为了防止上述原因造成保险合同失去效力，也为了巩固保险业务的发展，在合同中，一般规定有 30 天至 60 天交付保险费的宽限期。在宽限期内，即使投保人没有及时交付保险费，合同仍然有效。如果发生保险事故，保险人仍应承担给付责任。

我国《保险法》第三十六条规定：合同约定分期支付保险费，投保人支付首期保险费后，除合同另有约定外，投保人自保险人催告之日起超过 30 日未支付当期保险费，或者超过约定的期限 60 日未支付当期保险费的，合同效力中止，或者由保险人按照合同约定的条件减少保险金额。从上述规定中我们可以看出，在我国，合同约定分期支付保险费的法定宽限期为 60 日；如合同中有其他有关约定，则按照约定执行。

另外，超过宽限期后，投保人未支付当期保险费的，有两种结果：第一，保险合同效力中止；第二，由保险人按照合同约定的条件减少保险金额。一般情况下，保险金额减少，保险合同的其他条件不变，投保人也不必再交纳保险费。

四、中止、复效条款

合同履行过程中，在一定的期间内，由于失去某些合同要求的必要条件，致使合同失去效力，称为合同中止；一旦在法定或约定的期间内所需条件得到满足，合同就恢复原来的效力，称为合同复效。

为了保护被保险人和受益人的利益，给投保人交纳保险费一定的宽限期，在宽限期结束后仍未交纳应付保险费的，保险合同的效力中止。一旦投保人重新具备交纳保险费的能力并且愿意补交合同效力停止期间的保险费本息，保险合同效力将恢复。但如果这一中止期限届满，投保人仍未能就复效问题与保险人达成一致意见并补交保险费，那么保险人有权解除保险合同。我国法律规定，中止期限为 2 年。

我国《保险法》第三十七条规定：合同效力依照该法第三十六条规定中止的，经保险人与投保人协商并达成协议，在投保人补交保险费后，合同效力恢复。但是，自合同效力中止之日起满 2 年双方未达成协议的，保险人有权解除合同。保险人依照前款规定解除合同的，应当按照合同约定退还保险单的现金价值。

复效条款对投保人来讲，比重新订立保险合同更为有利。因此在保险实务中，保险人为了防止逆选择要详细了解中止期间被保险人的情况，往往要求投保人申请复效时提供一些必要的证明，如被保险人的身体健康证明、体检证明等。

五、自杀条款

所谓自杀，在法律上是指故意剥夺自己生命的行为。如果没有主观上的故意，则不能称为自杀。在人寿保险合同中，一般都将自杀作为责任免除条款来规定，主要是为了避免蓄意自杀者通过保险方式谋取保险金，防止道德危险的发生。但自杀毕竟是死亡的一种，有时被保险人遇意外事件的打击或心态失常亦会做出结束自己生命的行为，并非有意图谋保险给付金。为了保障投保人、被保险人、受益人的利益，在很多人寿保险合同中都将自杀列入保险责任条款，但规定对在保险合同生效一定期限后（通常是 2 年）被保险人的自杀行为，保险人才承担给付保险金责任。根据心理学的调查，一个人在一两年以前即开始自杀计划，这一自杀意图能够持续两年期限并最终实施是不可能的。因此，自杀条款的规定既可避免道德危险的发生，也可最大限度地保障被保险人、受益人的利益。

> **课堂讨论：**
> 意外伤害险被保险人自杀能否得到理赔。

我国《保险法》第四十四条第一款规定：以被保险人死亡为给付保险金条件的合同，自合同成立或者合同效力恢复之日起 2 年内，被保险人自杀的，保险人不承担给付保险金的责任，但被保险人自杀时为无民事行为能力人的除外。

相关资料 2-5

自杀条款为什么有 2 年的限制

1. 根据心理学相关研究，一个人在两年前即使有了自杀的计划，但这一自杀意图能够持续两年并最终实施的可能性是很小的。2 年的自杀时间限制，主要是为了避免蓄意自杀者企图通过保险方式为其受益人谋取保险金，避免道德风险，减少逆选择。

2. 如果一个人购买了寿险，最初购买的时候完全没有自杀动机，但是几年之后因意外事件打击或者心态失常陷入绝望做出结束自己生命的行为，这就不能算蓄意图谋保险金了。而此时如果简单地对自杀进行责任免除，那么对被保险人、受益人或投保人都是不公平的，因为人寿保险的目的在于保障受益人或被保险人家属的利益。因此把自杀责任免除限制在2年内，既可以避免道德危险的发生，也可最大限度地保障被保险人和受益人的利益。

六、不丧失现金价值条款

现金价值是指带有储蓄性的人身保险单所具有的价值。在长期人身保险中，保险费率组成中含有储蓄因素，特别是长期性带有生存给付保险的纯保险费往往含有很大比重的储蓄保险费。于是保险交费达到一定时间后，逐年积存相当数额的责任准备金随着时间的延伸而不断增加，这就形成了保险单的现金价值。因此除定期死亡保险外，每一张长期保险单在积累保险费一段时间后，都包含可观的现金价值。我国《保险法》规定交费满两年的人身保险合同即产生现金价值。但也有一个条款是例外的，即自杀条款，其中规定，以死亡为给付保险金条件的合同，被保险人自合同成立之日起两年内自杀的，保险人不承担给付保险金责任，但对投保人已支付的保险费，保险人应按照保险单退还其现金价值。也就是说，被保险人在合同成立后两年内自杀，应计算保险单的现金价值，无论投保人是否交足两年以上保险费。

我国《保险法》中，虽然未对现金价值做详细解释，但从很多条款中均体现出来不丧失现金价值条款的精神。如第三十二条、第三十七条、第四十三条、第四十四条、第四十五条、第四十七条等有关解除合同、保险人不承担给付保险金责任的规定中，均有“退还保险单的现金价值”字样。

由此我们可以看出，现金价值不因保险合同效力的变化而丧失。虽然现金价值由保险人运用和保管，但实际上仍为投保人、被保险人所有。投保人解除合同时，保险人应当退还保险单的现金价值。即使投保人或被保险人、受益人违反合同规定的某些义务而致使保险合同解除，保险单的现金价值也不会丧失且仍属于投保人、被保险人或受益人。

保险人一般都把这种现金价值列在保险单上，当投保人不愿意继续交纳保险费时，投保人有权选择有利于自己的方式来处理这笔现金价值。其方式有如下几种：

（1）申请退保。在申请退保时，现金价值往往体现为退保金。

（2）投保人可以将保险单当时的现金价值作为趸交保险费，向保险人申请同类保险的“减额交清保险”。改保后的保险合同，保险人只对将来给付的保险金做相应调整，减少给付数额，而保险期间及其他保险内容不变，投保人也不用再续交保险费。

（3）投保人可以按保险单当时的现金价值作为趸交保险费，向保险人申请变更为“展期定期保险”，主要指的是定期死亡保险。变更后，保险合同的保险责任、保险期限等主要内容会有所改变，而变更后的保险金额与原保险合同的保险金额一致，投保人无须再交纳续期保险费。

（4）投保人可以在投保时或保险费宽限期期满前书面声明，在分期保险费超过宽限期仍未交付时，将保险单当时的现金价值作为续期保险费进行垫交，但此项垫交的保险费，投保人要在一定时期内予以偿还并补交利息。在垫交保险费期间，保险合同持续有效，保险人承担保险责任。当现金价值垫交不足，投保人也未补交时，保险合同效力中止。

以上（2）、（3）、（4）所涉及的情况，必须在保险合同中有该类条款的基础上才可选择；否则不适用于人身保险合同。

七、保单贷款条款

长期性人身保险合同，投保人可以以具有现金价值的保险单作为质押，在现金价值数额内，向其投保的保险人申请贷款，习惯上称为保单贷款。

质押是一种担保形式，它分为动产质押和权利质押。保单质押属于权利质押，主要是指债务人或者第三者将其某种权利移交给债权人，将该权利作为债权担保，债务人不履行债务时，债权人有权依照《担保法》的规定兑现质押的权利，以偿还债务。债务人或者第三人为出质人，债权人为质权人。

一般来说，人身保险的保险单具有一定数量的现金价值，现金价值来源于投保人平时交纳的保险费，并在保险合同约定的条件成就之前，属于投保人所有。在一定意义上说，保险单是一种有价值的单证，也是投保人拥有保险单的现金价值的权利凭证。在进行质押贷款时，投保人应将保险单移交给债权人所有，如果债权人不是其投保的保险人，应通知该保险人。出质后，投保人不得将保险单转让或解除。

保单贷款通常是投保人以保险单作质押向保险人贷款，贷款数额按有关法律或合同约定，一般不超过保险单现金价值的一定比例。由于贷款会影响保险人的资金运用，有可能使保险人减少资金收益，因此投保人需承担合同约定的贷款利息。合同约定的贷款期届满时，投保人应返还所借款项本息，若逾期不能归还借款，投保人可申请延期，但贷款本息累计已超过其保险单的现金价值，投保人又未按期归还借款时，保险人有权终止保险合同效力；若贷款本息清偿之前，被保险人已发生保险事故，保险人有权从应给付的保险金中扣除投保人所借贷款本息，其余部分作为保险金支付。

保单贷款条款的原意在于方便投保人，使投保人可以简便手续融通资金，借以提高人身保险单的使用价值，鼓励投保人投保。我们知道，在一个较长的保险合同有效期内，投保人有大量资金交给保险人，但有时会遇到经济麻烦。如果能够运用投在保险上的资金，会使投保人的财务困难在一定程度上得到缓解。

根据我国《担保法》的规定，出质人与质权人应当以书面形式订立质押合同。也就是说，只有在保险合同中约定或订立质押合同的情况下，才可实行此项条款；否则，不适用于任何人身保险合同。

另外，根据《保险法》第三十四条的规定，按照以死亡为给付保险金条件的合同所签发的保险单，未经被保险人书面同意，不得转让或者质押。

案例分析 2-5

朱女士在一家保险公司投保了保险金额为 20 万元的重大疾病险，并且投保该险种已有 5 年。保单规定，贷款金额最高为当时现金价值的 70%，年利息为 6.14%。目前，朱女士保单的现金价值已达 50 400 元。2018 年 2 月 6 日，朱女士因生意周转急需现金，将保单向保险公司进行质押贷款，贷款金额为 35 280 元，假设朱女士贷款 6 个月。贷款期限内，朱女士突然检查出患有保单所规定的重大疾病。

分析：根据我国法律的规定，被保险人以其保单向保险公司抵押贷款期间保险合同为有效合同。本案例中，朱女士在贷款期限内突然检查出患有保单所规定的重大疾病，属于保单有效期内发生的保险事故，故保险人应给付保险金，但支付保险金时应从保险金中扣除贷款本息。

八、自动垫交保费条款

保险合同具有现金价值后，如投保人停交保险费，即可将此现金价值作为一次交纳的保险费，仍可享受保险保障，但会导致保险金额的减少，或保险金额不变而由原来的终身保险改为定期保险等后果。

自动垫交保费条款是投保人与保险公司约定的这样一项保险条款：当投保人没有按时交纳续期保险费，而保险单当时已经具有足够的现金价值时，保险公司以现金价值自动垫交保险费，从而使保险单继续有效。这相当于投保人向保险公司贷款交纳保险费。

案例分析 2-6

王先生于2014年投保了10万元的人寿保险，根据保险条款的约定，缴费的宽限期为60日，交费方式为年缴，每年的5月10日缴费2 000元，投保时王先生选择了自动垫交保费贷款条款。2015年、2016年王先生均按时缴纳保费，2017年因未按时缴纳保费保单效力中止，王先生于2018年6月6日申请复效并获得保险公司同意，2018年7月15日发生保险事故，此时2018年的保费未缴纳。发生保险事故时，保险单的现金价值为2 100元（假设利率为4.5%）。

分析：本案例中，保险合同首期保费缴纳日为5月10日，宽限期按60天计算，应截止到7月10日，而保险事故发生在7月15日，已超过了规定的宽限期，故合同效力已经中止，但发生保险事故时，保险单的现金价值为2 100元，足以支付当期垫交保费的本息和，故自动垫交保费贷款条款生效，因此保险公司应承担在此期间的保险责任。

如果发生保险事故时保单的现金价值为2 000元，不足以支付垫交保费的本息和，则保险公司不用进行赔偿。

九、战争除外条款

战争除外条款规定将战争和军事行动作为人身保险的除外责任。该条款是保险人的免责条款。在战争中往往有大量的人员死亡，远远超过正常的死亡率。对于按照正常死亡率计算的保险费而言，保险人若对此也承担给付责任，将会对保险人的正常经营造成很大影响。所以，一般都将战争或军事行为作为除外责任。

确定战争是否属于除外责任时，有两种标准：一是造成死亡的直接原因是战争；二是被保险人在服兵役期间的死亡，无论是否因为战争。我国按照前一种标准进行判断。

十、保单转让条款

一般认为，只要不是出于不道德或非法的考虑，在不侵犯受益人权利的情况下，保单可以转让。对于不可变更的受益人，未经受益人同意，保单不能转让。通常，将保单所有权完全转让给一个新的所有人的转让方式称为绝对转让。进行绝对转让时，要求被保险人必须健在。在绝对转让状态下，如果被保险人死亡，全部保险金将给付受让人而不是原受益人。

抵押转让是另一种转让类型，是把一份具有现金价值的保单作为被保险人的信用担保或贷款的抵押品，受让人得到保单的部分权利。在抵押转让状态下，如果被保险人死亡，受让人得到的是已转让权益的那一部分保险金，其余的保险金仍然归受益人所有。抵押转让对抵押人的要求是不能使保单失效。大多数寿险保单转让为抵押转让。在保单转让时，保单所有人应书面通知保险人，由保险人批单生效。

相关资料 2-6

共同灾难条款是为确定在发生被保险人与受益人同时遇难事件时，保险金的归属问题的条款。该条款规定，只要第一受益人与被保险人死于同一次事故中，如果不能证明谁先死，则推定第一受益人先死。由此，若合同中有第二受益人，则保险金由第二受益人领取；若无其他受益人，保险金则作为被保险人的遗产处理。该条款避免了许多无谓的纠纷，使问题得以简化。但在西方某些国家，则推定年龄大者先死。

第四节　保险合同的订立、履行、变更与终止

一、保险合同的订立

（一）保险合同的订立程序

订立保险合同与订立其他合同一样，要经历要约和承诺两个法定程序。

1. 要约

要约亦称订约提议，是一方向另一方提出订立合同的建议。发出要约的人称为要约人，接收要约的人称为受约人。受约人可提出新的要约。构成要约的条件有：

（1）要约人有愿意订立合同的明确意思表示。

（2）要约必须向特定的人发出。

（3）要约应当是要约人对于合同主要内容的完整的意思表示。

（4）要约应当有要求另一方做出答复的期限。

在订立保险合同的过程中，一般由投保人向保险人提出投保的要求。投保人在投保时，首先，应考虑自己需要何种保障、可能面临的风险有哪些，进而通过咨询等方式，明确所要投保的险种；其次，选择经营稳健、有良好信誉的保险人，询问其是否可提供所需的险种，并对有关条款或资料进行认真研究；最后，提出投保要求，并按照保险人的要求如实告知保险标的的主要风险情况及所需的风险保障，同时可要求保险人提供有关保险条款，并对其主要内容进行详细而明确的说明。

2. 承诺

承诺亦称接受提议，是指受约人在收到要约后，对要约的全部内容表示同意并做出愿意订立合同的意思表示。承诺的人可称为承诺人，承诺人一定是受约人，但受约人不一定是承诺人。承诺一般要具备以下条件：

（1）承诺必须由受约人本人或与受约人订立合同的代理权人向要约人做出。

（2）承诺的内容应当与要约的内容完全一致。

（3）承诺必须在要约规定的期限内做出。

(4) 承诺必须以要约要求的形式予以承诺。

在投保人提出投保要约后，首先，保险人应审查保险标的是否符合投保要求及主要风险情况，并向投保人询问，投保人应如实回答；其次，应审核要约是否符合该险种保险条款的内容，是否有特别约定内容；再次，应约定交纳保险费的具体时间、地点、数额等；最后，做出承保承诺，保险合同成立。

合同的订立一般不是要约与承诺进行一个来回便可完成的，往往要经过要约人和受约人之间多次互换角色。需注意的是，要约可以反复多次进行，只要有新的意见提出，就可视为新要约。但承诺只有一次，一经承诺，合同便宣告成立。也就是说，要约是可以变的，它是合同双方协商过程的体现，而承诺是结果，是双方达成的协议。

对保险合同来说，保险人也会提出新的承保条件，成为要约人，投保人则成为受约人。但无论要约人与受约人如何变化，投保人应是最先提出要约的人，而决定是否承保的人或承诺人只能是保险人。

(二) 保险合同的形式

合同的形式是指合同主体之间设立、变更、解除民事法律关系所采用的表现方式。通常，保险合同的书面形式有以下几种。

1. 保险单

保险单又称保单，是保险人与投保人之间订立保险合同的书面正式凭证。保险单一般包括声明事项并附有保险合同条款（见表 2-1），保险单应由保险人在保险合同成立时签发，是保险合同的主要组成部分，是被保险人向保险人提出索赔、保险人进行理赔的主要依据。

表 2-1　　寿险保险单

保险单号码		保险起期				年交	
被保险人姓名		性别		年龄		出生日期	
身份证号码		投保人				受益人	
保险金额							
保险公司批注							

签单机构：　经理：　复核：　制单：　签单日期：　营销员：　制单日期：

2. 其他保险凭证

其他保险凭证包括保险凭证、暂保单、经保险人签章的投保单。

(1) 保险凭证。保险凭证是一种简化的保险单，在法律上具有与一般保险单相同的效力。保险凭证相对保险单而言，其内容比较简单（见表 2-2）。并非所有保险合同都有保险凭证这一形式，通常只对某一具体行业使用此类形式，如货物运输保险。从事这一行业的人在长期与保险人进行的保险活动过程中，对保险条款较为熟悉，保险条款比较固定，而货物运输业务流动性又很强，因而采用它作为一种延伸出来的保险单证，主要是为了简化手续，方便开展业务。凡保险凭证未记载的事项都以保险单的条款为准，二者有抵触时以保险凭证的内容为依据。

当然，即使采用这种形式，保险人也应该履行自己的告知义务，告知其保险条款的主要内容。

表 2-2　　学生（幼儿）平安保险凭证

<table>
<tr><td>被保险人姓名</td><td></td><td>性别</td><td></td><td>出生日期</td><td></td></tr>
<tr><td>学校名称</td><td colspan="5"></td></tr>
<tr><td>家庭地址</td><td colspan="5"></td></tr>
<tr><td>投保人姓名</td><td></td><td colspan="2">联系电话</td><td colspan="2"></td></tr>
<tr><td>投保时间</td><td>保险金额</td><td colspan="2">保险费</td><td colspan="2">保险公司签章</td></tr>
<tr><td>年　月　日</td><td></td><td colspan="2"></td><td colspan="2"></td></tr>
<tr><td>年　月　日</td><td></td><td colspan="2"></td><td colspan="2"></td></tr>
<tr><td>年　月　日</td><td></td><td colspan="2"></td><td colspan="2"></td></tr>
<tr><td>年　月　日</td><td></td><td colspan="2"></td><td colspan="2"></td></tr>
<tr><td>年　月　日</td><td></td><td colspan="2"></td><td colspan="2"></td></tr>
</table>

说明：①被保险人是指学生、幼儿；投保人泛指家长。
②学生、幼儿参加保险，须经保险公司同意并签章。
③此凭证由被保险人或投保人妥善保管，出险索赔时向保险公司提供。

（2）暂保单。又称临时保单，是保险人在接受某些险种的投保时，因遇到特殊情况而不能马上做出承保决定，向投保人签发的临时保险单证，以证明临时保险合同的存在。暂保单有两个特点：

第一，所列的保险责任有可能比正式保险单的保险责任范围小，也有可能相同，在正式保险单签发前，保险人根据暂保单的约定承担保险责任。

第二，此类单证的有效期间较短，通常不超过 30 天，而且约定保险人可以提前终止暂保单的效力，解除保险合同。在暂保单有效期间，保险人在确定可以承保后，签发正式保险单。从保险单签发之日起，暂保单效力终止，临时保险合同在保险单的基础上转为正式保险合同继续有效。保险人确定不予承保的，应按约定终止暂保单的效力。

（3）经保险人签章的投保单。投保单（见表 2-3）是投保人向保险人申请订立保险合同的书面要约，是由保险人事先准备好的统一书面形式。投保人应将投保的标的、主要风险情况及有关事项填写准确。投保单原则上应载明订立保险合同所涉及的基本内容。一般来说，它不是保险合同，只有在保险人接受投保后，才能成为保险合同的组成部分。但在特殊情况下，亦可作为保险合同。在实际工作中，有时为了简化手续，保险人在同意承保的情况下，由于某些原因致使保险单不能及时签发，便在投保人填好的投保单上签章，以表示保险合同成立，待正式保险单签发后，投保单自动失效。此时，经过保险人签章的投保单便成为证明保险合同成立的保险凭证之一。

表 2-3　　　　　　　　　　　　**机动车辆投保单**

投保人__________　　　　　　　　　　编号：

<table>
<tr><td rowspan="2">车辆品牌</td><td rowspan="2">牌照号码</td><td rowspan="2">用途</td><td rowspan="2">吨位或座位</td><td colspan="4">车辆损失险</td><td>第三者责任险</td><td rowspan="2">保险费合计</td></tr>
<tr><td>保险金额</td><td>费率</td><td>保险费</td><td>基本保险费</td><td>固定保险费</td></tr>
<tr><td></td><td></td><td></td><td></td><td></td><td></td><td></td><td></td><td></td><td></td></tr>
<tr><td colspan="7">总保险金额：人民币（大写）
保险费总数：人民币（大写）
自　年　月　日　　时起
保险期限　个月
至　　年　月　日二十四时止
注意：本投保单在未经保险公司同意或未签发保险单之前，不产生保险效力。</td><td colspan="3">地址：
电话：
联系人：
开户银行及账号：
单位签章：
经办人：
年　月　日</td></tr>
</table>

3. 其他书面协议

其他书面协议是指保险单和其他保险凭证以外的形式。保险单与其他保险凭证基本上都有相对固定的格式和内容，保险责任、责任免除等保险条款的主要内容是事先制定并印制在保险单或凭证上的，不可随意变动。这种方式对大部分可保风险都可提供保障，但缺乏灵活性，亦缺乏更广泛的适用性。

为了适应风险的多样性、复杂性与投保人的需要，使保险人具有一定的承保灵活性，保险合同双方可以就特定风险用其他书面协议形式进行特别约定，格式和内容由双方商定，没有明确的规定。但其内容不得与有关的保险法律有冲突，而且应当具备《保险法》第十八条所规定的保险合同应当包括的事项。此类书面协议形式一般用于特殊风险的承保，如人造卫星发射、团体人身保险等。

案例分析 2-7

投保单与保险单不一致　法院判决以保险单为准

1997 年 11 月，经朋友推荐，江苏省海门市的郭先生为 8 岁的女儿投保了一份子女婚嫁金保险。在签署了一堆文件后，他从保险公司获得了一张小卡片——保险证。保险证背面记载："年缴费 2 000 元，起保日期 1997 年 11 月 5 日，缴费期限 14 年，自 1997 年 11 月 5 日至 2011 年 11 月 5 日，期满领取婚嫁金 65 731.87 元。"

然而，到了 2011 年，当郭先生去领取保险金时，保险公司告诉郭先生，根据投保时他在保险公司留存的投保单及保险公司"子女婚嫁金保险条款及所附金额表"显示，应当给付给郭先生的保险金是 54 732.01 元。双方诉至法院，保险公司辩称，郭先生保险单（证）上所记载的金额系被告员工笔误，并非被告的真实意思表示。

分析：根据《保险法》的规定，保险单（证）是保险合同条款的法定载体。其他合同条款载体与保险单（证）不一致的，应当以法定载体的记载为准，故保险单（证）的效力高于投保单。同时，从涉案保险合同的履行情况看，原告已按照保险证明示的条件，在 14 年中每年向被告如数缴纳保险费，被告的工作人员亦逐年在原告保管的保险单（证）上审核、签字（盖章）确认。如系笔误或非真实意思，被告即应及时提出，并就"误写"合同的内容（条款）与原告重新商量、补缺。然而，在原告逐年缴费登记的14年中，被告及其工作人员均没有对此提出异议。因此，被告在保险期满给付时，才以笔误和非真实意思为由拒付两份凭证上记载不同的差额款，令原告和公众有理由怀疑保险公司履行合同的诚意。

最终，法院判决保险公司给付郭先生保险金65 731.87元。

二、保险合同的成立、生效与无效

（一）保险合同的成立与生效

根据《保险法》第十三条的规定，投保人提出保险要求，经保险人同意承保，保险合同成立。

合同的生效是指依法成立的保险合同对合同主体产生法律约束力。

一般情况下，合同一经成立就产生法律效力，即合同生效。双方当事人、关系人依合同开始享有权利、承担义务，并不得任意更改合同的有关内容。有些民事法律行为是可以附条件、附期限生效的，附条件、附期限的民事法律行为要符合所附条件或达到所附期限时才能生效。保险合同往往属于此类民事法律行为。

另外，合同成立时还有一种结果可能发生，那就是合同无效。有些合同因为违反法律或社会公共利益，无论其何时成立、成立多长时间，自始不产生法律效力，不受国家法律保护。

可以说，保险合同的成立是建立在双方平等、自愿、协商的基础上，而保险合同的生效是建立在合同有效的前提之下的。

相关资料 2-7

交了保费不等于保单生效

交强险：2009年3月底，保监会下发了《关于加强机动车交强险承保工作管理的通知》，其中明确规定交强险实行“即时生效”。

家财险：很多家财险，需要投保人录入个人信息后，上网激活，才能生效。没有激活就等于未生效。

普通寿险：在核保通过后，保险合同生效日可以追溯到合同成立当天，即投保人签名递交投保单之际。

旅游意外险：被保险人可以自行选择保单生效日期，而非即时生效。例如9月1日投保时，投保人可将实际保险期限定为9月10日起生效，生效时点通常为当日零时。

健康类保险：为防范被保险人带病投保，保险公司设置了“观察期”。普通住院类医疗保险的观察期一般为30天至90天，部分长期重大疾病保险的观察期可能达到90天、180天甚至1年。在观察期中即便发生保险事故，一般只退还保费，无法进行理赔。

（二）保险合同的有效条件

保险合同是否发生法律效力取决于合同双方当事人在订立保险合同时及在履行合同过程中是否遵守国家法律、行政法规，是否符合合同的有效条件。任何保险合同要产生当事人所预期的法律后果，使合同产生相应的法律效力，都必须符合有效条件。按照合同订立的一般原则，有效的保险合同应具备下列条件。

1. 合同主体必须具有保险合同的主体资格

在保险合同中，保险人、投保人、被保险人、受益人都必须具备法律所规定的主体资格，否则会引起保险合同全部无效或部分无效。

2. 当事人的意思表示真实

订立保险合同是当事人为了达到保险保障的目的，为自己设定权利、义务的法律行为。这种行为是有目的、有意识的活动，当事人对这种行为的后果应当能够有所预见，因此要求其意思表示真实，能够明确自己的行为后果，自愿承担相应的法律后果。如果合同的订立不是出于当事人的自愿，而是受到胁迫或受到欺骗，那么这样的保险合同属于无效合同。

3. 保险合同内容合法

保险合同内容合法有两方面含义：一是不违反法律；二是不违反社会公共利益。所谓不违反法律，是指保险合同的内容不得与法律和行政法规的强制性或禁止性规定相抵触，也不能滥用法律的授权性或任意性规定达到规避法律规范的目的。所谓社会公共利益，是指社会全体成员的共同利益。不违反社会公共利益是指合同的内容必须符合全体人民的共同利益，不得有损社会公共秩序与社会公德等。

（三）保险合同的无效

1. 保险合同无效的概念

保险合同无效是指虽然已经订立，但国家不予承认和保护，没有法律效力的保险合同。在保险活动中，有时保险合同已经成立，但因其在主体、内容或订立程序等多方面不符合法律、法规的要求，致使其不受国家法律的承认与保护，保险合同的全部内容或部分内容自始不产生法律约束力。

保险合同无效可分为全部无效和部分无效。

保险合同的全部无效是指保险合同内容全部不具有法律效力。如投保人对保险标的不具有保险利益，保险合同即使订立，也全部无效。

保险合同的部分无效是指保险合同中的部分内容不具有法律效力，其余部分仍然有效，如善意超额保险中的超额部分等。

2. 保险合同无效的原因

根据我国《合同法》对合同无效的规定，导致保险合同无效的原因一般有以下几类：

（1）一方以欺诈、胁迫的手段订立合同，损害国家利益。

（2）恶意串通，损害国家、集体或者第三人利益。

（3）以合法形式掩盖非法目的。

（4）损害社会公共利益。

（5）违反法律、行政法规的强制性规定。

3. 无效保险合同的确认机关

合同的无效需要专门的、公正的、独立于合同主体之外的机构根据法律规定进行判断，做到既维护法律，又能保障双方当事人得到公平、合理的处理，这样才能使社会正常的经济秩序得以维护。根据法律的规定，无效合同的确认机构为人民法院和仲裁机构。

4. 无效保险合同的法律后果

无效保险合同和保险合同中无效的部分，自保险合同成立时就不产生效力，其产生的法律后果有三种：返还、赔偿和追缴。

（1）返还，是指保险合同被确认无效后，应当使之恢复到合同订立前的状态，取得财产的，应当返还。即保险人向投保人返还已收取的保险费；如保险人已支付赔款，被保险人应如数返还给保险人。

（2）赔偿，是指保险合同被确认无效后，因此造成损失的，应由责任方承担赔偿责任。如双方都有过错，则视双方过错大小，各自承担相应的赔偿责任。

（3）追缴，是指保险合同因违反国家和社会公共利益而被确认无效，若合同双方均系故意行为，应将双方已经取得的财产进行追缴并收归国库。如系一方故意，该方应将依无效合同从对方取得的财产返还，非故意的一方依无效合同从故意方取得的财产也应被追缴，收归国库。

案例分析 2-8

代签名保险合同无效？法院：被保险人同意应理赔

2008 年 10 月，刘先生在江苏省常州市某保险公司投保了一份养老年金保险，被保险人为妻子李某，受益人为其子。投保时，因李某出差在外，经保险公司业务人员同意后，由刘某代替妻子李某签署了相关投保单，并按期缴纳了保险费。在随后的电话回访中，李某也确认了投保事实。

2011 年 6 月，李某不幸意外身亡，刘某代理儿子向保险公司提出索赔，要求按照保险合同赔偿身故保险金 10 万元，却遭拒绝，理由是被保险人没有在投保单上签字，合同无效。无奈之下，刘某遂将保险公司诉至法院。

分析：法院审理后认为，原被告双方保险合同成立于《保险法》修改之前。修订前的《保险法》第五十六条规定：以死亡为给付保险金条件的合同，未经被保险人书面同意并认可保险金额的，合同无效，该合同的确属于无效合同，保险公司可以不予理赔，退还保单现金价值即可。不过，《最高人民法院关于适用若干问题的解释（一）》第二条规定，对于新《保险法》施行前成立的保险合同，适用当时的法律认定无效而适用新《保险法》认定有效的，适用新《保险法》的规定。

本案中，李某已在保险公司回访电话中表示，同意刘某为其购买保险，且在合同正常履行的 3 年期间，也从未提出不同意见，应认定被保险人已同意并认可保险金额。根据修订后的《保险法》第三十四条规定，涉案保险合同虽未由被保险人签字但被保险人已有同意的意思表示，合同有效，因此保险公司应当理赔 10 万元。

三、保险合同的履行

保险合同的履行是指保险合同当事人双方依法全面完成合同约定的行为。

（一）投保人应履行的义务

1. 如实告知

如实告知是指投保人在订立保险合同时将保险标的的重要事实，以口头或书面形式向保险人做真实陈述。所谓保险标的的重要事实，是指影响保险人决定是否承保及保险费率的事实。如实告知是投保人要履行的基本义务，也是保险人实现其权利的必要条件。

2. 缴纳保险费

缴纳保险费是投保人的最基本的义务，通常也是保险合同生效的必要条件。投保人在保险合同成立后，按照约定一次性或分期向保险公司交付保险费。

3. 维护保险标的的安全

保险合同订立后，财产保险合同的投保人、被保险人应当遵守国家有关消防、安全、生产操作、劳动保护等方面的规定，维护保险标的的安全。保险人有权对保险标的的安全工作进行检查，经被保险人同意，可以对保险标的采取安全防范措施。投保人、被保险人未按约定维护保险标的安全的，保险人有权要求增加保险费或解除保险合同。

案例分析 2-9

某农场与某保险公司订立了一份汽车保险合同，期限为1年。农场共有60辆汽车，一次性投全保，保险费10万元。合同生效后，保险公司多次会同交通安全管理部门要求对农场的车辆进行安全检查，农场认为这是添麻烦，拒绝检查。保险公司仅从外观发现农场的车辆保养状况普遍不好，不安全因素较多，书面建议农场对8辆超过大修期带“病”行驶的卡车进行停产大修，农场不予理会。1个月后，先后有两辆这种车肇事，发生经济损失6万元。农场向保险公司索赔。保险公司是否有权利对车辆进行安全检查？保险公司是否应该赔偿农场的经济损失？

分析：保险公司有权对农场车辆进行安全检查，并提出建议，这是保险人的一项权利。保险公司有权不予赔偿，并解除保险合同。

4. 及时通知

风险程度增加时，应及时通知保险人，投保人、被保险人未履行风险增加通知义务的，保险标的因风险程度增加而发生的保险事故，保险人不负赔偿责任。

投保人、被保险人或者受益人知道保险事故发生后，应当及时通知保险人。其目的在于：使保险人可以迅速调查真相，不致因拖延时日而使证据灭失，影响责任的确定；便于保险人及时采取措施，协助被保险人抢救被保险财产，处理保险事故，使损失不致扩大；使保险人有准备赔偿或给付保险金的必要时间。同时，履行保险事故发生通知义务，是被保险人或受益人获得保险赔偿或给付的必要程序。保险事故发生后的通知可以采取书面或口头形式，但法律要求采取书面形式的须采取书面形式。

5. 出险施救

保险事故发生时，被保险人有责任尽力采取必要的措施，防止或者减少损失。

6. 提供单证

保险事故发生后，向保险人提供单证是投保人、被保险人或受益人的一项法定义务。向保险人索赔应当提供的单证是指与确认保险事故的性质、原因、损失程度等有关的证明资料，包括保险单、批单、检验报告、证明材料等。提出财产保险合同、人身保险合同的保险金请求均应履行该项义务。

7. 协助追偿

在财产保险中，因第三人行为造成保险事故的，保险人在向被保险人履行赔偿保险金义务后，享有代位求偿权，即保险人有权以被保险人的名义向第三人索赔。

（二）保险人应履行的义务

1. 承担保险责任

承担保险责任是保险人依照法律的规定和合同的约定所应承担的最重要、最基本的义务。保险人承担保险责任的范围为：

（1）保险赔偿。财产保险合同中，赔偿金额根据保险标的的实际损失确定，但最高不得超过合同约定的保险标的的保险价值。人身保险合同中，即为合同约定的保险金额。

（2）施救费用。保险事故发生后，被保险人为防止或减少保险标的的损失所支付的必要的、合理的费用，由保险人承担；保险人所承担的数额在保险标的损失赔偿金额以外另行计算，最高不超过保险金的数额。

（3）争议处理费。争议处理费是指被保险人因给第三人造成损害的保险事故而被提起仲裁或诉讼的，应由被保险人支付的费用。

（4）检验费用。检验费用是指必要的、合理的检验费，由保险人承担。

2. 条款说明

订立保险合同时，保险人应当向投保人说明保险合同的条款内容，并可以就保险标的或者被保险人的有关情况提出询问，投保人应当如实告知。保险人承担条款说明义务的原因是：保险人因其从事保险业经营而熟悉保险业务，精通保险合同条款；保险合同条款大都由保险人制定，而投保人则常常受到专业知识的限制，对保险业务和保险合同条款大多不甚熟悉，加之对合同条款内容的理解亦可能存在偏差、误解，均可能导致被保险人、受益人在保险事故或事件发生后，得不到预期的保险保障。

保险合同中规定有关于保险人责任免除条款的，保险人在订立保险合同时应当向投保人明确说明，未明确说明的，该条款不产生效力。由于责任免除条款是当事人双方约定的免除保险人责任的条款，直接影响投保人、被保险人或者受益人的利益，被保险人、受益人可能因责任免除条款而在保险事故或事件发生后得不到预期的保险保障，因此，保险人在订立保险合同时，必须就责任免除条款向投保人作明确说明。否则，该责任免除条款不产生法律效力。

3. 及时签发保险单（证）

保险合同成立后，保险人应当及时向投保人签发保险单或者其他保险凭证，并在保险单或者其他保险凭证中载明当事人双方约定的合同内容。保险合同成立后，及时签发保险单（证）是保险人的法定义务。保险单（证）是保险合同成立的证明，也是履行保险合同的依据。

4. 为投保人、被保险人或再保险分出人保密

保险人或者再保险接受人在办理保险业务过程中，对投保人、被保险人或者再保险分出人的业务和财产情况负有保密的义务。因此，为投保人、被保险人或者再保险分出人保密是保险人或者再保险接受人的一项法定义务。

四、保险合同的变更

保险合同的变更是指保险合同没有履行或没有完全履行之前，当事人根据情况变化，依照法律规定的条件和程序，对原保险合同的某些条款进行修改或补充的变动。通常保险合同签订以后，对双方均产生约束力，任何一方不得有意变更或解除合同，但由于保险合同的标的、危险程度等在一定的保险期限内有可能发生各种变化，当事人为使合同条款更

有利于自己或有利于合同的履行，常常要求修改或补充合同条款，因此保险合同的变更在所难免。根据《保险法》第二十条的规定，投保人和保险人可以协商变更合同内容。保险合同的变更主要是指主体、内容等的变更。

（一）保险合同主体的变更

保险合同主体的变更即保险人、投保人、被保险人或受益人的变更。保险人变更主要是指因保险企业破产、解散、合并、分立等原因导致保险人所承担的全部保险合同责任转移给其他保险人或政府有关基金承担的行为。例如，中国人民保险公司根据《保险法》规定，产险、寿险分设子公司，这一行为属于保险人变更的一种情况。在保险活动中，投保人、被保险人、受益人的变更较为常见。

在财产保险中，投保人、被保险人变更有两种情况：一种是投保人、被保险人在特殊险种中可随保险标的的转让而自动变更，不需征得保险人的同意，保险合同继续有效，如货物运输保险合同。另一种是保险合同投保人、被保险人在一般险种中的变更必须得到保险人的同意，保险合同才可继续有效；否则，保险合同终止。在此类险种中，投保人与被保险人通常是一个人，其变更通常取决于与保险标的的关系的变化。对于判断保险标的所面临的风险来说，被保险人的人品、责任心、工作性质等是非常重要的。一般情况下，保险标的所有权、经营权、收益权等的转让导致被保险人因没有财产受该保险合同的保障，合同自然终止。但如果受让财产的人想继续保险合同的效力，受该保险合同保障，那么必须在转让前与保险公司协商，使保险公司同意财产受让人为新的被保险人，并在转让后办理变更手续，保险合同才能继续有效。在此应注意的是，这里不是指非经保险人同意保险标的不得转让，而仅指保险合同会因此而终止。

在人身保险中，投保人、受益人的变更有两种情况：一种是投保人的变更，只要新的投保人具有法律规定的保险利益，无须经保险人同意，但须告知保险人。如果是以死亡为给付保险金条件的保险合同，须经被保险人本人书面同意。另一种是受益人的变更，只要投保人、被保险人指定变更，无须经保险人同意，但应通知保险人，并办理变更手续。另外，投保人变更受益人，须经被保险人同意。

在人身保险中，被保险人变更属于保险标的的变更，是保险合同内容变更的一部分，一般会导致保险合同终止，用新的保险合同替代。特别是在个人人身保险中，被保险人不允许变更，因为人与人之间的健康状况、年龄状况、职业状况等均不相同，所应交纳的保险费也不相同。当投保人认为确有必要继续保险合同时，须与保险人协商，就合同有关内容的变更达成一致，并办理变更手续。

（二）保险合同内容的变更

保险合同内容的变更是指当事人之间享受的权利、承担的义务发生的变更，表现为保险合同条款事项发生的变更。如保险标的、保险价值、危险程度、保险期限、保险费、保险金额等约定事项的变更。一般是由当事人一方提出要求，经与另一方协商达成一致后，由保险人在保险合同中加以变更批注，其法律效力对双方均有约束力。

保险合同内容的变更可分为两种情况：一是保险人或投保人根据自身需要提出的变更，如变更保险条款、增减保险金额等；二是因客观情况要求变更，如保险标的的风险情况发生变化，投保人依法律的规定或合同的约定通知保险人，保险人视情况增加或减少保险金额的变更。

应该说明的是，由国家法律确定的保险合同双方应享有的权利及应尽的义务和由保险监督管理部门制定的基本条款的内容是不可以进行协商变更的。

保险合同变更一般应采用书面形式。批单是保险合同变更时最常用的书面单证，其他书面形式亦可。但无论是批单还是其他书面形式，均应列明变更条款的内容或事项，须由保险人签章，并附贴在原保险单或保险凭证上。

案例分析 2-10

某年1月5日，某市出租汽车公司将其中一辆现代轿车转让给汪某营运，双方约定：汪某每年向出租汽车公司交纳管理费和各种税费，车辆以出租汽车公司的名义向当地的保险公司投保，保险费由汪某个人承担。随后，出租汽车公司将车辆向当地保险公司投保了机动车辆险、第三者责任险和附加盗窃抢劫险，被保险人为该出租汽车公司，保险期限为1年。合同签订以后，出租汽车公司如期交纳了保险费。同年10月20日，汪某驾车运营时，在某地遭到歹徒劫持，出租车被抢走。事故发生后，出租汽车公司向保险公司索赔，保险公司以标的转让没有通知保险公司办理批改手续为由拒赔，出租汽车公司不服，遂起诉到法院。

分析：法院判决认为，因车辆所有权系出租汽车公司，投保人和被保险人均为出租汽车公司，出租汽车公司只是把营运权交给汪某，并不存在保险标的转让事由，并且营运权交给汪某也并没有使风险明显增加，因此，保险公司应该赔付。

五、保险合同的终止

保险合同的终止是指保险合同成立后，因法定的或约定的事由发生，使合同确定的权利义务关系不再继续，法律效力完全消灭的法律事实。终止是保险合同发展的最终结果。应当注意的是，保险合同的终止只能说明合同自终止之日起，合同主体之间的法律关系消失，不再承担任何责任，而在合同有效期间产生的法律关系、引起的法律责任并不会消失。有时在保险合同终止以后很长时间，合同有效期间产生的法律责任或由其引起的法律责任才开始提出或出现，保险人仍然要承担责任，不得以保险合同终止为由，拒绝履行义务。

导致保险合同终止的原因有很多，下面加以简要介绍。

（一）因合同解除而终止

保险合同的解除是指在保险合同有效期限尚未届满前，合同当事人依照法律或约定解除原有的法律关系的行为。合同成立后，依法产生法律效力，双方当事人应认真遵守和严格执行合同的各项条款，任何一方不得擅自停止履行合同或不履行合同。但如果出现法定或约定的解除情形时，为避免继续履行合同给当事人带来不应有的损失，允许解除保险合同。合同解除后，双方不再继续享有或承担原合同约定的权利和义务，合同效力提前终止。

1. 保险合同解除的形式

保险合同解除的形式可以分为约定解除、协商解除、法定解除和裁决解除。

（1）约定解除，是指合同当事人在保险合同订立时约定，在合同履行过程中，当某种情形出现时，合同一方当事人可行使解除权。

(2) 协商解除，是指在保险合同履行过程中，某种在保险合同订立时未曾预料的情形出现，导致合同双方当事人无法履行各自的责任或合同的履行已成为不必要，于是通过友好协商，解除保险合同。

(3) 法定解除，是指在保险合同履行过程中，当法律规定的解除情形出现时，合同一方当事人或者双方当事人都有权解除保险合同。

(4) 裁决解除，是指依人民法院或仲裁机构的裁决，致使保险合同解除。通常，合同签订以后，除当事人协商解除、约定解除、法定解除的情形外，常常出现当事人协商不一致的情况，从而产生解除合同纠纷。纠纷当事人根据合同约定或法律规定，有权提请仲裁或向人民法院提起诉讼，仲裁机构或人民法院根据争议事实做出裁决，裁决保险合同解除的，保险合同依裁决解除。一般情况下，裁决保险合同解除应具备以下两个条件中的一个：一是由于不可抗力或由于一方当事人虽无过失但无法防止的外因，致使合同无法履行；二是由于一方违约，使合同履行成为不必要。

2. 投保人解除保险合同的情形及法律后果

(1) 投保人解除保险合同的情形。

由于保险人与投保人在保险合同中的地位不同，因此，《保险法》规定的解除保险合同的情形也各不相同。

对于投保人来说，除《保险法》有规定或保险合同另有约定外，投保人有权随时解除保险合同。一般情况下，投保人在保险合同中代表被保险人、受益人的利益，处于受保险合同保障的地位，是否愿意享受保险保障应由其自己决定，无论是在投保前还是在保险合同成立后，投保人均有自由选择的权利，既有投保的自由也有退保的自由。

《保险法》规定的投保人不得解除保险合同的情形，主要是指货物运输保险合同和运输工具航程保险合同。这两种保险合同的性质比较特殊，保险标的的流动性很大，运程或航程中所遇风险经常发生变化，保险人所承受的风险更是难以估计，因此，此类险种保险责任开始后，保险合同双方当事人都不得解除保险合同。如果允许双方当事人随意解除，双方的利益都得不到根本的保障。

在保险合同订立或履行过程中，双方可根据具体保险险种约定解除合同的情形，只要不违反法律和公共利益，就会受到法律保护。

相关资料 2-8

保险犹豫期

一年期以上人身保险产品有犹豫期（也叫冷静期）的约定，犹豫期是从投保人收到保险单并书面签收日起10日内的一段时期。投保单或保险条款中应载明投保人在犹豫期内的权利，保险公司销售人员展业时以及保险公司向投保人、被保险人发送保单时，应对犹豫期内的权利进行说明。在犹豫期内，投保人可以无条件解除保险合同。

保险公司除扣除不超过10元的成本费以外，应退还全部保费，并不得对此收取其他任何费用。但对于投资连结保险，如在此期间因独立投资账户的资产价值减少，保险公司只能扣减减少的部分以及变现资产的费用，而不能扣减销售保单所发生的佣金和管理费。

需要提醒的是，犹豫期的认定以保险回执为起始期计算。虽然大部分保险公司将严格按照回执签署日期开始计算犹豫期，但如果超过一个月不能签订回执，还是需要事先告知相关保险公司，或者提交一份书面报告。

如果保险消费者在犹豫期解除合同，却又在犹豫期内发生事故，保险公司将不承担保险责任，所以即使在犹豫期退保，也隐含一定风险。

此外，财产保险与人身保险不同，车险、家财保险没有犹豫期，消费者在缴纳保费后，于次日零点开始保单生效，一旦消费者对投保有改动想要退保，则必须按照相应的情况领取保单生效后的现金价值。此外，意外险也没有投保犹豫期。

（2）投保人解除保险合同的法律后果。

解除保险合同的法律后果有两个：一个是在法律上保险合同终止；另一个是经济上的赔偿。由于合同解除有可能带来一方当事人的损失，除法律或约定免责情形外，有责任一方应承担相应的经济赔偿责任。

《保险法》第五十四条规定：保险责任开始前，投保人要求解除合同的，应当按照合同约定向保险人支付手续费，保险人应当退还保险费。保险责任开始后，投保人要求解除合同的，保险人应当将已收取的保险费，按照合同约定扣除自保险责任开始之日起至合同解除之日止应收的部分后，退还投保人。

3. 保险人解除合同的情形及法律后果

《保险法》第十五条规定，除本法另有规定或者保险合同另有约定外，保险合同成立后，投保人可以解除合同，保险人不得解除合同。保险人与投保人的权利正好相反。这是因为保险人承担着保险合同所规定的分散风险、补偿损失的保险责任，如果保险人可随意解除合同，保险人将在获悉风险可能发生的情况下，解除保险合同，逃避责任，这对被保险人十分不利。

保险人解除保险合同的法定情形及法律后果有如下几种：

（1）投保人故意隐瞒事实，不履行如实告知义务，保险人有权解除保险合同，对于保险合同解除前发生的保险事故，不承担赔偿或者给付保险金的责任，并不退还保险费。

（2）投保人因过失未履行如实告知义务，足以影响保险人决定是否同意承保或者提高保险费率的，保险人有权解除保险合同。如未告知事项对保险事故的发生有严重影响，保险人对于保险合同解除前发生的保险事故，不承担赔偿或者给付保险金的责任，但可以退还保险费。

（3）被保险人或者受益人在未发生保险事故的情况下，谎称发生了保险事故，向保险人提出赔偿或者给付保险金请求的，保险人有权解除保险合同，并不退还保险费。

（4）投保人、被保险人或者受益人故意制造保险事故的，保险人有权解除保险合同，不承担赔偿或给付保险金的责任。除《保险法》另有规定外，不退还保险费。

（5）投保人、被保险人在财产保险合同中未按照约定履行其对保险标的安全应尽的责任的，保险人有权要求增加保险费或者解除合同。

（6）在财产保险合同有效期内，保险标的风险程度增加的，被保险人按照合同约定应当及时通知保险人，保险人有权要求增加保险费或者解除合同。被保险人未履行上述通知义务的，因保险标的风险程度增加而发生的保险事故，保险人不承担赔偿责任。

（7）在人身保险合同中，投保人申报的被保险人年龄不真实，并且其真实年龄不符合合同约定的年龄限制的，保险人可以解除合同，并在扣除手续费后，向投保人退还保险费，但是自合同成立之日起逾两年的除外。

(8) 人身保险合同分期支付保险费的，合同效力中止超过两年的，保险人可以解除合同。

(9) 其他合同约定保险人可以解除合同的情形。

(二) 保险合同终止的其他原因

1. 因保险合同约定的保险期间届满而终止

> **课堂讨论：**
> 保险合同的终止有哪些情况？

保险合同约定的保险期间是保险人为被保险人提供保险保障的期间。在保险期间内，有些保险合同没有发生合同约定的保险事故，保险人的保险责任得以一直持续到保险期间的终止。一旦超过约定的保险期间，保险人就不再承担保险责任，保险合同也就自然终止，这是保险合同终止的最普遍的原因。

2. 因保险人完全履行赔偿或给付义务而终止

在保险合同中，保险人的主要义务就是承担赔偿或给付保险金的责任。但这种责任不仅有期限的约定，而且有数额的限制。只要保险人履行赔偿或给付保险金达到保险合同约定的保险金额总数时，无论是一次还是多次，均属于保险人已实际履行了其全部保险责任，即保险人的保险合同义务已履行完结，保险合同终止。

3. 因合同主体行使合同终止权而终止

在法律规定中，有时会授予合同主体在合同履行期间，遇有某种特定情况，享有终止合同的权利，无须征得对方同意，这就是合同的终止权。我国《保险法》中就有类似规定，如第五十八条规定：保险标的发生部分损失的，自保险人赔偿之日起 30 日内，投保人可以解除合同；除合同另有约定外，保险人也可以解除合同，但应当提前 15 日通知投保人。合同解除的，保险人应当将保险标的未受损失部分的保险费，按照合同约定扣除自保险责任开始之日起至合同解除之日止应收的部分后，退还投保人。这一规定主要是指财产保险中的保险标的发生部分损失后，保险标的本身的状态及面临的风险已经有所变化，因此允许双方当事人在法定期间内行使保险合同终止权。

4. 因保险标的全部灭失而终止

由于非保险事故发生，保险标的灭失，因保险标的已实际不存在，故保险合同自然终止。在人身保险合同中，被保险人因遭受责任免除的事故而死亡，保险合同也会自然终止。

5. 因法律规定的情况出现而终止

由于法律规定的情况出现，无须当事人行使权利，保险合同即终止。保险人不承担保险责任，而且在余下的保险期间也没有履行保险责任的可能或必要。如《保险法》第四十三条规定：投保人故意造成被保险人死亡、伤残或者疾病的，保险人不承担给付保险金的责任。投保人已交足 2 年以上保险费的，保险人应当按照合同约定向其他权利人退还保险单的现金价值。受益人故意造成被保险人死亡、伤残、疾病的，或者故意杀害被保险人未遂的，该受益人丧失受益权。此类情况的发生虽未明确提出合同终止，但这一规定的法律后果必然是合同终止。

第五节 保险合同的争议处理

一、解决保险合同争议的方式

保险合同争议是指在保险合同成立后，合同主体就保险合同内容及履行时的具体做法等方面产生不一致甚至相反的理解而导致的分歧或纠纷。由于保险合同比较特殊，主体之间的争议不仅会产生于投保人与保险人之间，有时还会产生于投保人与被保险人、被保险人与受益人以及上述主体与第三人之间。争议所反映出的问题非常复杂，专业性很强。

解决保险合同争议的方式一般有三种：协商、仲裁和诉讼。

（一）协商

协商是指合同主体在自愿诚信的基础上，根据法律规定及合同约定，充分交换意见，相互磋商理解，求大同存小异，对所争议的问题达成一致意见，自行解决争议的方式。这种方式不但能使矛盾迅速化解，而且可以增进双方的进一步信任与合作，有利于合同的继续执行。争议双方经协商不能达成一致时，可以约定向仲裁机构提出仲裁，也可以依法向人民法院提起诉讼。

（二）仲裁

仲裁是指争议双方依仲裁协议，自愿将彼此间的争议交由双方共同信任、法律认可的仲裁员居中调解，并做出裁决。仲裁裁决具有法律效力，当事人必须予以执行。仲裁机构主要是指依法设立的仲裁委员会，是独立于国家行政机关的民间团体，与行政机关没有隶属关系。仲裁委员会之间也没有隶属关系，而且不实行级别管辖和地域管辖，也就是说，仲裁委员会由当事人协议选定，不受级别和地域的限制。仲裁具有良好的信誉和公正性，手续简便，专业性强，争议双方的自主性能够得到充分的发挥，自由意识可以得到充分的表达，是处理纠纷的重要途径。

一般来说，仲裁委员会就每一个案件都要设立仲裁庭，由一名仲裁员或三名仲裁员组成，当事人有权选择其中的任何一种方式。仲裁员必须由符合法律规定的资格、公道正派的人担任。当事人约定由一名仲裁员成立仲裁庭的，应当由当事人在仲裁员名单中共同选定或共同委托仲裁委员会主任指定仲裁员。当事人约定由三名仲裁员组成仲裁庭的，应当由当事人各自在仲裁员名单上选择自己所信任的一名仲裁员，或者各自委托仲裁委员会主任指定一名仲裁员；第三名仲裁员即首席仲裁员，由当事人共同选定或者共同委托仲裁委员会主任指定。

仲裁实行一裁终局的制度。裁决书做出之日即发生法律效力。一方当事人不履行仲裁裁决的，另一方当事人可以根据我国《民事诉讼法》的有关规定向人民法院申请执行仲裁裁决。当事人就同一纠纷不得向同一仲裁委员会或其他仲裁委员会再次申请仲裁，不得向人民法院提起诉讼，仲裁委员会和人民法院也不予受理。在仲裁裁决生效后六个月内，当事人提出符合法定撤销裁决书的条件的证据的，可以向仲裁委员会所在地的中级人民法院申请撤销裁决。

应当注意的是，申请仲裁必须以双方在自愿基础上达成的仲裁协议为前提，没有达成仲裁协议或单方申请仲裁的，仲裁委员会将不予受理。仲裁协议应以书面形式订立，并应写明仲裁意愿、事项及双方所共同选定的仲裁委员会。双方可以在保险合同签订时订立仲裁条款，也可以在争议发生前或发生时及发生后达成仲裁协议。订有仲裁协议的，一方当事人向人民法院起诉，人民法院将不予受理。

保险合同中具有涉外因素的争议，如涉及对外贸易、涉外运输、海事纠纷等，应向中国国际商会组织设立的中国对外经济贸易仲裁委员会或海事仲裁委员会申请仲裁。

（三）诉讼

诉讼主要是指争议双方当事人通过国家审判机关——人民法院解决争端，进行裁决的办法。它是解决争议最激烈的方式。人民法院具有宪法授予的审判权，是维护社会经济秩序、解决民事纠纷最权威的机构。人民法院不受行政机关、社会团体和个人的干涉，以法律为准绳，以事实为依据，独立行使审判权，维护当事人的合法权益。

人民法院在受理案件时，实行级别管辖和地域管辖、专属管辖和选择管辖相结合的方式。在不违反民事诉讼法关于对级别管辖和专属管辖的规定的前提下，合同双方当事人可以在书面合同中协议选择被告住所地、合同履行地、合同签订地、原告住所地、标的物所在地人民法院管辖。当事人首先应依法或依照合同约定到有权受理该案件的人民法院提起诉讼，人民法院才可受理并按相应的民事程序进行审理、判决。如合同中未有约定，而法律规定有两个以上人民法院具有管辖权的，原告可以向其中一个人民法院起诉。

我国《民事诉讼法》第二十四条对保险合同纠纷的管辖法院做了明确的规定：因保险合同纠纷提起的诉讼，由被告住所地或者保险标的物所在地人民法院管辖。《最高人民法院关于适用〈中华人民共和国民事诉讼法〉若干问题的意见》中规定：因保险合同纠纷提起的诉讼，如果保险标的物是运输工具或者运输中的货物，由被告住所地或者运输工具登记注册地、运输目的地、保险事故发生地的人民法院管辖。根据以上规定可以看出，只有上述有关法院有权审理保险合同纠纷。由于拥有管辖权的法院在两个以上，因此保险合同的主体可以在以上所列有管辖权的人民法院范围内，在书面合同中载明选择的管辖法院，一旦产生纠纷，应到合同中约定的管辖法院提起诉讼。

人民法院审理案件实行先调解后审判、二审终审制。如调解成功，要做成调解书，由审判人员和书记员签名并盖人民法院的印章；如调解不成功，人民法院依法判决，并做出判决书。当事人不服一审法院判决的，可以在法定的上诉期限内上诉至上一级人民法院，第二审判决为最终判决。当事人对已生效的调解书或判决书必须执行，一方当事人不执行的，另一方当事人有权向人民法院申请强制执行。对二审判决不服的，只能进行申诉和抗诉程序。

案例分析 2-11

保险公司不适时履行赔付义务被判承担诉讼费

《机动车交通事故责任强制保险条款》第十条规定：因交通事故产生的仲裁或者诉讼费用以及其他相关费用，交强险不负责赔偿和垫付。保险公司往往在诉讼中以此作为不承担诉讼费的理由。

2017 年 9 月 21 日，徐某为其驾驶的小轿车向某保险公司投保了机动车交通事故责任强制保险，有效期限至 2018 年 9 月 20 日。2018 年 3 月 30 日，徐某驾驶小轿车与行人崔某、王某发生碰撞，造成崔某和王某受伤并于当日死亡、车辆部分损坏的交通事故。经交警部门认定，徐某承担事故的主要责任，王某和崔某承担事故的次要责任。崔某继承人要求某保险公司赔偿遭到拒绝，即以徐某和某保险公司为共同被告，向市人民法院提起了诉讼，要求两被告承担赔偿责任。市人民法院经审理，判决原告的损失合计 131 022.25 元，由被告某保险公司于判决生效后 30 日内一次性在机动交通事故责任强制保险限额内赔偿死亡赔偿金 25 000 元、医疗费 372.50 元，合计 25 372.50 元，由被告徐某按责赔偿 79 237.31 元。案件受理费 3 512 元，由原告负担 1 512 元，被告某保险公司负担 400 元，被告徐某负担 1 600 元。

分析：本案的判决意味着承保交通事故强制责任保险的保险公司须根据受害人的请求，在交强险范围内承担先行赔付的义务；如不适时履行赔付义务并引起诉讼的，保险公司要承担诉讼费。

二、保险合同条款的解释

如当事人对保险合同使用的语言文字有不同认识的，依照法律规定的方式或者常用的方式对保险合同的内容或文字的含义予以确定或说明，称为保险合同的解释。保险合同作为双方的协议，只要符合法律的要求，一经成立即具有法律效力，其所用文字、涉及内容不能随意变动，并受法律保护。但由于制定条款的经验问题或保险合同条款本身的局限性及文字语言表达方式的灵活性，尽管在订立合同时要求表达清楚、责任明确、内容具体、手续完备，也很难就有关的情况进行详尽无遗的约定，或者说很难避免文字上和内容上的不明确或不全面以及条款制定不严密。而保险合同直接涉及主体间的经济利益，双方产生争议是不可避免的，因此，当保险合同当事人由于对合同内容产生歧义引起纠纷时，适当的、合理的解释是必不可少的，以便合同的继续履行。

（一）保险合同条款的解释原则

1. 以公平和尊重合同所用语言、文字的含义为原则

对保险合同条款的解释通常应以公平和尊重合同所用语言、文字的含义为原则，只有在保险合同所使用的语言、文字有歧义或者含义模糊，或者合同约定的内容有遗漏时，才需进行解释。在解释时，也应以原条款的真实意思为基础，进行公平、合理的解释。

2. 以有益于被保险人和受益人为原则

在对保险合同条款进行解释时，有一项重要原则，就是有利于被保险人、受益人的解释原则。我国《保险法》第三十条规定：采用保险人提供的格式条款订立的保险合同，保险人与投保人、被保险人或者受益人对合同条款有争议的，应当按照通常理解予以解释。对合同条款有两种以上解释的，人民法院或者仲裁机构应当做出有利于被保险人和受益人的解释。这是由于保险合同为附合合同，专业性很强，在订立保险合同时，投保方只能表示接受或不接受已事先拟定好的条款，有些专业性的术语、惯例是一般人不能完全理解的，是否有对投保人不利的意思在争议出现前很难看出来。为了避免保险人利用有利地位侵害投保人的利益，要求保险人在拟定合同条款时尽量表达明确，并在订立合同时向投保人明确说明合同的主要内容。如果由于条款文字、语言表达不清引起歧义，根据公平原则，其责任应由保险人承担。因此一旦出现争议，人民法院或者仲裁机构应当做有利于被保险人和受益人的解释。当然，这种解释原则不能随意使用，只能运用于保险合同所用语言文字不清或者有一词多义的情况，在尊重保险条款原意的基础上进行。如果条款意图清晰，语言文字表达明确，没有歧义，即使发生争议，也应依有效的保险合同约定做公平的

解释。

3. 批注优于正文、后批优于先批的解释原则

保险合同双方当事人往往会就各种条件变化进行磋商，对此大多采用批注、附加条款、加贴批单等形式对原合同条款进行修正。当修改与原合同条款相矛盾时，采用批注优于正文、后批优于先批、书写优于打印、加贴批注优于正文批注的解释原则。

另外，如对由保险法律、法规确定的条款或由国家保险监督管理机关制定的条款产生争议，应提请有关的机关进行立法、司法或行政解释，而不应擅自运用以上原则对争议进行解释。

（二）保险合同条款的解释方法

保险合同条款的解释方法有下述几种。

1. 文义解释

文义解释是指按保险合同条款用语的文字及特定含义或使用方式，解释保险合同条款的内容，尊重条款所用词句，不能超出也不能缩小保险合同所用词句的含义。这是解释保险合同条款最主要的方式。

2. 意图解释

意图解释是指在保险合同的条款文义不清或者有歧义时，通过逻辑分析及其他背景材料等判断合同当事人订约当时的真实意图，据此来解释保险合同条款的方式。这是在无法用文义解释方式时的辅助性解释方法，如果保险合同条款文字和表达的含义清楚，必须进行文义解释，不能以运用意图解释方式为由对保险合同条款进行推测。

3. 补充解释

补充解释是指当保险合同条款约定内容有遗漏或不完整时，借助商业习惯、国际惯例，在公平原则的基础上，对保险合同欠缺的内容进行务实、合理的补充解释，以便合同的继续执行。

案例分析 2-12

保险合同条款有歧义　法院析法说理定纷争

2017 年 3 月 21 日，原告吕某与被告保险公司签订机动车保险一份，约定机动车损失险的保险金额为 5 万元，保险期间自 2017 年 3 月 28 日至 2018 年 3 月 27 日。2017 年 9 月 20 日，在原告驾驶员徐某驾驶过程中，汽车发生自然火灾。交警认定该车在正常行驶过程中突然发生燃烧，造成车辆、货物及部分高速公路路产受损，受损价值为 20 500 元。

被告保险公司辩称，与原告签订保险合同属实，但原告买了机动车损失保险后，还应买附加自然损失险，原告没买附加自然损失险，故保险公司不予理赔。

分析：法院审理后认为，原、被告签订的保险合同，双方意思表示真实，为有效合同。该合同属于格式条款合同，根据我国《合同法》的相关规定，对格式条款的理解发生争议的，应当按照通常理解予以解释。对格式条款有两种以上解释的，应当做出不利于格式条款一方的解释。格式条款和非格式条款不一致的，应当采用非格式条款。本案中，在双方办理投保手续过程中，原告认为买车辆损失险，就能赔偿车辆发生的所有损失，被告认为买车辆损失险时，再买附加自然损失险，才能赔偿自然损失险，双方对格式条款有两

种解释，应当做出不利于格式条款一方的解释。法院对原告要求保险公司在限额内赔偿车损 20 500 元予以支持。

本章小结

保险合同是投保人与保险人约定保险权利义务关系的协议。保险合同除有一般合同的特点外，其专业性较强，具有有偿性、射幸性、附合性、最大诚信性等特点。

保险合同的种类主要有：财产保险合同和人身保险合同；单一风险合同、综合风险合同和一切险合同；定值保险合同、不定值保险合同和定额保险合同；补偿性保险合同和给付性保险合同；原保险合同与再保险合同。

保险合同由保险合同的主体、客体、内容组成。保险合同的主体包括保险人与投保人等当事人、被保险人和受益人等关系人以及辅助人。保险合同的客体是保险利益。保险合同的内容包括基本条款、附加条款和保证条款。保险合同的基本条款主要包括：保险人的名称和住所；投保人、被保险人、受益人的名称和住所；保险标的；保险责任和责任免除；保险期间和保险责任开始时间；保险价值；保险金额；保险费及其支付的办法；保险金赔偿或给付办法；违约责任和争议处理等。保险合同采用书面形式，包括投保单、保险凭证、暂保单和经保险人签章的投保单等。

保险合同要依法订立、变更、履行和终止。如果发生了合同纠纷，可以选择双方协商、仲裁与诉讼等途径解决。

重点概念

保险合同　　保险标的　　定值保险合同　　不定值保险合同
足额保险合同　　补偿性保险合同　　给付性保险合同　　保险金额保险价值

复习思考题

一、填空题

1. 保险合同是（　　）与（　　）约定保险权利义务的协议。
2. 保险合同的当事人是指（　　）和（　　）。
3. 保险合同的关系人是指（　　）和（　　）。
4. 保险合同要经过（　　）和（　　）两个程序才能成立。
5. 保险合同的变更形式一般有两种，一种是（　　），另一种是（　　）。
6. 保险合同的书面形式一般包括（　　）、（　　）、（　　）和（　　）等。
7. 解决保险合同争议的方式主要有（　　）、（　　）、（　　）。
8. 保险合同终止的原因主要有（　　）、（　　）、（　　）和（　　）。
9. 保险合同的辅助人包括（　　）、（　　）和（　　）等。

二、判断题

1. 保险费必须由被保险人支付。（　　）
2. 受益人只能是投保人本人。（　　）
3. 保险合同的投保人可随保险标的的转移而自动变更。（　　）

4. 人身保险合同存在保险价值。（ ）

5. 对保险合同的条款，若保险人与投保人、被保险人或者受益人有争议，人民法院或仲裁机构应当做出有利于保险人的解释。（ ）

6. 保险凭证是一种简化的保险单，但在法律效力上不如一般保险单。（ ）

7. 保险金与保险费是一回事。（ ）

三、选择题

1. 保险合同是保险人事先拟定的，投保人只是做出是否同意的意思表示。这说明保险合同具有（ ）的法律特征。

A. 有偿合同 B. 双务合同 C. 射幸合同 D. 附合合同

2. 保险合同是指因为享有一定的权利而必须偿付一定对价的合同。这体现了保险合同的（ ）。

A. 双务性 B. 最大诚信性 C. 有偿性 D. 附合性

3. 保险合同只对由冰雹造成的农作物损失负责赔偿，则该类合同属于（ ）。

A. 特定式保险合同 B. 单一风险保险合同

C. 特定风险合同 D. 特约式保险合同

4.（ ）是指合同双方当事人事先协商约定保险金额的合同。

A. 定值保险合同 B. 定额保险合同

C. 足额保险合同 D. 全额保险合同

5.（ ）是指保险人承担赔偿或者给付保险金的最高限额。

A. 保险金额 B. 保险金 C. 保险价值 D. 保险免赔额

6. 投保人提出保险要求，保险人同意承保的，属于（ ）行为。

A. 要约 B. 反要约 C. 承诺 D. 受约

7. 根据保险人的委托，在保险人授权范围内代为办理保险业务并向保险人收取代理手续费的人，是（ ）。

A. 保险代理人 B. 保险经纪人

C. 保险公估人 D. 保险精算人

8. 某份财产保险合同的保险期限为2017年10月1日到2018年10月1日，该合同的保险标的在2018年9月1日因保险事故发生而全损，保险人按保险金额全额赔偿后，保险合同就终止了。该保险合同的终止属于（ ）。

A. 期满终止 B. 履约终止 C. 协议终止 D. 解约终止

9.（ ）是指与保险人订立保险合同，并按照保险合同负有支付保险费义务的人。

A. 保险人 B. 投保人 C. 受益人 D. 经纪人

10. 保险合同变更时最常用的书面单证是（ ）。

A. 暂保单 B. 批单 C. 批注 D. 保险凭证

四、案例分析题

案例一

王某为丈夫在中国平安保险公司投保一份终身保险，保险合同规定，如果王某的丈夫身故，则保险公司向王某给付身故保险金。

问题：请指出这一保险合同中的保险人、投保人、被保险人、受益人分别是谁，并说明保险合同的标的与客体。

案例二

某年 6 月 1 日，邹先生为女儿投保人寿保险，保险金 3 万元，保险费 30 元。保险合同规定被保险人的最低年龄为 16 周岁。邹先生的女儿于某年 11 月出生，投保时尚不满 16 周岁。为了投保，邹先生将女儿的生日填写为其出生当年的 3 月，这样就满足了保险合同的要求。

次年，邹先生的女儿在放学回家途中，因交通事故身亡。邹先生遂向保险公司提出索赔申请。

问题：保险公司应如何处理？

第三章 保险的基本原则

学习目标

1. 理解并掌握保险利益原则、最大诚信原则、补偿原则、近因原则；
2. 理解代位原则的基本原理和内容；
3. 理解分摊原则的基本原理与内容；
4. 能在保险案例及保险实践中正确运用保险的基本原则。

保险运行必须遵循一些基本原则。这些基本原则包括：保险利益原则、最大诚信原则、补偿原则、近因原则以及由补偿原则派生出来的代位原则、分摊原则。这些是各国保险法共同认可和遵循的原则。

第一节 保险利益原则

一、保险利益原则概述

（一）保险利益与保险利益原则的含义

1. 保险利益的含义

保险利益是指投保人或被保险人对保险标的所具有法律上认可的、经济上的利害关系，即投保人或被保险人因保险标的的损害或丧失而遭受经济上的损失。如果投保人或被保险人对保险标的存在经济上的利害关系，则具有保险利益；如果投保人或被保险人没有这种经济上的利害关系，则对该保险标的没有保险利益。

《保险法》第十二条规定：人身保险的投保人在保险合同订立时，对被保险人应当具有保险利益。财产保险的被保险人在保险事故发生时，对保险标的应当具有保险利益。保险利益是指投保人或者被保险人对保险标的具有的法律上承认的利益。

2. 保险利益原则的含义

保险利益原则包括两方面的内容：一是投保时，投保人对保险标的必须具有保险利益，否则合同无效；二是索赔时，保险公司对被保险人的赔偿以保险利益为限，被保险人不可以获得超过保险利益以外的额外利益。保险利益原则是保险合同的特有原则，是保险合同必不可少的要素之一。无论是财产保险合同还是人身保险合同，均须以保险利益的存在为前提。

（二）保险利益的要件

保险利益的成立必须符合下列要件。

1. 必须是法律认可的利益

保险利益必须是符合法律的规定，符合社会公共秩序的要求，为法律认可并受到法律保护的利益。在这里，“法律”不仅仅指《保险法》，还包括民法、商法及其他法律、法规。“认可”是对当事人某种权利或义务的承认，并非感情上的承认。我国的保险合同是法律行为的一种，应适用《保险法》《合同法》《民法通则》等有关法律的规定。如果投保人以非法律认可的利益投保，则保险合同无效。如：货主为走私货物投保水险，小偷为偷窃的财产投保财产保险，保险人如对情况有所了解，将不予承保；如保险人因不知情而订立保险合同，该合同也是无效的。

对人身保险合同而言，保险利益尤为重要。如果投保人为毫无利害关系的人订立死亡保险合同，则与赌博性质相近，合同无效。

2. 必须是经济上的利益

保险利益必须是可以用货币、金钱计算和估价的利益。保险不能补偿被保险人遭受的非经济上的损失。如精神创伤、刑事处罚、政治上的打击等，虽与当事人有利害关系，但这种利害关系不是经济上的，不能构成保险利益。由于人身保险的保险标的是人，因而人身保险的保险利益不纯粹以经济上的利益为限。

经济上的利益比较广泛，所有权、债权、担保物权等都可能产生经济上的利益。根据合同的约定或法律的规定，也可以产生经济上的利益。

3. 必须是确定的利益

保险利益必须是已经确定的利益或者能够确定的利益。这包括两层含义：

（1）该利益能够以货币形式估价。一般的财产都可以用货币确定保险利益的大小，如果为古董、名人字画投保，则必须确定一个货币金额，以此决定保险利益的多少。如为无价之宝而不能确定价格，保险人将难以承保。随着科学技术的进步，无价之宝的范围越来越小，绝大部分财产都可以确定价格。

（2）该利益不是当事人主观估计的，而是事实上的或客观上的利益。事实上的利益包括现有利益和期待利益。期待利益又称预期利益，过去，法国曾在其海事条例中明令禁止预期利益的保险，不过，现在期待利益的保险已逐渐为各国所承认。如运费保险、利润损失保险均直接以预期利益作为保险标的。

（三）保险利益的法律效力及意义

若投保人或被保险人没有保险利益，则与其订立的保险合同是非法合同，保险合同无效。

保险利益原则的确立有下述三方面的意义。

1. 与赌博从本质上划清了界限

赌博是有悖于社会利益和社会公共秩序的不良行为，为各国法律所禁止。18 世纪的英国，投保人曾利用保险进行赌博。保险利益原则使被保险人或投保人不能额外获利，保险基金由投保人分担。即使没有得到赔款，也不会使投保人负担过重。这样，保险与赌博从本质上划清了界限，有利于避免赌博或类似赌博行为的发生。

2. 防止道德风险的产生

道德风险是指投保人或被保险人投保的目的不是获得保险保障，而是谋取保险赔款或保险金。这些人不是积极防止保险事故的发生，而是希望、促使其发生，甚至故意制造保险事故。如果法律没有规定保险利益原则，则投保人、被保险人或受益人天天盼望保险事故的发生，必将给社会造成混乱，保险制度也就失去了存在的价值。

根据保险利益原则，保险事故发生，保证赔款以被保险人遭受的实际经济损失为前提；而且，不论投保人的投保金额是多少，保险人的赔偿责任不能超过被保险人的实际损失。因此，保险利益原则的确立，消除了道德风险产生的根源，可以有效地防止道德危险的发生。

3. 限制保险补偿的程度

保险利益原则是补偿原则履行的依据。实际上，保险利益是当保险事故不发生时，投保人或被保险人享有的利益，并非保险事故发生后才产生的利益。所以，保险事故发生后，被保险人请求损害赔偿或给付的范围应以保险利益为限，即被保险人主张的赔偿不得超过保险利益的金额或价值。这是保险利益的一种积极作用。

（四）保险利益的立法方式

对保险利益，各国基本上有两种立法方式。

1. 定义式

定义式是在立法中对保险利益概念进行定义，凡符合这一定义的，即认为具有保险利益。英国的《1906 年海上保险法》、美国纽约州的《保险法》均采用这种形式。美国纽约州的《保险法》规定："下列两种情形下，具有人寿保险的保险利益：(1) 以感情为基础有切实利益的血亲或者姻亲；(2) 除上列人员以外，对被保险人的生命、健康或者安全具有适法的实际的经济上的利益的人。"

一般来说，财产保险的保险利益多采用定义式表述。

2. 列举式

列举式是指在立法中，对依法具有保险利益的情况一一列举。这种立法方式比较严格、清楚，但缺少灵活性。我国《保险法》规定：投保人对下列人员具有保险利益：(1) 本人；(2) 配偶、子女、父母；(3) 前项以外与投保人有抚养、赡养或者扶养关系的家庭其他成员、近亲属；(4) 与投保人有劳动关系的劳动者。

一般来说，大陆法系国家人身保险的保险利益的立法多采用列举式。

二、财产保险的保险利益

这里所说的财产保险是指广义的财产保险，包括财产损失保险、责任保险、信用保证保险等保险险种。

（一）财产保险保险利益的种类

财产保险的保险利益基本上有以下几种。

1. 财产上的现有利益

"财产"包括有形财产、无形财产。"现有利益"是指现在存在并可以继续存在的利益，并非现在未获得而期待的利益。

财产上的现有利益不以所有利益为限，它一般包括所有权、共有权、抵押权、安置权等产生的保险利益。

2. 由现有利益产生的期待利益

期待利益在日本被称为预期利益，在美国被称为事实期待。美国纽约州《保险法》规定："本节所称的保险利益，包括对于保持财产免受损害的任何合法的及事实上的经济利益。"这里的保险利益指的就是期待利益。

期待利益不是一种空想的利益，它有得以获得或实现的合同根据或法律依据。例如，正在营业的商店对预期的营业收入、海上承运人对货物运达的预期收入都有期待利益。财产上的现有利益为积极利益，财产上的期待利益为消极利益。

3. 责任利益

责任利益的概念和范围相当广泛。例如，因合同责任、侵权行为责任等均可能产生责任利益。凡存在发生经济赔偿责任的可能性，即有责任利益。我国开办的机动车辆第三者责任保险、产品责任保险、公众责任保险等都是以投保人的责任利益为保险合同的客体。

"责任"一般包括行政责任、刑事责任、民事责任。保险利益必须是一种经济上的利益，投保人投保、保险人承保的责任利益，只能是因民事责任而产生的责任利益。

（二）财产保险保险利益的归属

何人享有财产保险的保险利益？一般认为，以下为享有财产保险保险利益的人员范围：

（1）所有权人对其所有的财产。

（2）没有财产所有权，但有合法的占有、使用、收益、处置权中的一项或几项权利的人，如经营管理人对其经营管理的财产的权利。

（3）他物权人对依法享有他物权的财产，如承租人对承租的房屋。

（4）公民、法人对其因侵权行为或合同而可能承担的民事赔偿责任。

（5）债权人对现有的或期待的债权等。

上述当事人中，没有限制的所有权人对其所有的财产享有的保险利益最为充分。其他当事人的保险利益往往受到限制。例如，各种他物权人对他物权的保险利益，要受他物权种类的限制，当他物权消灭时，他物权人对该标的的保险利益也就丧失了。

在许多情况下，即使所有权人也并不一定能充分行使所有权，所有权的部分权利往往由其他民事主体行使。在国外，财产的所有人为老板，但经营管理财产的往往是所有权人聘请的总经理或其他管理人员。老板对财产的保险利益是通过财产的经营管理人来实现的。

（三）财产保险保险利益的存在时效

对财产保险中保险利益的存在时间的规定，最早出现在英国的一个火险判例中，该判例要求订约时和损失发生时均须具有保险利益。英国《1906 年海上保险法》规定：（1）虽然投保时被保险人无须对保险标的具有保险利益，但保险标的发生损失时，被保险人必须对其具有保险利益……（2）被保险人如在损失发生时，对保险标的无保险利益，在知晓损失发生后，不能由于采取了任何行为或抉择而获得该项利益。从此以后，这一规定为国际上所通用。

在财产保险中，订约时不一定需要投保人或被保险人保险利益存在，但当损失发生时，要求有保险利益。财产保险的目的是补偿损失，如果某人在订约时存在保险利益，但发生保险事故时不存在，则他没有遭受损失，不能获得补偿。反之，如果某人在订约时没有保险利益，或保险利益尚未归属，但是，发生保险事故时他已获得该财产的保险利益，则他遭受了实际损失，应得到保险赔偿。

一般来说，投保人在投保时往往具有某项财产的保险利益，但并不排除投保人或被保险人在投保时不具有保险利益的情况。特别是随着商品经济的发展，存在于或设置于商品上的各种权利经常处于分离状态。例如，商店为了吸引顾客，以不确定的买主为被保险人，商店为投保人，为本店出售的彩电投财产保险。在这种情况下，商店投保时被保险人（不特定的顾客）没有保险利益。一旦顾客买了彩电，他就获得了对彩电的保险利益。在海上保险中，一般不要求投保人投保时具有保险利益，只要求保险事故发生时，被保险人具有保险利益。预约再保险也属于此种情况。

为了防止道德风险或赌博，各国法律均规定，保险利益的移转必须是一个正常的自然的过程。如果被保险人在保险标的发生损失时无保险利益，为获得保险赔偿，他通过某些措施获得该标的的保险利益，则这种保险利益是无效的。

案例分析 3-1

某承租人向房东租借房屋，租期 9 个月。租房合同中写明，承租人在租借期内应对房屋损坏负责，承租人为此以所租借房屋投火灾保险一年。租期满后，租户按时退房。退房后一个月，房屋毁于火灾。于是承租人以被保险人身份向保险公司索赔。保险人是否承担赔偿责任？为什么？如果承租人在退房时，将保单转让给房东，房东是否能以被保险人身份向保险公司索赔？为什么？

分析：（1）保险人不承担赔偿责任。因为承租人对该房屋已经没有保险利益。（2）房东不能以被保险人的身份索赔。因为保单转让没有经过保险人办理批单手续，房东与保险人没有保险关系。

三、人身保险的保险利益

（一）人身保险保险利益的性质

对于人身保险的保险利益，各国一般无明确的定义。原则上，判断投保人是否具有保险利益，仍然以其是否具有法律所认可的经济上的利害关系，并且这种保险利益应当以投保人实际可能丧失的利益为限。

美国的一个著名判例认为，人身保险的保险利益，是投保人本人为被保险人，或者投保人为被保险人的债权人或保证人，或者投保人与被保险人有血缘或婚姻关系，或投保人对被保险人生命的继续有合法的、合理的期待利益。迫于难以定义，有的国家在立法中规定几类人对保险标的（被保险人）有保险利益，而不问其事实上是否存在。

> **课堂讨论：**
> 财产保险利益与人身保险利益的时效。

一般认为，人身保险的投保人应当对保险标的具有保险利益。但人身保险的受益人又如何呢？对此的规定更为复杂。其基本的原则是，如果投保人对保险标的不具有保险利益，则受益人必须具有保险利益；如果受益人对保险标的不具有保险利益，则投保人必须具有保险利益。之所以这样规定，主要是为了防止道德风险。

人身保险保险利益的数额，各国的保险立法通常未做规定。

由上述可知，人身保险的保险利益比较复杂，在表现形式上与财产保险的保险利益有比较大的差异。主要原因有以下几个因素。

1. 人身保险合同的标的是人

人身保险合同是以人的生命或健康为标的的保险合同，当被保险人发生死亡、伤残、疾病或生存到约定的年龄期限时，保险人根据约定承担给付保险金的责任。人身保险合同的受益人可以与投保人或被保险人没有任何关系，不管受益人有没有保险利益，只要保险合同中规定了其存在，受益人就有权享有人身保险的给付金。因此，即使法律对人身保险的保险利益做出严格的规定，保险合同的当事人也可以规避法律。大陆法系国家为了防止道德风险，大都在立法中要求由被保险人指定受益人，或投保人指定受益人，但须经过被保险人的同意。所以，在立法中严格规定人身保险的保险利益已无必要。

2. 人身保险合同的保险人承担的是给付责任

在财产保险合同中，保险人承担的是赔偿责任或补偿责任。一旦发生保险事故，财产保险的被保险人得到的保险赔款往往是其交纳保险费的百倍或千倍。而大多数人身保险，特别是人寿保险，如生存保险，其保险给付金的大部分是投保人交纳的保险费及其利息积累。正因为如此，在国外，人寿保险单成为一种可以转让的有价证券。这时的人寿保险单与储蓄存单类似，保险人在保险单到期时只需将约定款项付给保单持有人，而不问其是否具有保险利益。作为保险人，也不希望以保单持有人无保险利益为由拒绝给付保险金。因为，如果保险合同无效，保险人仍须承担退还保险费的义务，与承担保险金给付责任无异。作为保险单持有人，要获得保险单也需支付一定的对价，其领取的保险给付金为投保人交纳的保险费及其利息，因此，基本上不存在明显的侥幸心理，道德风险或赌博行为也不易发生。

3. 人身保险保险利益的具体数额难以确定

在财产保险中，财产的市场价格与价值、民事责任赔偿金额的掌握，虽然可能因时因地而变化，但基本上都是可以确定的，然而，人的生命、健康难以用金钱准确地估价。即使存在抚养关系，保险利益也不易确定。被抚养人对抚养人的保险利益应以抚养人对被抚养人的实际花费为依据。但是，抚养人的经济状况、抚养时间的长短、感情因素等都直接影响抚养费支出的实际数额。因此，抚养费用是很难计算的。抚养关系尚且如此，其他如夫妻关系、本人对自己生命的估价就更加复杂了。因此，对人身保险保险利益的要求过分严格的话，在实践中是行不通的。

由上述可知，虽然各国保险立法一致要求人身保险的投保人须具有保险利益，但是，与财产保险的保险利益相比，人身保险的保险利益的表现形式有所变化，各国立法对人身保险的保险利益的掌握更为灵活。

（二）人身保险保险利益的确认

一般认为，下列投保人具有保险利益：

(1) 本人。投保人为自己的生命、身体、健康投保，具有保险利益。如果投保人指定他人为受益人，应视为投保人将自己的利益转移，是处分自己权利的民事行为，受法律保护。

(2) 一定范围内的亲属。一般认为，夫妻之间、父母子女之间相互具有保险利益。有的国家规定，永久共同生活的亲属之间具有保险利益。投保人与其他亲属之间，原则上必须有金钱利益的证明，才能表明具有保险利益。

（3）被抚养人对抚养人有保险利益。

（4）债权人对债务人有保险利益。该项保险利益以债务人实际承担的债务为限。

（5）本人对为本人管理财产或有其他利益关系的人具有保险利益。例如，企业对其重要人员（如总经理、总经济师）的生命有保险利益；合伙关系中，合伙人对其他任一合伙人的生命有保险利益；雇主或委托人对于受雇人或受托人的生命具有保险利益。

根据我国《保险法》第三十一条的规定，投保人对下列人员具有保险利益：本人；配偶、子女、父母；前项以外与投保人有抚养、赡养或者扶养关系的家庭其他成员、近亲属；与投保人有劳动关系的劳动者。除上述规定外，被保险人同意投保人为其订立合同的，视为投保人对被保险人具有保险利益。

案例分析 3-2

“爱情保险”保夫妻不保情侣

电影《非诚勿扰 2》里，男主角葛优将一份寿险保单送给了女友，受益人一栏填上了女友的名字。但是，这种情侣一方购买“爱情保险”馈赠恋人的做法并不可行，保险合同从订立之时就是无效的。

分析：根据《保险法》的相关规定，投保人与被保险人必须具有保险利益关系，才能订立联合保险合同。恋人、情侣等由于不具有婚姻关系，并不能投保“爱情保险”，而具有合法婚姻关系的夫妻则可以投保。实际操作中，一般保险公司在遇到“爱情保险”理赔时，会要求受益人提供如结婚证等证明文件，对于热恋中的情侣来说，由于没有存在法律关系上的保险利益，其“爱情保险”当然是无效的。

相关资料 3-1

在确定是否具有人身保险保险利益的问题上，各国保险立法有所不同。英国、美国基本上采取“利益主义原则”。英国《1774 年人寿保险法》曾明确规定，没有保险利益的人寿保险合同无效。英国、美国认为，保险利益是关系到人寿保险合同能否成立的要件；而被保险人在寿险合同中的同意权仅关系到危险的程度，最多影响到合同效力的发生。英国、美国虽然不排除被保险人的同意权，但以投保人与被保险人是否存在利益关系来确定是否具有保险利益。大陆法系国家大多采取“同意主义原则”，认为人的生命、身体和健康具有人格，不能未经其同意即作为保险标的；另外，经过被保险人的同意或认可，还可以起到防止谋杀、减少人寿保险危险的作用。因而，大陆法系国家规定，投保人投保人身保险，如经被保险人同意，则具有保险利益。有的国家采取“法定主义原则”，即通过法律列明一定范围的亲属之间，或具有一定的法律关系的人具有保险利益。还有的国家将上述几种方式结合起来，以确认是否具有人身保险的保险利益。

（三）人身保险保险利益存在的时效

英国《1774 年人寿保险法》规定，仅要求投保人在保险单成立之日具有保险利益。

1854 年，英国的一个人寿再保险合同判例确认了这一原则，并使人寿保险单具有有价证券的性质。

各国的保险立法继承了这一原则，对人身保险，仅要求投保人订约之时对被保险人具有保险利益，而不管保险事故发生时是否具有。

（四）人身团体保险的保险利益

人身保险存在团体保险的方式。人身团体保险既有利于分散危险，又有利于保险人的展业，不过，当保险责任发生时，围绕保险金的归属常常会发生纠纷。

人身团体保险一般由该团体的负责人或有关人员代理投保，由于人数众多，投保人一般不会征求每一被保险人的书面同意。保险人除了向投保人签发保险单外，一般还得向每一被保险人签发保险卡（在我国为保险证）。人身团体保险的投保人对被保险人不具有保险利益，其投保行为应视为无权代理。签发保险卡，一是给予被保险人事后默示追认的权利，二是展示保险内容。只有当该保险的受益人是保险人的家属时，人身团体保险合同才具有保险利益。因为，根据前述保险利益确定的原则可知，单位、团体仅对其重要人员具有保险利益。另外，人身团体保险有两种情况：一是将该保险作为团体的一项福利，给予团体内的人员；二是团体仅作为代理投保，保险费由团体内的每一成员交纳。在这两种情况下，团体对其成员，即使是重要人员也不具有保险利益。因而，人身团体保险的每个受益人，只能是每个被保险人的家属或被保险人本人，否则，人身团体保险应视为无效。

目前，我国开办的人身团体保险在保险费由单位交纳的情形下，单位往往成为受益人获得保险给付金，被保险人的家属或被保险人本人并未获得保险保障。这实际上是单位的一种不当得利，违背了保险利益原则，应予以纠正。

四、保险利益的转移和消灭

在财产保险合同方面，保险标的消灭，保险利益即消灭。在人身保险合同方面，被保险人因人身保险合同除外责任规定的原因死亡，如自杀、因刑事犯罪被处决等，均构成保险利益的消灭。

保险利益的转移是比较复杂的，它往往与保险标的的转移、保险合同的转让密切相关。

一切保险标的，除人身外，都可以通过赠与或出售的方式转让给他人，但保险合同并非随保险标的的转移而转移。因为，保险合同是对人合同，保险标的的风险程度与被保险人密切相关。应该说，保险标的的转移与保险人没有关系，但是，如果保险合同也一并转移，则为保险利益或保险合同权利的转移，与保险人的利益就有了关系。

（一）财产保险

1. 财产保险所保标的的转移

(1) 让与。

除海上货物运输保险外的财产保险，通常都规定，如果投保人或被保险人将标的转给他人而未取得保险人的同意或批注，则保险合同的效力终止。不过，这一规定侧重于要求获得保险标的的人履行批注手续，并未排除保险利益可随保险标的的让与而转移的情形。

有的国家如法国、日本、瑞士、德国均侧重对受让人利益的保护，承认保险利益随保险标的的让与而转移，保险合同继续有效。而奥地利等国家则规定，保险标的若为不动产，保险利益随之转移；若为动产，保险利益不得转移，保险合同消灭。在我国，保险标的让与后，一定要征得保险人的同意，保险利益方可转移。

（2）继承。

国际上大多数国家的保险立法都规定，在财产保险中投保人或被保险人死亡，其继承人自动获得继承财产的保险利益，保险合同继续有效直至合同期满。在我国的保险业务实践中，通常承认这种保险利益的转让。

案例分析 3-3

张某与刘某各出资5万元共同购买一辆大货车。二人约定，张某负责货车驾驶，刘某负责联系业务，所得利润按双方出资比例分配。后张某通过某保险公司业务员赵某投保了车损险和第三者责任险。2019年，张某驾驶的货车与他人的车辆发生碰撞，货车全部毁损，张某也当场死亡。刘某在发生事故后，从赵某处了解到张某曾向保险公司投保，于是与张某的家人一起向某保险公司提出索赔。保险公司认为，根据保单记载，张某是投保人与被保险人，保险公司只能对张某进行赔付。刘某并非保险合同当事人，无权要求保险公司赔偿。并且，因投保车辆属于张某与刘某共有，张某仅对其应得的份额部分有保险利益，所以保险公司不能全额赔付，而只能赔偿张某应得的份额的部分价值。刘某与张某的家人均表示不能接受，于是向人民法院起诉。

分析：法院认为，张某虽仅对投保车辆享有部分所有权，但其实际保管和经营该车辆，应当认为张某有完全的保险利益，其发生交通事故死亡，车辆也完全损毁，保险利益转移到张某有继承权的家人身上，其家人享有保险金请求权。而刘某虽是投保车辆的共有人，但因未在保单中载明为被保险人，故不享有保险利益，也没有保险金请求权，可在张某的家人取得保险赔偿款后，按其购车份额取得赔偿款。

（3）破产。

在财产保险中，被保险人破产，保险利益转移给破产财产的管理人和债权人。但各国法律通常都会规定一个期限，在此期限内保险合同继续有效。超过这一期限，破产财产的管理人或债权人应与保险人解除保险合同。

2. 保险单诉权的转让

保险单诉权的转让是指保险事故发生后，被保险人将赔偿请求权转让给他人。这种转让不可能产生道德风险，而且是被保险人自由处分其财产权的一种民事行为，法律上一般予以承认，而无须征得保险人的同意。不过，被保险人须将诉权转让通知保险人，并记载在保险单中，以免保险人发生给付的错误。

一般来说，被保险人可依不同的请求和赔偿数额，将保险单的部分诉权分别转让给保险标的或被保险人的担保人、抵押权人、债权人等。通常情况下，被保险人仍然保留对保险赔款的请求权。不管享有保险单诉权的为何人，也不管享有请求权的人有多少，可获得的保险赔偿不能超过被保险人依财产保险合同的规定应得到的保险补偿数额。

（二）人身保险

人身保险保险利益的转移与财产保险相比，有较大的不同。

1. 让与

人身保险的标的是人的生命、身体或健康，是不能转让的，因此，人身保险不存在因保险标的转让而发生的保险利益转移问题。

人身保险合同的变更、转让对保险利益的影响很大。

2. 继承

被保险人死亡，如所投险种为死亡保险、两全保险，保险人即承担保险金给付责任，保险合同终止；如所投险种为其他人身保险，或被保险人因除外责任死亡，保险标的消灭，保险合同终止，不存在保险利益的转移问题。投保人死亡，而投保人与被保险人不是同一人，如果人身保险为特定的人身关系而订立，如亲属关系、抚养关系，则保险利益不得转移；如果人身保险为一般利害关系而订立，如债权债务关系，则该人身保险合同仍可为继承人的利益继续存在。

3. 破产

投保人的破产对人身保险合同没有什么影响。被保险人破产，对人身保险来说不产生保险利益的转移问题。不过，对某些人身保险合同，如被保险人为投保人的债权人或抚养人，当被保险人破产时，根据保险责任范围，可能发生保险金的给付责任。

第二节　最大诚信原则

任何一项民事活动，各方当事人都应当遵循诚信原则。诚信原则是世界各国民事立法对民事、商事活动的基本要求。在保险法律关系中，要求当事人具有的诚信程度，要比一般民事活动更为严格，要求当事人具有“最大诚信”，此即保险的最大诚信原则。我国《保险法》第五条规定：保险活动当事人行使权利、履行义务应当遵循诚实信用原则。

一、最大诚信原则确立的依据

第一，现代保险是从由海上保险发展而来的。投保人向保险人投海上保险时，船舶或货物可能已经离开了港口。保险人依据投保人的告知和陈述确定是否承保及保险费率。最大诚信原则是维持海上保险正常进行的必要条件。

第二，保险合同是射幸合同。投保人交纳保险费，保险人承担保险责任。这种合同关系中不存在实质上的对价。同时，保险责任何时、何地发生，以及保险责任的大小（寿险例外）都是不确定的。所以要求以最大诚信原则维持保险合同的运行和操作。

第三，保险标的非常广泛，投保人对保险标的、风险状况最为了解。保险人只能依赖于投保人的告知和陈述来承保和确定保险费率。这就要求投保人本着最大诚信原则，履行其告知、陈述和保证等义务。

第四，保险合同尤其保险条款是保险人单方拟订的，比较复杂，有较高的技术性，一般投保人或被保险人不容易充分了解和掌握。这就要求保险人从最大诚信原则出发，履行其保险合同的责任和义务。

二、最大诚信原则的发展

随着社会的发展，特别是科学技术、通信技术的进步，为保险人了解保险标的的状况提供了可能。保险从海上发展到陆地，保险人对保险标的的情况不再是一无所知，最大诚信原则的内容及掌握程度也随之发生变化，与以前相比，已大大放宽了。例如，在过去，如果投保人做了错误告知，不管其是故意或过失，亦不论其是否由于不可能了解情况而做错误告知，保险人均可解除保险合同或拒绝赔偿；而现在的一般做法是，如果投保人投保时内心确信，或根据投保时的情况，投保人的陈述是合理的，即使投保人的陈述事后经证明与事实不符，也不认为违反了最大诚信原则。再比如，在过去，只要投保人或被保险人违反了保证义务，保险人即可解除合同或拒绝赔偿。而目前的通常做法是，如果投保人或被保险人及时报告保险人，且违反保证并未带来损失或保险责任，保险人可认为保险合同继续有效，并不解除合同。

应该注意的是，虽然最大诚信原则发生了上述变化，但其根本性质没有变。最大诚信原则仍然是规范和协调保险合同关系的基本原则。究其原因，最大诚信原则赖以确立的因素依然存在。

随着保险事业的发展，保险所涉及的对象越来越广泛，大至核电站、海上石油钻井平台，小至家庭财产等都可以投保。现在还出现了爱情保险、科学保险等形形色色的新的险种。保险人不可能对其保险标的的所有情况都进行深入的调查和了解。另外，真正发生保险事故的毕竟只是少数，保险人对所有的保险标的年复一年、日复一日地了解和掌握不仅没有可能，也没有必要，最了解保险标的状况的仍然是投保人。因此，保险人确定是否承保及如何确定保险费率仍然以投保人的告知和保证为依据。

三、最大诚信原则约束的当事人

理论上，最大诚信原则应该适用于保险合同的各方当事人。英国《1906 年海上保险法》第 17 条规定：海上保险合同是建立在最大诚信基础上的合同，如果合同任何一方不遵守最大诚信原则，另一方即可宣告合同无效。

在实践中，最大诚信原则更多地体现在对投保人或被保险人的要求上。英国《1906 年海上保险法》第 17 条虽然规定保险合同的双方均应遵守最大诚信原则，但在接下来的第 18 条、第 19 条、第 20 条规定的都是针对投保人、被保险人及其代理人的，要求其履行告知和陈述义务，而没有对保险人遵守诚信原则做出具体的规定。

我们认为，最大诚信原则对保险人的要求是其有足够的偿付能力，能履行保险合同中的保险责任。各国保险立法对保险企业的设立、经营管理、停业等都做了特殊的、严格的规定，从法律上对保险人履行最大诚信原则提供了保证。因而，在一般的保险合同法中，很少出现对保险人遵守最大诚信原则的规定。

四、最大诚信的内容

最大诚信的内容包括告知、保证、弃权与禁止反言。

> **课堂讨论：**
> 告知的内容。

（一）告知

保险合同当事人的告知义务，要求当事人按照法律，实事求是、尽自己所知、毫无保留地告知对方所应知道的情况。告知是保险活动当事人双方的义务，其内容和形式对双方的要求有所不同。对投保人来说，通常称为如实告知义务；对保险人来说，可称为说明义务。

1. 告知的内容

（1）投保人告知的内容。

1）合同订立时根据保险人的询问，对已知或应知的与保险标的及其风险有关的重要事实如实回答。所谓重要事实，一般是指那些足以影响保险人决定是否承保和确定费率的事实。在我国，保险人在询问中提及的与保险标的、投保人、被保险人等有关的问题，都视为足以影响保险人决定是否承保和确定费率的重大事实，投保人均应如实告知。

2）保险合同订立后，保险标的风险增加，应及时通知保险人。

3）事故发生后应及时通知保险人。

4）重复保险的投保人应将重复保险的有关情况通知保险人。

5）保险标的转让时，应通知保险人，经保险人同意变更合同后继续承保。

（2）保险人告知的内容。

1）合同订立时，保险人应主动向投保人说明保险合同条款内容。

2）当保险合同中规定有保险人责任免除条款的，在订立保险合同时，应当向投保人明确说明。

2. 告知的立法形式

（1）投保人告知的形式。

1）无限告知义务，又称客观告知义务。即法律对告知的内容没有确定性的规定，只要事实上与保险标的风险状况有关的任何重要事实，投保人都有告知保险人的义务。

在保险发展初期，限于当时的保险技术，有关保险立法一般采用无限告知义务的形式。如英国《1906年海上保险法》规定，投保人必须向保险人告知所知的一切重要事实；而且，投保人对保险标的有关的重要事实，不论其实际上是否知道，都推定为投保人应该知道的事实，必须告知。

2）询问回答告知义务，又称主观告知义务。即对保险人询问的问题必须如实告知，对询问以外的问题，投保人没有义务告知。

这种立法形式与前者相比，对投保人比较有利。保险人的询问往往根据以往的经验，保险人没有询问到的问题，投保人不告知不构成告知义务的违反；投保人的告知以其所知为限，投保人据其所知回答保险人的询问即履行了告知义务，即使事后证明他的回答与事实不符，也不构成违反告知义务。

目前，很多国家的保险立法采用询问回答告知的形式。我国的保险立法也一样。根据我国《保险法》第十六条的规定，订立保险合同，保险人就保险标的或者被保险人的有关情况提出询问的，投保人应当如实告知。这是对投保人在合同订立时履行告知义务的形式要求。至于合同订立后的风险增加和事故发生的通知义务，法律没有要求具体形式，只要求投保人、被保险人及受益人应在最大诚信的基础上自觉地、主动地及时履行。

（2）保险人告知的形式。

1）明确列明。保险人只需将保险的主要内容明确列明在保险合同当中，即视为已告知投保人。

2）明确说明。保险人不仅应将保险的主要内容明确列明在保险合同当中，还须对投保人进行明确提示，并加以适当、正确的解释。通常在国际上，只要求保险人做到明确列明保险的主要内容，而我国为了更好地保护被保险人的利益，则要求保险人做到向投保人明确说明保险的主要条款和责任免除内容。

3. 违反告知义务的法律后果

（1）投保人未履行或者违反告知义务的法律后果。

保险实务中，投保人未履行或违反告知义务的形式是多样的，如不申报、隐瞒、错误申报、虚报等。由此导致的法律后果不尽相同，主要有以下三种：

1）关于故意不履行如实告知义务的法律后果。投保人故意隐瞒事实，不履行如实告知义务的，保险人有权解除保险合同，并对保险合同解除前发生的保险事故不承担赔偿或者给付保险金责任，不退还保险费。

2）关于过失不履行告知义务的法律后果。投保人因过失未履行如实告知义务，足以影响保险人决定是否同意承保或者提高保险费率的，保险人有权解除保险合同；未告知的事实对保险事故的发生有严重影响的，保险人对于保险合同解除前发生的保险事故，不承担赔偿或者给付保险金的责任，但可以退还保险费。

3）被保险人或者受益人在未发生保险事故的情况下，谎称发生了保险事故，向保险人提出赔偿或者给付保险金请求的，保险人有权解除保险合同，并不退还保险费。投保人、被保险人或者受益人故意制造保险事故的，保险人有权解除保险合同，并不承担赔偿或者给付保险金的责任，除《保险法》第四十三条第一款规定的情形外，也不退还保险费。《保险法》第四十三条第一款是针对人身保险合同进行的特殊规定：投保人故意造成被保险人死亡、伤残或者疾病的，保险人不承担给付保险金的责任。投保人已交足两年以上保险费的，保险人应当按照合同约定向其他权利人退还保险单的现金价值。

保险事故发生后，投保人、被保险人或者受益人以伪造、变造的有关证明、资料或者其他证据，编造虚假的事故原因或者夸大损失程度的，保险人对其虚报的部分不承担赔偿或者给付保险金的责任。

投保人、被保险人或者受益人有以上所列行为之一，情节严重的，将受到刑事制裁。如果致使保险人支付保险金或者支出费用的，应当退回或者赔偿。

（2）保险人未尽到告知义务的法律后果。

1）对于保险人来说，保险合同中规定有关于保险人责任免除条款的，保险人在订立合同时未履行责任免除明确说明义务，则该保险合同责任免除条款无效，即自保险合同成立时起对投保人不产生效力。保险人在承保时务必加以重视，严格履行告知义务，避免产生不必要的分歧。

2）保险公司及其工作人员在保险业务中隐瞒与保险合同有关的重要情况，欺骗投保人、被保险人或者受益人，或者拒不履行保险合同约定的赔偿或者给付保险金的义务，构成犯罪的，依法追究刑事责任；不构成犯罪的，按《保险法》第一百六十一条的规定，由保险监督管理机构责令改正，处5万元以上30万元以下的罚款；情节严重的，限制其业务范围、责令停止接受新业务或者吊销业务许可证。《保险法》第一百七十二条规定：个人保险代理人违反本法规定的，由保险监督管理机构给予警告，可以并处2万元以下的罚款；情节严重的，处2万元以上10万元以下的罚款，并可以吊销其资格证书。

案例分析3-4

保险公司能否以违反如实告知义务拒赔？

2015年4月27日，河南省沁阳市农村信用合作联社为396名员工在新华人寿焦作公司投保了华平团体意外伤害保险，其中389人投保有华悦团体定期寿险附加险。该附加险保险金额为每人100 000元，保险期间从2015年5月1日零时起至2016年4月30日24时止。新华人寿工作人员在投保单位告知第六项“现在或过去有无被保险人患下列疾病……循环系统疾病（如高血压等）”的询问中，投保人在“是”和“否”处均打有“√”，但新华人寿并未进一步要求投保人填写团体保险被保险人健康告知书。2016年1月

3 日，被保险人丁长海因突发性脑出血死亡。根据丁长海生前的住院记录，显示其生前患有高血压 2 级疾病。丁长海的妻子和两个女儿作为法定继承人向新华人寿提出索赔申请，新华人寿于 5 月 30 日做出解除保险合同并不退还保险费的拒赔决定。

法院审理后认为：投保人为 389 名员工投保团体险，被保险人的年龄、身体状况各异，且每年单位均组织体检，因此投保人很难对 389 人是否患有疾病做出回答。投保人在保险单询问中的“是”和“否”处均打有“√”，视为意思表示不清楚，那么被告作为保险人在审核时也应要求投保人予以明确，但其工作人员的审核结果为“初审合格”，由此可以看出就该询问无论做出何种回答，均不影响被告同意承保。也就是说，即使投保人未如实告知，与保险人评估风险之间也不存在因果关系，被告保险公司应向死者家属支付保险金 10 万元。

庭审中，被告以投保单第九条特别说明“本团体保险合同项下，因被保险人投保前所患的疾病或先天性或遗传性疾病及其并发症引起的保险事故为除外责任”作为免责事由。根据《最高人民法院关于适用〈中华人民共和国保险法〉若干问题的解释（二）》第六条第二款规定：“保险人以投保人违反了对投保单询问表中所列概括性条款的如实告知义务为由请求解除合同的，人民法院不予支持。但该概括性条款有具体内容的除外。”被告的条款属于概括性条款，且未要求投保人回答，因此如采纳该约定，就意味着被保险人生前患所有疾病均为除外责任，显然对被保险人不公，故对其抗辩不予采信。

相关资料 3-2

人寿保险中的不可抗辩条款规定，对被保险人告知不实或隐瞒的行为，保险人可以以违反最大诚信原则为由解除合同，但是保险人亦不许滥用这个权利，保险人只能在合同订立之后一定期限内（一般为两年），以被保险人告知不实或隐瞒为由解除合同。如果超过规定期限没有解除合同，则视为保险人已经放弃这一权利，不得再以此为由解除合同。

（二）保证

1. 保证的概念

保证是最大诚信原则的一项重要内容，是指保险人和投保人在保险合同中约定，投保人担保对某一事项的作为或不作为或担保某一事项的真实性。保证是保险合同的基础。

保证不仅可以出现在保险单中，投保单中也可以有保证。

2. 保证的性质和效力

保证是保险合同的基础，被保险人或投保人违反保证，保险合同得以存在的依据就失去了。因而，各国法律对保险合同中保证条款的规定都十分严格。被保险人违反保证，不论其是否有过失，亦不论是否给对方当事人造成损害，保险人均可解除合同，并不负赔偿责任。

我国《保险法》对保证问题未做专门规定，但在第十八条中除规定保险合同的必备事项外，还指出“投保人和保险人可以约定与保险有关的其他事项”。也就是说，如果当事人认为有必要，可以在保险合同中对这类条款进行约定。

目前，我国保险界的一些专家认为，应依被保险人违反的保证条款的性质和违反保证条款的原因，对违反保证的行为进行处理。

（1）以违反保证条款的性质为依据。对承诺性保证，被保险人违反前已发生的保险事故，保险人应负责赔偿；而违反后发生保险事故的，保险人不负赔偿责任。对确认性保证，如果保证不真实，保险人不负赔偿责任；如果确认的情况非被保险人的原因而发生变化，保险人应负赔偿责任。

（2）以违反保证条款的原因为依据。由于被保险人方面的因素未履行保证义务的，保险人自其违约之日起不负赔偿责任，不退还保险费；由于不可抗力的原因使被保险人不能履行保证义务的，保险人可以解除合同，也可以修改保证条件，增加保险费以继续承保。

保证条款对投保人或被保险人是一种不利的约束，保险业也曾出现过滥用保险合同中的保证条款致使被保险人不利的情况。现在，各国保险立法均加以限制，以维护保险合同中保证条款制度的正常运作。立法内容涉及三方面：第一，要求保证的事项必须是重要的；第二，投保单中的保证条款应在保险单中加以确认或重新载明；第三，如被保险人违反保证义务，保险人应向被保险人发出书面通和，方可解除合同。

3. 保证的分类

（1）根据保证事项是否已经存在，可分为：

1）确认保证。确认保证是指投保人对过去或现在某一特定事实存在或不存在的保证。它是对过去或投保当时的事实陈述，不包括保证该事实继续存在的义务。例如，人寿保险中投保人保证，被保险人没有得过重大疾病。这只是对过去的确认，并不担保被保险人将来不得严重的疾病。确认保证是比较严格的。投保人只要事实上陈述不正确，即构成违反保证。

2）承诺保证。承诺保证是指投保人对将来某一特定事项的作为或不作为的保证。若被保险人违反承诺保证，保险人应自被保险人发生违反保证的行为之日起才可解除合同。保险合同中，涉及索赔程序或有关保护保险人权益的规定为条件，承诺保证往往与条件难以区分。但承诺保证较保险合同中的条件要严格得多。被保险人对条件内容的违反，并不一定导致保险合同的解除。

（2）依保证存在的形式，可分为：

1）明示保证。这是保证的主要表现形式，通常采用书面形式。在投保单或保险单中载明的保证条款为明示保证。

2）默示保证。默示保证是指保险合同中没有载明，但在保险实践中应予以遵守的一类保证。它主要表现在海上保险中，包括三项：船舶适航保证和适货保证；不得绕航保证；航行合法保证。

相关资料 3-3

英国确立保证制度的原因主要在于 18 世纪晚期的通信很不发达。例如，被保险人保证船舶将在某天起航，而被保险人没有遵守这一承诺。这一情况很难甚至不可能通知保险人。保险人做出是否承保以及保费多少的决定主要依赖被保险人当初的承诺，因而被保险人就特定事件的承诺对保险人非常重要。如果被保险人未履行承诺，即使由于被保险人不能控制的原因，承保风险也已经发生变化，保险人就面临一个与其同意承保的风险根本不同的风险。再者，那时，当保险人确定风险范围时，比现在更加依赖被保险人的承诺，因为它很难获得保险船舶或被保险人的资讯。总之，要求被保险人严格遵守保证，是为了使保险人在无法直接控制船舶和货物、极难评估风险的情况下，将承保风险限定在合同订立时预期的范围内，不改变合同订立及履行的基础。

例如，某船的船长进行走私活动，船东知道这一情况并未加以制止，后来该船在某国被扣留。由于船东（即被保险人）违反合法航行的默示保证，自走私开始时保险合同就已无效，保险人对船舶被扣的损失不负责任。

（三）弃权与禁止反言

弃权，是指双方当事人任何一方放弃在保险合同中可以主张的某种权利。禁止反言，是指一方当事人放弃了合同中可以主张的权利，日后不得再重新主张这种权利。

弃权与禁止反言的含义虽有不同，但它们产生的效果是一样的。就保险合同而言，弃权与禁止反言，并不是有效条件。但是，有时订立保险合同有这样的情况：在保险人没有弃权的条件下，本来合同是不成立的，但由于保险人的弃权行为，使合同有效。换言之，保险人或其代理人倘若诱使投保人相信，他可以做保险单禁止做的某种事情，这时，保险合同一经成立，保险人不得以被保险人的此种作为或不作为为理由，而主张保险合同无效。

相关资料 3-4

被保险人投保人身意外伤害保险，声明（告知）保险代理人，在某一时间内将从事一些风险较高的工作，一般把这种告知称为意见性告知。保险代理人为了招揽业务，并且认为对于合同的有效和开价不产生影响，故承担了该项保险业务。倘若日后发生意外事故，正是由于从事风险较高的工作引起的，那么根据弃权与禁止反言的规则，保险人不能行使保险合同的解除权，也不能拒绝给付保险金。

第三节　补偿原则及代位原则、分摊原则

一、补偿原则

（一）补偿原则的定义

一般民事法律关系的一项基本原则为损害赔偿原则。一般民事损害赔偿应贯彻全部赔偿和赔偿实际损失的原则。任何补偿性合同也应遵守全部补偿、补偿以实际损失为限的原则。

保险法律关系中的补偿原则与民事法律关系中的损害赔偿原则有相同的法律依据。保险的补偿原则是指，投保人与保险人订立保险合同，将特定的危险转由保险人承担，当保险事故发生时，保险人给予被保险人的经济赔偿恰好填补被保险人遭受保险事故的经济损失。“填补损失”在保险关系中通称为“补偿”。

补偿原则包括两层含义：

（1）保险合同订立后，一旦发生保险责任范围内的损失，被保险人有权按保险合同的约定，获得全面、充分的赔偿。

（2）保险人对被保险人的赔偿恰好使保险标的恢复到保险事故发生之前的状况。即保

险补偿以被保险人的实际损失为限，被保险人不能因保险赔偿而获利。

相关资料 3-5

因保险业务的需要，保险合同中往往规定了最高赔偿限额、免赔额和被保险人的自负额，对保险的补偿原则进行了修订。

（二）对补偿原则的限制

补偿原则是保险的一项基本原则，但在保险实务中会受到一些限制。

1. 人身保险

人身保险的标的是人的生命、身体或健康，不能用确定的货币来衡量。人身保险合同是给付性合同，不适用补偿原则，这已为各国保险立法和保险惯例所确认。由补偿原则派生出来的代位原则、分摊原则同样不适用于人身保险。

2. 定值保险

对于有些保险标的的实际价值，随着时间、空间的变化，在技术上很难准确估计，因而，在订立保险合同时，保险合同双方应约定保险标的的保险价值。当保险事故发生时，保险人以约定的保险价值为基础，计算赔偿金额，而不管保险标的在保险事故发生时的实际价值。定值保险也是对保险补偿原则的限制或修订。

3. 重置成本保险

重置成本保险是以被保险人重置或重建保险标的所需费用或成本确定保险金额的一类保险。重置成本保险的目的在于充分发挥保险的经济补偿功能，使被保险人在发生保险事故时，获得重置保险标的的经济补偿。不过，重置成本保险以超过当时市价的财产重置价值为保险金额，易造成被保险人放松责任心或发生道德风险。重置成本保险是保险补偿原则的一种例外。

相关资料 3-6

比例承保

在保险合同中，保险当事人约定一定比例的风险由被保险人自行承担，这种保险称为比例保险。比例保险实际上是保险人与被保险人对同一保险标的的同一风险共保，一旦发生保险事故，无论是全部损失还是部分损失，保险人都应按约定的比例赔付。比例保险的实质是为了加强被保险人对保险标的的责任心，并防止道德风险。因而，有的国家还在立法中强调，对比例保险中由被保险人自行承担的风险，不得向其他保险人投保。比例赔偿使被保险人不能获得充分补偿，这在一定程度上限制了补偿原则。

（三）补偿原则的应用

保险的补偿原则要求保险赔偿限度应以保险标的所遭受的实际损失确定，而其实际损失应依受损财产的实际货币价值确定。在保险实务中，受损财产的实际货币价值通常按以下几种方法确定。

1. 按市场价格确定实际损失

这是最常见的确定实际损失的方式。一般做法为：如某保险标的受到损害或损毁，就按同等型号、新旧程度相当的同类物品在市场上的价格确定保险赔偿金额。如果保险标的已被淘汰，其实际损失应比照类似产品的市价确定。

按市场价格确定实际损失的作用还在于，当保险人与被保险人就保险赔偿金额不能达成一致意见时，保险人可以以市场价格在市场上购买相同实物赔偿被保险人。

2. 按被保险人实际损失的费用确定实际损失

在责任保险、信用保险、保证保险中，被保险人遭受的实际损失往往可以直接用货币的形式表现。这时，可以依被保险人实际损失的费用确定保险赔偿金额。不过，下述费用应除外：

(1) 刑事罚金。

(2) 行政罚款。

(3) 除保险合同的约定之外，被保险人因法律或合同支付的各项费用。

(4) 被保险人没有法律或合同义务，自愿支付的费用。

3. 按恢复原状所需费用确定实际损失

保险标的遭受部分损失时一般要将保险标的修复，恢复原状。恢复原状是指基本恢复保险标的的原有形态和效用。恢复原状所需费用被认为是被保险人的实际损失。

保险标的经过修复，可能会与原来的保险标的产生一些差异。主要有两种情况：

(1) 经过修复，使保险标的提高了性能，从而提高其价值。根据保险补偿原则，保险人有权将被保险人获得额外利益的部分价值，予以相应扣除。

(2) 如果保险标的修复后的功能不及过去的保险标的，保险人应考虑补偿差额部分。

4. 按重置成本减折旧确定实际损失

保险标的发生损失时，如果市场上不能找到同类商品，不能按同类商品的市价来确定实际损失，则可用按该保险标的的重置或重建价格减去折旧的方式确定保险标的的实际损失。

这种方式一般适用于房屋保险，以及以机器、汽车、家具为保险标的的保险。

案例分析 3-5

张某于 2017 年 8 月新购一辆轿车，市场价为 13 万元，并以此向保险公司投保了车损险，期限为一年。2018 年 5 月，张某在高速公路上驾车不慎撞上前面一辆集装箱货车，造成轿车全部报废，张某当场死亡。张某的继承人持保险合同向保险公司提出索赔。保险公司认定事故属于保险责任，但双方在具体索赔金额上未达成协议。原因在于该轿车的价格已于 2018 年初在全国范围内进行了大幅度调整，新车价格从 2017 年的 13 万元降至 11.8 万元。张某家属要求按车损险保险金额 13 万元索赔。保险公司则以被保险人不应获利为由，坚持按照调整后的 11.8 万元计算索赔。

分析：根据保险的补偿原则，保险人应当在责任范围内对被保险人所受的实际损失进行补偿，其目的在于通过补偿使保险标的恢复到保险事故发生前的状况，被保险人不能获得多于或少于损失的补偿。因此，在机动车辆发生全部损失的情况下，按保险金额计算索赔，但保险金额高于实际价值时，以不超过出险当时的实际价值赔偿。

本案中，保险人按调整后的 11.8 万元计算赔偿，足以使被保险人的家属在当时的市场上购买与保险车辆同型号的新车，已经使被保险人的损失得到了充分有效的损失补偿，因此是正确和合理的。

二、代位原则

（一）代位原则的概念

代位求偿法律制度起源于罗马法。代位权的依据是民法中的补偿原则和公平原则。债权人不能因某一民事法律行为的发生而获得双重补偿，即获得额外利益。

代位原则在民法中的应用是广泛的。如共同侵权造成他人损害的，共同致害人之间承担连带责任，受害人可向其中任何一个致害人请求全部赔偿。如果其中一人承担了全部责任，那么，他就获得了代受害人向其他致害人追偿的权利。又如，在保证法律关系中，保证人如果替债务人履行了债务，则保证人取得了向债务人追偿的权利。

保险中的代位原则是指，在财产保险中，保险人赔偿被保险人的损失后，第三人对保险事故的发生或保险标的损失负有责任的，保险人有权在保险赔偿范围内向第三人追偿，被保险人应将保险标的的有关权利转让给保险人。保险人的这种权利称为代位求偿权。应注意，代位原则不适用于人身保险。

代位原则的依据是保险的补偿原则。被保险人获得保险人的赔偿后，如果其损失已获充分补偿，则不能再得到第三人的赔偿，应将向第三人追偿的权利转让给保险人。

（二）代位求偿权的前提条件

保险人实施代位求偿应具备的前提条件有：

（1）保险标的的损失属于保险事故造成的，保险人应承担赔付责任。

（2）保险标的的损失同时是由第三方的责任所造成，被保险人有权依法向责任方请求赔偿，但尚未依法提出请求而先依保险合同向保险人提出索赔。

（3）保险人履行了赔偿责任。

在上述三个前提条件均具备时，保险人才能取得代位求偿权。

（三）代位求偿权行使过程中保险双方的权利与义务

第一，保险人应在赔偿金额的限度内行使代位求偿权，如果依代位求偿权取得第三者的赔款金额超过保险人的赔偿金额，其超过赔偿金额的部分应归被保险人所有。

第二，被保险人有权就未取得保险人赔偿的部分向第三者请求赔偿。我国《保险法》第六十条第三款规定：保险人依照本条第一款规定行使代位请求赔偿的权利，不影响被保险人就未取得赔偿的部分向第三者请求赔偿的权利。

第三，被保险人不能损害保险人的代位求偿权。具体内容为：

（1）在保险人赔偿之前，如果被保险人放弃了向第三者的请求赔偿权，那么，他也就同时放弃了向保险人请求赔偿的权利。我国《保险法》第六十一条第一款规定：保险事故发生后，保险人未赔偿保险金之前，被保险人放弃对第三者请求赔偿的权利的，保险人不承担赔偿保险金的责任。

（2）在保险人赔偿之后，如果被保险人未经保险人的同意而放弃了对第三者请求赔偿的权利，则该行为无效。我国《保险法》第六十一条第二款规定：保险人向被保险人赔偿保险金后，被保险人未经保险人同意放弃对第三者请求赔偿的权利的，该行为无效。

（3）如果因被保险人的过错影响了保险人代位求偿权的行使，保险人可扣减相应的保险赔偿金。我国《保险法》第六十一条第三款规定：被保险人故意或者因重大过失致使保险人不能行使代位请求赔偿的权利的，保险人可以扣减或者要求返还相应的保险金。

（4）被保险人有义务协助保险人行使代位求偿权。我国《保险法》第六十三条规定：保险人向第三者行使代位请求赔偿的权利时，被保险人应当向保险人提供必要的文件和所知道的有关情况。

案例分析 3-6

甲以其房屋为保险标的与保险人乙订立火灾保险合同，保险金额为 80 万元，后因其邻居丙的过错，其自家失火，亦导致甲的房屋损毁。事故发生后，甲的房屋市价为 100 万元。甲、乙未在保险合同中约定房屋的保险价值。经查，因丙的过错致火灾发生导致甲的房屋全损，保险人给付甲保险金 80 万元。因甲的房屋当时市价为 100 万元，保险人乙给付的保险金总额不能完全填补甲所受损失，于是甲向丙请求赔偿其损失余额 20 万元。乙保险公司履行对甲的赔偿义务后，也取得了向丙的保险代位权，于是乙保险公司代被保险人甲要求侵权人丙承担其损害赔偿责任 80 万元。而侵权人丙此时只有 10 万元可供清偿。丙若将其全部给付甲，则保险人无法获得任何给付；若丙将其全部给付保险公司乙，则被保险人甲尚有 20 万元损失无法填补。当事人争执不下，请求法院判决。

分析：根据《保险法》的规定，被保险人在保险金给付没有完全获得补偿时，可以继续向造成损害的第三人要求赔偿。如果第三人难以同时满足保险人和被保险人双方的求偿时，被保险人的损害求偿权应当优先得到满足，这符合保险的目的和宗旨。从本案看，侵权人丙无法满足双方的求偿，应该将 10 万元全部支付给被保险人甲。

（四）代位求偿的例外

我国《保险法》第六十二条规定：除被保险人的家庭成员或者其组成人员故意造成本法第六十条第一款规定的保险事故外，保险人不得对被保险人的家庭成员或者其组成人员行使代位请求赔偿的权利。

（五）物上代位

物上代位是指当保险标的因受保险事故发生全损或推定全损时，保险人在全额赔付保险金之后，即可取得对该保险标的的所有权，即代位取得对该标的的权利与义务。

我国《保险法》第五十九条规定：保险事故发生后，保险人已支付了全部保险金额，并且保险金额等于保险价值的，受损保险标的的全部权利归于保险人；保险金额低于保险价值的，保险人按照保险金额与保险价值的比例取得受损保险标的的部分权利。保险人在拥有物上代位权后，保险标的所得利益归保险人所有。

相关资料 3-7

1. 委付

委付是指被保险人将保险标的的一切权利都转移给保险人，并要求保险人支付全部保险金额的请求。保险人接受委付，即取得物上代位权。在债权的转移上，委付与代位求偿权不同，保险的代位求偿以保险人实际支付的保险赔偿金为限，不能获得超出保险赔偿的利益；而保险人接受委付后，就获得了对保险标的的一切权利。

2. 实际全损

保险人按照实际全部损失对被保险人进行足额赔偿后，对保险标的享有物权。多数情况下，这种物权没有意义，但以下情况例外：(1) 保险人承保了盗窃、提货不着、丢失等风险时，保险标的在客观上往往存在，只是被保险人丧失了对保险标的的有效占有，当保险人按实际全损赔偿后，即获得保险标的的物权。当保险标的重新出现时，保险人可以其物权对抗第三人。(2) 在保险事故发生时，保险标的已实际灭失，但随着科学技术的发展，可以对保险标的重新进行有效控制，如沉船打捞等，这时，保险人享有对打捞物的物权，由物权产生的利益应由所有权人所有。这一点与代位求偿权不同。

三、分摊原则

(一) 重复保险与分摊原则

分摊原则与重复保险相联系。重复保险是指投保人就同一保险标的的同一保险利益，以同样的风险与两个或两个以上的保险人分别订立保险合同，而且保险金额超过保险价值。其构成如下：

(1) 投保人与两个或两个以上的保险人订立两个或两个以上的保险合同。

(2) 保障的是同一个保险利益。

(3) 两个保险人或两个以上的保险人在其保险合同中承担的风险一致。

(4) 保险金额超过保险价值。

(5) 保险期间相同或有一部分保险期间重叠。

投保人向两个或两个以上的保险人就同一保险标的的同一保险利益投保同一风险的保险，当保险事故发生时，被保险人获得的保险赔偿不能超过其实际损失，应由有关保险人分摊其损失。

分摊原则是补偿原则派生出来的，适用于财产保险等补偿性保险合同，但不适用于人身保险。

在重复保险的情况下，对某一保险人而言，其他有责任的保险人为第三人，如适用代位原则，将带来保险人之间无休止的追偿。因此，各国保险立法均要求，在保险赔偿的债务人是两个或两个以上保险人的情况下，保险人之间适用分摊原则，而不是代位原则。

(二) 分摊原则的运用

1. 投保人的通知义务

各国保险立法或有关司法规定，被保险人或投保人重复保险，其有义务将重复保险的情况告知每一位保险人，包括其他保险人的名称、保险金额等情况，投保人不履行该项义务，其后果与违反告知义务相似，保险人有权解除保险合同或宣告保险合同无效。

投保人通知义务的规定，主要是防止被保险人或投保人的道德风险，即利用重复保险而获利。

根据我国《保险法》第五十六条的规定，重复保险的投保人应当将重复保险的有关情况通知各保险人。重复保险的各保险人赔偿保险金的总和不得超过保险价值。

2. 分摊金额的确定

(1) 比例分摊责任制。

这是重复保险中广泛采用的一种分摊方式。它是指当保险标的发生损失时，各保险人按各自保险单中承保的保险金额与总的保险金额的比例承担保险赔偿责任，各保险人承担的保险赔偿责任总和不超过保险标的的实际损失。其计算公式为：

$$某保险人的赔偿责任=\frac{某保险人的保险金额}{所有保险人的保险金额之和}\times 损失额$$

（2）限额责任制。

该方法不以保险金额为基础，而是按照各保险人在无他保的情况下，独自应负的赔款比例来分摊。其计算公式为：

$$某保险人的赔偿责任=\frac{某保险人独立责任限额}{所有保险人独立责任限额之和}\times 损失额$$

例如：甲保险人承保 11 万元，乙保险人承保 3 万元，如果发生 5 万元损失，则在没有他保的情况下，甲保险人应赔偿 5 万元，乙保险人应赔偿 3 万元，则：

$$甲保险人赔付额=\frac{5}{5+3}\times 5=3.125(万元)$$

$$乙保险人赔付额=\frac{3}{3+5}\times 5=1.875(万元)$$

（3）顺序责任制。

各保险人依承保的先后顺序进行分摊，先承保的先赔偿，当赔偿不足时，由其他保险人依次承担不足的部分。

相关资料 3-8

我国《保险法》第五十六条第二款规定，除合同另有约定外，各保险人按照其保险金额与保险金额总和的比例承担赔偿保险金的责任。

重复保险中究竟采用何种分摊赔偿办法与保险合同当事人之间的约定有直接的关系。在没有约定的情况下，应以保险金额比例责任制进行分摊。但无论采用何种分摊办法，各保险人赔偿的保险金额总和都不得超过保险价值，《保险法》对此有严格限制。

第四节 近因原则

保险人对其承保的风险所引起的保险标的的损害承担责任，这就要求保险人承保风险的发生与保险标的损害之间必须存在因果关系。保险标的损害结果与承保风险之间究竟应该存在何种因果关系，各国保险法律实践和各国保险学者的看法不一。日本基本上采用相当因果关系原则；德国流行自然过程说；在法国，则有三种学说，即最有利条件说、根本原因说和条件均等说。不过，大多数国家以近因原则为基础。

一、近因原则的产生和发展

英国保险业有着非常悠久的历史，有关保险的判例很多。大约在 18、19 世纪，英国法院有关保险的判例就已经采用近因原则判断因果关系。著名的英国《1906 年海上保险法》第五十五条第一款规定："依照本法的规定，除保险单另有约定外，保险人对于由其所承保的危险近因所致的损失，负赔偿责任，但是，对于非由其所承保的危险近因所致的任何损失，概不负责。”这是第一次以法律的形式确立了判断承保风险与保险标的损失之间因果关系的近因原则。

后来，英国的近因原则逐渐为美国等英美法系国家所吸收和承认。保险人在处理保险赔案、法官判决保险案件时，如涉及因果关系问题，均遵循该原则。

依据近因原则，当保险人承保的风险为近因引起保险标的损失时，保险人负赔偿责任。

二、近因的含义

英国《1906年海上保险法》颁布之初，对“近因”没有做出解释，当时英国的诉讼案件也没有一致的结论。早期的英美学者多以第一次世界大战前后的判例为依据，将近因理解为“时间上最接近损失的原因”。日本、法国、德国的保险学者多将英国的近因原则与德国的最后条件说相提并论。随着近因理论的发展，法官和学者们逐渐取得比较一致的观点，将近因理解为“最具优势的原因”“能动而有效的原因”。所以，“近因”的含义经历了一个质的变化过程。

保险学者们对近因的理解经过了变化过程，法官们的解释也经历了一个发展过程。现在，学者们和法官们对近因的含义有了比较一致的认识，那就是：所谓近因，不是指最初的原因，也不是指最终的原因，而是一种能动而有效的原因；这既指原因和结果之间有直接的联系，又指原因十分强大有力，以致在一连串事件中，人们从各个阶段上可以逻辑地预见下一个事件，直到发生意料中的结果；如果有数种原因同时起作用，近因是导致该结果的起决定作用或强有力的原因。这种对近因的理解最为适当、最为完善。

三、近因的判定

当两个或两个以上的风险成为引起损失不可缺少的原因时，哪个为近因呢？在这里，涉及近因的判断问题。约翰·斯蒂尔在《保险原理与实务》一书中，提供了两种确定因果关系的方法。其他学者和法官们提供的方法大同小异，以约翰·斯蒂尔提供的最为明了、最为简便。

第一，从最初事件出发，按逻辑推理，问下一步将发生什么。若最初事件导致了第二事件，第二事件又导致了第三事件……如此推理下去，导致最终事件，那么，最初事件为最终事件的近因。若其中两个环节间无明显联系，或出现中断，则其他事件为致损原因。

第二，从损失开始，沿系列自后往前推，问为什么会发生这样的情况。若能追溯到最初事件，且系列完整，最初事件为近因；若逆推中出现中断，其他原因为致损原因。

四、近因和赔偿责任

如果某一风险为某一损失的近因，保险人是否一定得负赔偿责任？答案是否定的。很明显，如果风险不属于承保风险，尽管它造成了保险标的损失，但是保险人有免责条款，不负赔偿义务。英国《1906年海上保险法》第55条第1款所强调的是“对于由其所承保的危险近因所致的损失，负赔偿责任”，而“对于非由其所承保的危险近因所致的任何损失，概不负责”。所以，只有承保近因所致的损失，保险人才负责赔偿。

承保风险近因所致的损失和如何确定保险人的赔偿责任可以分下述四种情况。

（一）单一原因

造成损失的风险只有一种，风险是损失的近因。如果该风险属于承保范围，保险人负责赔偿；否则，保险人不负责赔偿。

（二）同时发生的多种原因

多种风险同时发生，或无法合理区别时间先后，对损失都有能动而直接的作用。原则上，各风险都是损失的近因，保险人承担赔偿责任分两种情况：

（1）各原因都属于承保风险时，保险人负责赔偿全部损失。

（2）原因中有承保风险和不保风险时，如果损失可以分清，则保险人对承保风险所致的损失负责。如果损失无法分清，有的学者主张保险人对损失概不负责，特别是其中一项原因是除外责任的时候；有的学者主张按比例分摊，如原因中包括被保险人自保风险。

（三）连续发生的多项原因

两个以上的原因连续发生，各原因之间的因果关系未中断，即后果是前因自然的、直接的结果，则最先发生的原因为损失的近因。保险人的赔偿责任分四种情况：

（1）各原因均为保险风险，保险人负赔偿责任。

（2）前因和后因均为不保风险，保险人概不负责。

（3）前因为不保风险，后因为承保风险，保险人不负责任。

（4）前因为保险风险，后因为不保风险，保险人负赔偿责任。

（四）间断发生的多项原因

两个以上的风险造成损失，前因和后因之间没有必然联系，则保险人的赔偿责任依个别原因是否属于承保风险而定。承保风险造成的损失，保险人负赔偿责任；不保风险造成的损失，保险人不负赔偿责任。在这种情况下也存在一个问题：当损失无法分清时，如何确定赔偿范围？要找出一条合理的途径似乎比较困难。

案例分析 3-7

1. 某房屋投保了火灾险。在保险期间内，一场大火使房屋的一面墙处于危险状态。几天后，狂风吹倒了这面墙，整个房屋倒塌损毁。

2. 某房屋投保了火灾险。在保险期间内，一场大火使房屋的一面墙处于危险状态。紧接着，房主还来不及抢修，狂风就吹倒了这面墙，整个房屋倒塌损毁。

3. 某轮船投保水险，不保战争险。该轮船在港口附近被德国鱼雷击中，严重损伤，遂拖到港口施救。这时突然刮起大风，港务局为防止该轮船在码头沉没，命令移泊外港。在外港停泊中，因退潮时搁浅与涨潮时浮起，该轮船受损沉没。

问：上述三个案例的致损原因分别是什么？保险人是否应承担赔偿责任？

法院判决及分析：

1. 法院判决：致损近因为房主未能及时拆除或加固房墙，火灾是远因。保险人对房墙造成的损失不负任何责任。

2. 法院判决：全部损失可以被看作火灾所致。

分析：这两例关于火灾险的案件阐明了近因原则对“近因”的解释：最具优势的原因。二者的区别是：案件一中火灾之后，房墙并未倒塌，房主完全来得及采取补救措施，但是他没有。案件二中房墙受损后，房主还没来得及采取措施，狂风就把它吹倒了。

3. 法院判决：损失近因为鱼雷的攻击。因为，从鱼雷的攻击到全损发生，其因果关系的连续性没有中断。依照免责条款，保险人不负赔偿责任。

分析：原告主张鱼雷的攻击为远因，一般海难为近因。此案的判决否定了以时间的先后判断近因的方法，是对近因为“能动而有效的原因”的肯定。

法官在该案判决书中说，对近因原则的适用，与其以原因的发生状况为准，不如以其继续存在的状态适宜。因果关系是网状形态，非环状。数个原因先后发生或同时并发，其势力、效用在整个网的网结上交互结合，再由各网向四周放射，此时，在损失的效果上最为接近的原因，才是近因。即使另有数个原因存在，此近因不但依然存在，而且，对损失的发生，在效果上依然占优势。所以，有数个原因同时或先后发生致损时，应视对损失的发生，在优势上、效用上、结果上最具作用力的原因为近因。在这里，法官对近因的含义、判断做了精辟的论述。

案例分析 3-8

1. 有一艘装载皮革和烟叶的船舶遭遇海难，大量海水浸入船舱，皮革腐烂。海水虽未直接接触装烟叶的捆包，但由于腐烂皮革的恶臭，使烟叶完全变质。当时被保险人以海难为近因要求保险人全部赔付，但保险人以烟叶包装没有水渍的痕迹为由而拒赔。最后法院判决，烟叶全损的近因是海难，保险人应负赔偿责任。

2. 某企业集体投保团体人身意外伤害保险，被保险人王某骑车被卡车撞到，造成伤残并住院治疗，在治疗过程中王某因急性心肌梗死而死亡。由于意外伤害与心肌梗死没有内在联系，心肌梗死并非意外伤害的结果，故属于新介入的独立原因，心肌梗死是被保险人死亡的近因，它属于疾病范围，不包括在意外伤害保险责任范围。因此，保险人对被保险人死亡不负责任，只对其意外伤残按规定支付了保险金。

本章小结

保险利益原则体现了投保人或被保险人与保险标的之间存在的利益关系。本书对保险利益构成的条件、各险种保险利益的确定以及坚持保险利益原则的意义进行了介绍。

最大诚信原则是保险的基本原则之一，该原则适用于保险双方当事人，包括的主要内容有告知、保证、弃权和禁止反言。违反最大诚信原则的当事人应承担相应的法律后果。

补偿原则主要适用于财产保险，是保险理赔的重要原则。它派生出两大重要原则：代位原则和分摊原则。

近因原则是判断保险事故与保险标的损失之间的因果关系，从而确定保险赔偿责任的一项基本原则。因此，对近因的分析和判断，成为掌握和运用近因原则的关键。

重点概念

最大诚信原则	告知	保证	弃权
禁止反言	保险利益原则	补偿原则	代位求偿
委付	重复保险	分摊原则	近因原则

复习思考题

一、填空题

1. 投保人投保时必须具有保险利益，但在索赔时保险人不追究其有无保险利益的险种是（　　）。

2. 某日下大雪，路面很滑，导致A、B两车相撞，致使某行人死亡，经交通警察查实，该事故是因A车驾驶员酒后驾车所致，则行人死亡的近因是（　　）。

3. 最大诚信原则的基本内容包括（　　）、（　　）、（　　）和（　　）。

4. 投保人将保险价值为150万元的财产同时向甲、乙两家保险公司投保财产保险综合险，保险金额分别为50万元和150万元。若一次保险事故造成实际损失为80万元，则按照限额责任分摊方式，甲、乙两家保险公司应分别承担的赔款是（　　）、（　　）。

5. 当保险标的遭受保险责任范围内的损失，保险人按保险金额全额赔付后，依法取得的该项保险标的的所有权被称为（　　）。

6. 最大诚信原则基本内容中的弃权与禁止反言的主要约束对象是（　　）。

7. 投保人对保险标的所具有的法律上承认的利益被称为（　　）。

二、判断题

1. 船舶适航保证是明示保证。（　　）

2. 保险人要主动向投保人说明保险合同条款内容，对于责任免除条款还要进行明确说明。（　　）

3. 分摊原则适用于财产保险中的再保险。（　　）

4. 根据我国《保险法》的规定，如果被保险人的过错影响了保险人代位求偿权的行使，那么保险人可以拒绝给付保险赔款。（　　）

5. 近因是指时间上或空间上最接近损失的原因。（　　）

6. 保险利益应为确定的经济利益，这种确定的经济利益的范围仅限于现有利益。（　　）

三、选择题

1. 某工厂添置一套设备，投保时市价为80万元，后被盗。当时，市价涨至100万元，保险公司的赔偿金额为（　　），这是以（　　）为赔偿限额。

A. 80万元　　B. 100万元　　C. 实际损失　　D. 保险金额

2. 在抵押贷款的财产保险时，银行以抵押权人的名义对抵押品房屋投保，如果银行贷款为10万元，房屋价值13万元，保险金额为12万元，则保险人赔偿金额为（　　）。

A. 10万元　　B. 13万元　　C. 12万元　　D. 不予赔偿

3. 保险人在支付了5 000元的保险赔款后向有责任的第三方追偿，追偿款为6 000元，则（　　）。

A. 6 000元全部退还给被保险人　　B. 将1 000元退还给被保险人

C. 6 000元全归保险人　　D. 多余的1 000元在保险双方之间分摊

4. 保险人的告知形式有（　　）。

A. 无限告知　　B. 明确列明

C. 明确说明　　D. 询问告知

E. 默示告知

5. 下列有关分摊原则的陈述中，正确的是（ ）。

A. 是由补偿原则派生出来的

B. 可防止被保险人获得高于实际损失额的赔偿金

C. 是对重复保险发生保险事故后，进行分摊的原则

D. 在没有合同约定的情况下，应以顺序责任制进行分摊

E. 是对财产保险和人身保险的赔偿和给付所实施的原则

6. 下列对保险利益原则的表述中，正确的是（ ）。

A. 一般财产保险的保险利益必须从合同订立到损失发生的全过程都存在

B. 海上货物运输保险中，投保人对保险标的没有保险利益也可投保

C. 海上货物运输保险的保险利益在发生保险事故时必须存在

D. 人身保险的保险利益必须在保险合同订立时存在

E. 在人身保险中，并不要求在保险事故发生时具有保险利益

7. 除（ ）外，保险人不得行使代位求偿权。

A. 人寿保险　　B. 意外伤害保险

C. 医疗保险　　D. 第三者责任保险

8. 要求投保人（或被保险人）必须对保险标的具有保险利益，此即保险利益原则，在保险经营活动中，坚持保险利益原则的意义包括（ ）。

A. 保证保险人的偿付能力　　B. 避免赌博行为的发生

C. 防止道德风险的产生　　D. 便于衡量损失，避免保险纠纷

E. 减少心理风险的产生

9. 按照最大诚信原则，投保人或被保险人违反保证条款的后果是（ ）。

A. 保险人一律解除保险合同，并不承担赔付保险金责任

B. 只有故意违反者，保险人才可解除保险合同并不承担赔付责任

C. 若属于过失违反者，保险人不可以解除保险合同，但可以不承担赔付责任

D. 即使是过失违反者，保险人仍可解除保险合同，并不承担赔付责任

10. 信用保险的保险利益是（ ）。

A. 制造商对消费者造成伤害依法应承担经济赔偿责任的保险利益

B. 债务人对自身的信用的保险利益

C. 债权人对债务人的信用的保险利益

D. 抵押权人对质权人的保险利益

11. 投保人对过去或现在某一特定事实的存在或不存在的保证是指（ ）。

A. 承诺保证　　B. 明示保证　　C. 确认保证　　D. 默示保证

四、案例分析题

案例一

某外国公司承租中国公司一栋楼房经营，为预防经营风险，该公司对此楼房在中国A保险公司投保500万元，并交付一年的保险金。

9个月后该公司结束租赁，将楼房退还给中国公司。在保险期的第10个月该楼房发生了保险事故，损失300万元。该外国公司向保险公司主张赔偿。

问题：保险公司该如何处理？

案例二

2018 年 12 月，A 公司从 B 公司购买了一批水果，共计 5 000 箱，价值 90 000 元，通过铁路运输。A 公司为此投保了货物运输综合险，C 保险公司出具了保险单，并将其中的 25%分给另一保险公司 D。在到达目的地后，收货人发现有一节车厢被撬开，货物丢失 100 箱，同时由于保温棉被掀开，有 200 箱水果被冻坏，直接经济损失共计 7 000 元。

问题：此案例中何为近因，应如何理赔？

第四章
财产保险

学习目标

1. 掌握财产保险的基本分类；
2. 了解我国财产保险公司经营的主要保险业务；
3. 掌握财产保险的保险金额、保险责任、保险理赔等内容；
4. 掌握机动车辆保险、货物运输保险的保险金额、保险理赔等内容。

第一节　企业财产保险

一、企业财产保险的种类

企业财产保险可以分为主险和附加险。其中主险又分为基本险、综合险和一切险。主险除责任范围不同外，险种的其他内容完全相同。附加险主要包括：水暖管爆裂险，自燃险，盗窃险，机器设备损坏险，罩棚、露堆财产险，橱窗玻璃破碎险，广告牌险等。目前，有些学者尽量回避企业财产保险之说，更愿意将企业财产保险称为火灾保险，原因是所有的企业财产保险都是火灾保险发展的结果，同时便于与我国过去开办的业务加以区别和融入国际惯例。企业财产保险承保的对象除了私营企业以外所有的各类企业，还包括事业单位和机关团体，所以，有些学者又将企业财产保险称为团体保险。

案例分析 4-1

中国保险史上最大赔案出炉　确认赔付 9 亿美元

2013 年 9 月 4 日下午，SK 海力士半导体（中国）有限公司一车间突然发生火灾，事故并未造成大的人员伤亡，但这次事故还是创造了纪录——最终高达 9 亿美元的保险赔付，让这次事故所导致的单一保险赔案一举成为国内保险业历史上的最大赔案，甚至是亚洲最大赔案。

根据根宁翰保险公估（中国）2013 年 11 月 18 日出具的报告，SK 海力士的企财险承包额为 72.59 亿美元，自留额 100 万美元，营运中断险承包额为 8.29 亿美元，自留期限是连续 10 个工作日。两个险种相加的总承包额高达 80.88 亿美元，赔付上限为 23 亿美元。该报告通过估损给出的建议准备金为：企财险 6.5 亿美元，营运中断险 2.5 亿美元，合计 9 亿美元整。

9 亿美元是怎样的概念？2008 年汶川大地震，国内保险业在进行了大量通融赔付的情况下，总计赔付了 18 亿元人民币；2012 年国内财险公司总的净利润为 220 多亿元。SK 海力士几个小时的火灾，所引发的保险赔付不亚于国内的一场巨灾，国内财险行业 2013 年的盈利情况因此蒙上一层阴影。

二、企业财产保险的责任范围

（一）基本险的责任范围

基本险对下列风险造成的保险标的的损毁或灭失承担赔偿责任：

（1）火灾。火灾是指在时间或空间上失去控制的燃烧所造成的灾害。构成本保险的火灾责任必须同时具备以下三个条件：

1）有燃烧现象，即有热、有光、有火焰。

2）偶然、意外发生的燃烧。

3）燃烧失去控制并有蔓延扩大的趋势。

（2）爆炸。爆炸分物理性爆炸和化学性爆炸。

1）物理性爆炸，是指由于液体变为蒸气或气体膨胀，压力急剧增加并大大超过容器所能承受的极限压力而发生的爆炸。

2）化学性爆炸，是指物体在瞬间分解或燃烧时释放出大量的热和气体，并以很大的压力向四周扩散的现象。

（3）雷击，是指由雷电造成的灾害。雷击的破坏形式分为直接雷击和感应雷击两种。

1）直接雷击。由于雷电直接击中保险标的造成损失，属于直接雷击责任。

2）感应雷击。由于雷击产生的静电感应或电磁感应使屋内与地绝缘金属物体产生高电位放出火花引起的火灾，导致电器本身的损毁，或因雷电的高电压感应，致使电器部件的损毁，属于感应雷击责任。

（4）飞行物体及其他空中运行物体坠落。如空中飞行器、人造卫星、陨石坠落，吊车在运行时发生的物体坠落，都属于保险责任。

（5）被保险人拥有财产所有权的自用的供电、供水、供气设备因遭受保险事故而损坏，并引起停电、停水、停气以致造成保险标的的直接损失。

（6）在发生保险事故时，为抢救保险标的或防止灾害蔓延，采取合理的、必要的措施而造成保险标的的损失，以及被保险人为防止或减少保险标的的损失所支付的必要的、合理的费用。

（二）综合险的责任范围

综合险保险合同对下列危险造成的保险标的的损毁或灭失承担赔偿责任：

（1）火灾、爆炸。

（2）雷击、暴雨、洪水、台风、暴风、龙卷风、雪灾、雹灾、冰凌、泥石流、崖崩、突发性滑坡、地面突然塌陷。

（3）飞行物体及其他空中运行物体坠落。

另外，对下列损失保险人也负责赔偿：

第一，被保险人拥有财产所有权的自用的供电、供水、供气设备因保险事故遭受损坏，引起停电、停水、停气以致造成保险标的的直接损失。

第二，在发生保险事故时，为抢救保险标的或防止灾害蔓延，采取合理的、必要的措施而造成保险标的的损失，以及保险事故发生后，被保险人为防止或者减少保险标的的损失所支付的必要的、合理的费用。

（三）一切险的责任范围

保险单明细表中列明的被保险财产因自然灾害或意外事故造成的直接物质损坏或灭失，保险公司按照保险单的规定负责赔偿。

自然灾害包括：雷电、飓风、台风、龙卷风、风暴、暴雨、洪水、水灾、冻灾、冰雹、地崩、山崩、雪崩、火山爆发、地面下陷、地面下沉及其他人力不可抗拒的破坏力强大的自然现象。

意外事故包括：不可预料的以及被保险人无法控制并造成物质损失的突发性事件，主要包括火灾和爆炸。

（四）特约保险

经被保险人与保险人特别约定，并在保险单上载明，下列财产可以采取特约保险：

（1）金银、珠宝、钻石、玉器、首饰、古币、古玩、古书、古画、艺术品、稀有金属等珍贵财物。

（2）堤堰、水闸、铁路、道路、涵洞、桥梁、码头。

（3）矿井、矿坑内的设备和物资。

（4）建筑物上的广告、天线、霓虹灯、太阳能装置；计算机资料及其制作、复制费用（一切险特约）。

三、企业财产保险金额的确定

企业财产通常分为固定资产、流动资产、账外财产和代保管财产三大类。财产的性质不同，保险金额的确定方式也不同，我国《保险法》对企业财产保险的保险金额的确定规定如下。

（一）固定资产的保险金额

1. 按账面原值确定保险金额

账面原值是指固定资产建造或购置时的原始账面价值。在账面价值与实际价值比较一致的情况下，可采用此种方法。

2. 按账面原值加成数确定保险金额

当账面原值与实际价值差距过大时，为使被保险人在遭受损失后获得充分保障，可在保险双方协商一致的基础上，在固定资产账面原值基础上附加一定成数，使之趋近于重置或重建价值。例如，被保险人的一台机器设备账面原值为8 000元，已使用若干年，现在同样的机器设备重置价为10 000元，为使被保险人获得充分保障，可在账面原值的基础上附加一定的比例，如25%，这样该机器设备的保险金额为10 000（8 000×125%）元，与其重置价值相吻合。

3. 按重置或重建价确定保险金额

重置或重建价是指重新购置或重建该固定资产所需支付的全部费用。当账面原值与实际价值差距过大时，也可直接按重置或重建价来确定保额。

4. 按其他方式确定保险金额

如依据公估价或评估价后的市价，由被保险人确定。

> **课堂讨论：**
> 古董、文物等的保险金额应该如何确定？

（二）流动资产的保险金额

流动资产的保险金额由被保险人按最近 12 个月任意月份的账面余额确定，或由被保险人自行确定。流动资产的保险价值是出险时的账面余额。

（三）账外财产和代保管财产的保险金额

账外财产和代保管财产的保险金额可以由被保险人自行估价或按重置价值确定。账外财产和代保管财产的保险价值是出险时的重置价值或账面余额。

四、企业财产保险的承保期限

企业财产保险的保险期限一般为一年。保单到期后，经双方当事人协商同意，可以续保。一年期限是指从约定起保的当日零时起，到保险期满日的 24 时止。

五、财产保险理赔

（一）固定资产的赔款计算

1. 全部损失

当保险金额等于或高于出险时的重置价值时，其赔偿金额以不超过出险时的重置价值为限。当保险金额低于出险时的重置价值时，其赔偿金额不得超过保险金额。

2. 部分损失

当保险金额等于或高于出险时的重置价值时，其赔偿金额按实际损失计算。当受损财产的保险金额低于出险时的重置价值时，应按比例赔付，并应扣除残值，其计算公式为：

$$赔款=\frac{保险金额}{出险时重建价}\times 实际损失或受损财产恢复原状所需修复费用$$

保险人在赔偿理算时，其最高赔付额不超过保险金额。当投保的固定资产项目不止一项时，赔偿应根据会计明细账、卡分项计算，对在保险期间内新增加的固定资产，须办理加保手续，否则保险人不承担赔付责任。

案例分析 4-2

某企业投保企业财产保险综合险，保险金额为 100 万元，保险有效期间为 2018 年 1 月 1 日至 12 月 31 日。

(1) 该企业于 2018 年 2 月 12 日发生火灾，损失金额为 80 万元，保险事故发生时的实际价值为 200 万元，则保险公司应赔偿多少？为什么？

(2) 2018 年 4 月 23 日因发生地震而造成财产损失 60 万元，保险事故发生时的实际价值为 200 万元，则保险公司应赔偿多少？为什么？

(3) 2018 年 12 月 12 日因下暴雨，导致仓库进水而造成存货损失 80 万元，保险事故发生时的企业财产实际价值为 80 万元，则保险公司应赔偿多少？为什么？

分析：(1) 保险公司赔偿金额＝损失金额×保险保障程度＝80×100/200＝40(万元)。

(2) 由于地震属于企业财产保险综合险的责任免除，所以保险公司可以拒赔。

(3) 保险公司赔偿金额＝保险价值＝损失金额＝80(万元)。因为该保险为超额保险，保险金额超过保险价值的部分无效，所以按保险价值赔偿。

（二）流动资产的赔款计算

1. 全部损失

若受损财产的保险金额等于或高于出险时的账面余额，其赔偿金额以不超过出险时账面余额为限。若受损财产的保险金额低于出险时的账面余额，其赔偿金额不得超过该项财产的保险金额。

2. 部分损失

若受损保险标的的保险金额等于或高于账面余额，按实际损失计算赔偿金额。若受损财产的保险金额低于账面余额，应根据实际损失或恢复原状所需修复费用乘以保险金额与出险时账面余额的比例计算赔偿金额，其计算公式为：

$$赔款=\frac{保险金额}{出险时账面余额}\times 实际损失或受损财产恢复原状所需修复费用$$

（三）账外财产和代保管财产的赔款计算

1. 全部损失

若受损财产的保险金额等于或高于出险时的重置价值或账面余额，其赔偿金额以不超过出险时重置价值或账面余额为限。若受损财产的保险金额低于出险时的重置价值或账面余额，其赔偿金额不得超过该项财产的保险金额。

2. 部分损失

若受损保险标的的保险金额等于或高于出险时的重置价值或账面余额，按实际损失计算赔偿金额。若受损财产的保险金额低于出险时的重置价值或账面余额，应根据实际损失或恢复原状所需修复费用乘以保险金额与出险时重置价值或账面余额的比例计算赔偿金额，其计算公式为：

$$赔款=\frac{保险金额}{出险时重置价值或账面余额}\times 实际损失或受损财产恢复原状所需修复费用$$

以下几点值得注意：

（1）必要、合理的施救费用的计算。发生保险事故时，被保险人所支付的必要、合理的施救费用的赔偿金额在保险标的损失以外另行计算，最高不超过保险金额。若受损保险标的按比例赔偿，则该项费用按与财产损失赔款相同的比例赔偿。施救、抢救、保护费用的赔偿与保险标的的损失赔偿，两者应分别计算，即施救、抢救、保护费用与保险标的的损失金额可以分别按两个保险金额计算，均以不超过保险金额为限。

（2）残值的处理。残值是指按财产受损后尚有经济价值的残留物资。残值经协议作价归被保险人所有，保险人应在支付赔款时扣除残值。

（3）部分损失后的保险金额的计算。保险标的遭受部分损失经保险人赔偿后，其保险金额应相应减少；被保险人需恢复保险金额时，应补交保险费，由保险人出具批单批注。

（4）重复保险的处理。保险单所保财产存在重复保险时，本保险人仅承担按照比例分摊损失的责任。

（5）代位追偿。因第三者对保险标的的损害而造成保险事故的，保险人自向被保险人赔偿保险金之日起，在赔偿金额范围内代位行使被保险人对第三者请求赔偿的权利。

案例分析 4-3

某企业财产在投保时按市价确定的保险金额为 40 万元，后因发生保险事故，损失 32 万元，被保险人支出施救费用 10 万元。这批财产在发生保险事故时的市价为 80 万元，保险公司应如何赔偿？

分析：保险公司赔偿金额=(损失金额+施救费用)×保险金额/保险价值（或保险保障程度）=(32+10)×40/80=21（万元）。

第二节 家庭财产保险

一、家庭财产保险的种类

家庭财产保险的险种还有待于开发，其潜力是很大的。就目前而言，家庭财产保险按照财产损失的原因，可分为灾害损失保险和盗窃险，后者一般作为前者的附加险。按照险种是否独立，可分为基本险和附加险，其中基本险又分为综合险和专项险。按照保险标的的不同，主要可分为室内财产保险和房屋保险。按照保险费的支付方式，可分为普通家庭财产保险、储蓄式家庭财产保险和投资理财型家庭财产保险。普通家庭财产保险的投保人所交付的保险费直接作为保险人的保险费收入来源，只要投保人不退保，保险标的又未发生保险事故，则保险费就不退还投保人；储蓄式家庭财产保险的投保人向保险公司交付保险储金，保险储金的利息作为保险公司的保险费收入来源，在保险期满时，不论被保险人在保险期间有无获得赔偿，保险公司都要将原收取的保险储金全部如数退还给被保险人；投资理财型家庭财产保险是一种新的保险品种，是人寿保险的投资理财思想在财产保险中的创新，其特点是投保人除了获得保险保障以外，还能获得投资收益。

二、家庭财产保险的保险责任

由于下列原因造成保险标的的损失，保险人依照约定负责赔偿：火灾、爆炸；雷击、台风、龙卷风、暴风、暴雨、洪水、雪灾、雹灾、冰凌、泥石流、崖崩、突发性滑坡、地面突然下陷；飞行物体及其他空中运行物体坠落，外来不属于被保险人所有或使用的建筑物和其他固定物体的倒塌。

对于下列损失和费用，保险人也负责赔偿：在发生保险事故时，为抢救保险标的或防止灾害蔓延，采取合理的、必要的措施而造成保险标的的损失；保险事故发生后，被保险人为防止或者减少保险标的的损失所支付的必要的、合理的费用。

相关资料 4-1

平安“吉祥三保”家庭综合保障计划

1. “吉祥三保”A 款产品特点

（1）我丰富：综合保障您的房屋、家庭财产、家庭成员人身意外和居家责任及其他损失。

（2）我简单：组合保障，定额保单，一次投保，清楚明了。

（3）我方便：即买即生成保单，过程快捷，为您节省宝贵的时间。

（4）我实惠：价格优惠，比标准产品享受更多折扣。

2. “吉祥三保”A款承保范围及保险利益

(1) 一保：家庭财产损失保障。

“吉祥三保”第一保给您带来一年的安心，它是每个家庭必备的保险保障。

面对下列问题，您将不再孤立无援，独自承担：因设备短路、漏电，电线老化，煤气泄漏引发火灾；高压锅故障、压力升高发生故障；盗贼难防，财产遭受损失，门窗毁坏。

保险利益见表4-1。

表4-1

保障项目	每份保额	项目明细	每份保额分项（人民币元）
家庭财产险	19.5万元	房屋	150 000
		房屋装修	25 000
		室内财产（家用电器、家具、床上用品、服装）	20 000
盗抢险	1.2万元	室内财产（家用电器、家具、床上用品、服装）	10 000
		现金	1 000
		门窗锁恶意破坏损失险	1 000

请注意：您的房屋必须是钢筋混凝土结构或者砖混结构的城市地区房屋。

注：无论购买多少份：

1. 除“盗抢险”项下的“现金”保障外，其他所有保障每次事故绝对免赔额为人民币300元。
2. “盗抢险”项下“现金”保障无免赔，最高赔偿限额为人民币1 000元。

(2) 二保：家人意外伤害保障。

“吉祥三保”第二保给您和您的家人一份关怀，有平安才有全家幸福，有幸福才能事业兴旺，我们的产品正好满足了您的需求和愿望：涵盖非职业意外身故、残疾、非职业意外门诊医疗、非职业意外住院医疗，多重保障。

投保简便，无须体检。

保险利益见表4-2。

表4-2

保障范围	每份全家总保额	项目明细	被保险人	每份保额（人民币元）
非职业意外险	13.6万元	非职业意外伤害	主被保险人	50 000
		非职业意外伤害	配偶	50 000
		非职业意外伤害	子女	30 000
		非职业意外医疗	主被保险人	2 000
		非职业意外医疗	配偶	2 000
		非职业意外医疗	子女	2 000

注：适用平安“职员团体意外伤害保险条款”中保险责任第二部分“非职业意外伤害保险”。

(1) 保险对象为身体健康、能正常工作学习的人员；主被保险人及其配偶年龄为20～69周岁，子女年龄为3～18周岁。

(2) 每个家庭最多有四名被保险人，分配规则为：

1) 如子女为两名或两名以上，“子女”项下的各项保障的保额按子女人数均摊；

2) 如有配偶（子女）无子女（配偶），则对应项目下的保额在主被保险人和配偶（子女）中均摊；

3) 如无配偶且无子女，则对应项下的保额全部归属主被保险人。

(3) 意外伤害保险责任和意外医疗保险责任仅限于中国境内有效（包括我国香港、澳门和台湾地区）。

(4) 保险期间内，保险公司不接受任何更改被保险人的申请。生存受益人为被保险人本人，身故受益人为法定继承人。

（3）三保：居家责任及其他损失保障。

“吉祥三保”第三保将帮您承担以下责任：家人在保险房屋天台等场所因发生意外导致第三者的人身伤亡和财产损失；宠物造成第三者人身伤害或财产的直接损失；保险房屋的水暖管爆裂，致使水暖管本身损失以及其他保险财产遭受水浸、腐蚀的损失。

保险利益见表4-3。

表4-3

保障范围	每份保额	项目明细	每份保额分项（人民币元）
责任险	0.5万元	家庭住户第三者责任险（含家养宠物责任）	5 000
其他险	0.8万元	水暖管爆裂损失险	8 000

注：适用平安“家庭财产保险基本险条款”和平安“家庭财产保险基本险附加险”。

三、家庭财产保险的保险金额

家庭财产保险一般无账目可查，而且财产的品种、质量、新旧程度差别很大，因此保险金额的确定很难做到准确，一般只能由被保险人根据被保险人家庭财产的实际情况自行估价确定。应强调按照财产的实际价值确定，而且以购置该财产时的支出或扣除其折旧后的价值为依据，正因为如此，在实务中，家庭财产保险的保险金额与投保人实际拥有的财产价值不一定相符。但是二者差额不宜过大，因为如果保险金额超过投保人家庭财产实际价值，保险公司在赔偿时也是以被保险人家庭财产实际价值为赔偿的最高限额；如果投保时估价过低，那么以此为依据确定的保险金额远远低于财产实际价值，当被保险人的财产遭受全部损失时，就会有相当一部分超过保险金额的财产损失得不到补偿。因此，投保人应正确地估算自己的家庭财产实际价值，合理地确定保险金额。

具体确定保险金额时有两种方式：

（1）单一总保险金额制。即保险人只要求投保人根据投保财产的实际价值确定保险金额，不确定不同类别财产的保险金额。

（2）分项总保险金额制。其中又有两种做法：一种做法是投保人按照保险人提供的投保单上所列明的投保财产的类别分项列明保险金额，或者列明投保财产的名称及保险金额，再将各个类别的保险金额加起来作为总保险金额；另一种做法是根据家庭财产的不同种类标明各种类别的家庭财产所适用的保险费率，分别计算不同类别的家庭财产的保险金额，最后计算保险单的总保险金额，如果只用一个统一的保险费率，此法就不适用了。

相关资料4-2

金牛投资保障型（三年期）家庭财产保险的保险价值和保险金额确定方法为：房屋及室内装潢的保险价值为出险时的重置价值；室内财产的保险价值为出险时的实际价值；保险金额每份为10 000元，其中房屋及室内装潢保险金额为8 000元，室内财产保险金额为2 000元。投保人根据投保时保险标的的实际价值确定保险金额及投保份数。投保多份的，保险金额总和超过保险价值的，超过部分无效。

四、家庭财产保险的理赔

(一) 家庭财产保险理赔的计算

如果房屋及室内附属设备发生全部损失，而且保险金额等于或高于保险价值，赔偿金额以不超过保险价值为限；保险金额低于保险价值的，按保险金额赔偿。

如果房屋及室内附属设备发生部分损失，而且保险金额等于或高于保险价值，按实际损失计算赔偿金额；保险金额低于保险价值的，应根据实际损失或恢复原状所需修复费用乘以保险金额与保险价值的比例计算赔偿金额。

如果室内财产发生全部损失或部分损失，则在分项目保险金额内，按实际损失赔付。

特约承保财产参照上述办法计算赔偿。

相关资料 4-3

金牛投资保障型（三年期）家庭财产保险条款规定，保险标的发生保险责任范围内的损失，保险人在保险金额范围内按实际损失计算赔偿，但下列约定优先适用：发生盗抢责任范围内的损失时，保险期间每年的最高赔偿金额为每份 1 000 元；发生管道破裂及水渍责任范围内的损失时，保险期间每年的最高赔偿金额为每份不得超过 1 000 元；现金、金银、珠宝、玉器、钻石及其制品、首饰的赔偿，每次事故的最高赔偿金额为每份 200 元，如投保多份的，为投保份数乘以 200 元，但无论投保多少份，每一被保险人在保险合同中所得的最高赔偿金额为 2 000 元；同一地址的保险标的另有保险人相同条款承保的，无论被保险人是否为同一人，保险份数均合并计算。

以下几点值得注意：

(1) 家庭财产保险的被保险人所支付的必要、合理的施救费用，按实际支出另行计算，最高不超过受损标的的保险金额。若该保险标的按比例赔偿，则该项费用也按相同的比例赔偿。

(2) 保险标的遭受损失后的残余部分，协议作价折归被保险人所有，并在赔款中扣除。

(3) 被保险人向保险人申请赔偿时，应当提供保险单、财产损失清单、发票、费用单据和有关部门的证明，各项单证、证明必须真实、可靠，不得有任何欺诈。

(4) 保险标的发生保险责任范围内的损失应由第三者负责赔偿的，被保险人应当先向第三者索赔。如果第三者不予赔偿，被保险人应提起诉讼。保险人可根据被保险人提出的书面赔偿请求，按照保险合同予以赔偿，但被保险人必须将向第三者追偿的权利转让给保险人，并协助保险人向第三者追偿。

(5) 保险标的在一个保险年度内遭受部分损失经保险人赔偿后，保险金额应相应减少，其有效保险金额应当是原分项保险金额减去分项保险标的的损失赔偿金额后的余额；如被保险人需恢复保险金额，应补交相应的保险费，由保险人出具批单批注。投保三年期、五年期的，下一保险年度则自动恢复原保险金额。

(6) 若本保险单所保财产存在重复保险时，保险人仅承担按照比例分摊损失的责任。

(7) 被保险人自其知道或应当知道保险事故发生之日起，两年内不行使向保险人请求赔偿的权利，即作为自动放弃而失效。

（二）投资理财型家财险中投保人的收益

以金牛投资保障型（三年期）家庭财产保险为例说明投资理财型家财险中投保人的收益计算。

投保人的收益按照以下公式计算：

收益金＝保险投资金×年收益率×保险年度数

其中，年收益率是保险人用以计算保险合同期满后一次性支付给投保人的固定投资回报折合每年的比率。

例如：张某向中国人民财产保险股份有限公司投保一份金牛投资保障型（三年期）家庭财产保险，保险期为三年，投保时一次性交付保险投资金 2 000 元，年收益率为 2.2%，计算满 3 年后的总收益。

总收益＝2 000×2.2%×3＝132(元)

保险人一般不单独向投保人支付收益金，而是在保险期满时连同保险投资金一起支付。保险投资金与收益金之和称为满期给付金。如果投保人在保险期内退保，则保险人按照约定的标准支付退保给付金，满期给付金和退保给付金均称为给付金。给付金是保险人按保险合同约定支付给投保人的给付金额。给付金不受保险事故是否发生及被保险人是否已经获得保险赔偿的影响。投保人在保险合同期届满后领取给付金，也可以在期满前申请全部或部分按份退保，领取相应的给付金。期满前全部退保的，保险合同解除；部分按份退保的，则相应减少保险投资金及对应的保险余额。被保险人不享有领取给付金的权利。

投保人在领取给付金时，应提供保险单正本、本人身份证或其他能够证明本人身份的有效证件。投保人为法人或其他组织时，应提供保险单正本、法人证明或其他合法证明、法定代表人或负责人身份证明、法定代表人或负责人签署的授权委托书及经办人身份证件。

投保人申请提前领取的，还应提交给付金领取申请书。

保险合同期满后，保险人按“金牛保险合同收益一览表”所列金额给付投保人给付金。逾期领取的，保险人仅按期满日金额给付。

投保人退保时，保险人按下列约定支付给付金：保险合同生效期间不足 6 个月的，每份给付金为每份保险投资金扣除 200 元手续费；保险合同生效期间满 6 个月不足 12 个月的，每份给付金为每份保险投资金扣除 100 元手续费；保险合同生效期间满 12 个月不足约定保险期间的，每份给付金按下列公式计算：

给付金＝保险投资金＋保险投资金×[利率×(承保天数－365)/365×80%]

其中，“利率”是指中国人民银行公布的适用于起保日的城乡居民人民币活期存款利率。

第三节　机动车辆保险

一、机动车辆保险的种类

机动车辆保险所承保的机动车辆是指汽车、电车、电瓶车、摩托车、拖拉机、各种专用机械车、特种车，其中以各类汽车为主。在机动车辆保险业务中，一般只以一种机动车辆保险条款承保各种不同种类的机动车辆，其保险责任分为车辆损失险和第三者责任险两种基本险别。除此之外，机动车辆保险还包括一些附加险，它们是针对车辆损失险和第三者责任险的部分责任免除而设计的，主要包括全车盗抢险、玻璃单独破碎险、不计免赔特约条款等险种。

相关资料 4-4

中国人民财产保险股份有限公司的车辆险险种由8个主险条款和配套的11个附加险条款构成。在8个主险条款中，有按客户种类和车辆用途划分的家庭自用、非营业、营业三大类客户群为主的汽车损失主险条款，即家庭自用汽车损失保险条款、非营业用汽车损失保险条款、营业用汽车损失保险条款；有以车辆类型划分的特种车辆、摩托车、拖拉机专用条款，即特种车辆保险条款、摩托车保险条款、拖拉机保险条款；有综合不同客户的一些车辆综合性保险需求，不分客户群和车辆类型的机动车辆损失保险条款；还单独设计了机动车辆第三者责任保险条款。附加险条款有：玻璃单独破碎险条款，不计免赔特约条款，车辆停驶损失险条款，车上货物责任险条款，车身划痕损失险条款，车上人员责任险条款，盗抢险条款，火灾、爆炸、自燃损失险条款，救助特约条款，无过失责任险条款。此外，还有特种车辆保险批单。当主险条款与附加险条款相抵触时，以附加险条款为准；附加险条款未尽之处，则以主险条款为准。

二、机动车辆保险的保险责任

（一）车辆损失险的保险责任

车辆损失险的保险责任主要是指对被保险车辆在行驶或停放期间遭遇自然灾害或意外事故导致车辆损失的赔偿责任。车辆损失险的保险责任包括碰撞损失、非碰撞损失、施救和保护费用三类。

1. 碰撞损失

碰撞损失是指被保险车辆与外界静止的或运动中的物体的意外撞击造成的本车损失。碰撞损失是车辆损失险的主要保险责任。

2. 非碰撞损失

非碰撞损失是指除碰撞以外的自然灾害和意外事故造成的被保险车辆的损失。碰撞以外的自然灾害和意外事故主要包括两类：

（1）自然灾害。如火灾、雷击、暴雨、龙卷风、洪水、海啸、地陷、崖崩、雪崩、泥石流、雹灾、滑坡等。

（2）意外事故。如倾覆、外界物体倒塌、空中运动物体坠落、行驶中平行坠落，以及载运被保险车辆的渡船遭受自然灾害（只限于有驾驶员随车照料者）致使被保险车辆本身发生损失等。

3. 施救和保护费用

被保险车辆遭遇保险事故时，被保险人为了挽回和避免保险车辆的损失采取施救、保护措施所支付的合理费用。对于此项费用，保险人最高赔偿金额以保险金额为限（不包括车辆的修复费用）。

（二）第三者责任险的保险责任

机动车辆第三者责任险承保被保险人允许的合格驾驶人员在使用保险车辆过程中发生意外事故，致使第三者人身伤亡或财产的直接毁损，依法应当由被保险人承担的赔偿责任。

三、机动车辆保险的保险金额和保险价值

（一）车辆损失险的保险金额

除了摩托车和拖拉机损失保险的保险金额由投保人和保险人在投保时的被保险车辆实际价值以内协商确定以外，其他车辆损失保险的保险金额由投保人和保险人从下列三种方式中选择确定，保险人根据确定保险金额的不同方式承担相应的赔偿责任：

（1）按照投保时被保险车辆的新车购置价确定。新车购置价是指在保险合同签订地购置与被保险车辆同类型新车（含车辆购置税）的价格。

（2）按照投保时被保险车辆的实际价值确定。实际价值是指同类型新车购置价减去折旧金额后的价格。折旧按年计算，不足一年的，不计折旧。最高折旧金额不超过投保时被保险车辆新车购置价的80%。

（3）在投保时被保险车辆的新车购置价内协商确定。

投保车辆标准配置以外的新增设备，应在保险合同中列明其名称与价格清单，按照实际价值相应增加保险金额。新增设备随保险车辆一并折旧。

（二）第三者责任险的责任限额

每次事故的责任限额，由投保人和保险人在签订保险合同时按5万元、10万元、20万元、50万元、100万元和100万元以上不超过1 000万元的档次协商确定。主车与挂车连接时发生保险事故，保险人在主车的责任限额内承担赔偿责任。

（三）附加险的保险金额或责任限额

不同的附加险，其保险金额或责任限额的确定方法不同。例如，车辆停驶损失险的保险金额按照投保时约定的日赔偿金额乘以约定的赔偿天数确定，约定的日赔偿金额最高为300元，约定的赔偿天数最长为60天。车身划痕损失险的保险金额为5 000元。火灾、爆炸、自燃损失险和盗抢险的保险金额由投保人和保险人在投保时的被保险车辆实际价值内协商确定。无过失责任险的责任限额由投保人和保险人在5万元以内协商确定。车上货物责任险的责任限额由投保人和保险人在投保时协商确定。车上人员责任险的每名车上人员责任限额和投保座位数，由投保人和保险人在投保时协商确定，投保座位数以被保险车辆的核定载客数为限。

（四）机动车辆损失保险的保险价值

机动车辆损失保险合同是不定值保险合同。不定值保险合同是指双方当事人在订立保险合同时不预先确定保险标的的保险价值，而是按照保险事故发生时保险标的的实际价值确定保险价值的保险合同。

四、机动车辆保险的保费计算

（一）车辆损失险的保险费计算

对同一类型机动车辆的维修来说，新旧车辆的修理费基本上是相同的，然而从市场价值来说，新旧车辆的价格相差很大，如果只按一个比例收取保险费，保险人将会亏损。为缩小新旧车辆保险费的差距，机动车辆保险的保险费分为两部分：第一部分是基本保费，

这是一个固定保费，无论新旧、价格多少，这部分保险费是一样的；第二部分是按被保险车辆的保险费率计算的保险费。二者之和构成车辆损失险的保险费。计算公式为：

车损险保费＝基本保费＋保险金额×保险费率

（二）第三者责任险的保险费计算

第三者责任险的保险费以被保险人所选择保险人赔付责任限额的档次为标准，每次都有一个固定收取保险费的标准，它不随车辆的新旧、价格的高低而变化。

五、机动车辆保险的理赔

（一）车辆损失险的赔偿

1. 全部损失

全部损失是指保险标的整体损毁，或保险标的受损严重，失去修复价值，保险公司推定全损。被保险车辆全部损失时，按保险金额计算赔偿金额，但若保险金额高于实际价值，以不超过出险当时的实际价值计算赔偿金额。

2. 部分损失

部分损失是指被保险车辆受损后，未达到整体损毁或推定全损程度的局部损失。

被保险车辆的保险金额达到投保时的保险价值（即保单上载明的新车购置价），无论保险金额是否低于出险当时的保险价值，发生的部分损失都按照实际修复费用赔偿。即

赔款＝(实际修复费用－残值)×(1－免赔率)

被保险车辆的保险金额低于保险价值，发生的部分损失按照保险金额与投保时的保险价值比例计算赔偿。即

$$赔款=(恢复费用-残值)\times\frac{保险金额}{保险价值}\times(1-免赔率)$$

3. 被保险车辆损失最高赔偿额以保险金额为限

被保险车辆按全部损失计算赔偿金额或部分损失一次赔款等于保险金额时，车辆损失险的保险责任即告终止。但被保险车辆在保险有效期内，不论发生一次还是多次保险责任范围内的部分损失或费用支出，只要每次赔偿未达到保险金额，其保险责任仍然有效。

（二）第三者责任险的赔偿

保险车辆发生第三者责任事故时，按《道路交通事故处理办法》和有关法律、法规及保险合同的规定，在保险单载明的赔偿限额内核定赔偿数额。对被保险人自行承诺或支付的赔偿金额，保险人有权重新核定或拒绝赔偿。

(1) 第三者责任保险事故赔偿后，对受害第三者的任何赔偿费用的增加，保险人不再负责。

(2) 第三者责任险的保险责任为连续责任，即保险车辆发生第三者责任保险事故，保险公司赔偿后，对于每次事故，无论赔款是否达到保险赔偿限额，在保险期限内，第三者责任险的保险责任仍然有效，直至保险期满。

（三）残值处理

被保险车辆、第三者的财产遭受损失后的残余部分，应由保险人同被保险人协商作价折给被保险人，并在计算赔款时直接扣除。

（四）免赔额规定

根据保险车辆驾驶人员在事故中所负责任，车辆损失险和第三者责任险在符合赔偿规定的金额内实行绝对免赔率：负全部责任的免赔20%，负主要责任的免赔15%，负同等责任的免赔10%，负次要责任的免赔5%；单方肇事事故的绝对免赔率为20%。

课堂讨论：
为什么要设立免赔额？

（五）无赔款优待

1. 优待条件

（1）保险期限必须满一年。

（2）保险期内无赔款。

（3）保险到期办理续保。

2. 优待标准

保险车辆在一年保险期限内无赔款，续保时可享受无赔款减收保险费优待，优待金额为本年度续保险种应交保险费的10%。被保险人投保车辆不止一辆的，无赔款优待分别按车辆计算。上年度投保的车辆损失险、第三者责任险、附加险中任何一项发生赔款，续保时均不能享受无赔款优待。不续保者不享受无赔款优待。上年度无赔款的机动车辆，如果续保的险种与上年度不完全相同，无赔款优待则以险种相同部分为计算基础；如果续保的险种与上年度相同，但投保金额不同，无赔款优待则以本年度保险金额对应的应交保险费为计算基础。机动车辆连续几年无事故，无赔款优待会相应提高，但优待比例最高不应超过30%。

案例分析 4-4

某甲车主将其所有的车辆向A保险公司投保了保险金额为20万元的车辆损失险，乙车主将其所有的车辆向B保险公司投保了赔偿限额为50万元第三者责任险。在保险期间发生交通事故，导致甲发生财产损失18万元和货物损失2万元；乙发生损失15万元和货物损失5万元。经交通管理部门裁定，甲车主负主要责任，为60%；乙车主负次要责任，为40%。按照保险公司免赔规定：负主要责任免赔15%，负次要责任免赔5%。那么：（1）A保险公司应赔偿多少？（2）B保险公司应赔偿多少？

分析：（1）A保险公司应赔偿金额＝甲车车辆损失×甲车的责任比例×(1－免赔率)＝18×60%×(1－15%)＝9.18（万元）；（2）B保险公司应赔偿金额＝甲车车辆损失和货物损失×乙车的责任比例×(1－免赔率)＝(18＋2)×40%×(1－5%)＝7.6（万元）。

第四节　货物运输保险

一、货物运输保险的种类

按照货物运输范围分类，货物运输保险可分为国内货物运输保险和进出口货物运输保险。

按照运输方式和运输工具分类，货物运输保险可分为直运货物运输保险、联运货物运输保险、集装箱运输保险和邮包险。

本节只介绍进出口货物运输保险中的海洋货物运输保险。

二、海洋货物运输保险的保险责任

我国的海洋货物运输保险的保险责任条款与国际保险市场上的规定基本一致。从承保险别上，可划分为基本险和附加险。基本险包括平安险、水渍险和一切险；附加险是指一般附加险、特别附加险和特殊附加险。

（一）基本险的责任范围

1. 平安险的保险责任

平安险是我国保险业的习惯叫法，在英文中简称为FPA，其英文原意为“单独海损不赔”。所谓“单独海损”，英国《1906年海上保险法》的解释为：“单独海损是指承保风险造成的保险标的的部分损失，是共同海损以外的损失。”所谓“单独海损不赔”，是指保险人对被保险人遭受的部分损失不予赔偿，因而过去常把平安险理解为只赔全部损失。英国《1906年海上保险法》规定：“如果保险标的按不保单独海损投保，除非保险单所包含的合同是可分割的，否则被保险人遭受的部分损失将不能得到赔偿”“但如是可分割的，则被保险人可以对任何保险标的可分割部分的全损得到赔偿”。

平安险的保险责任范围包括：

（1）被保险货物在运输途中由于恶劣天气、雷电、海啸、地震、洪水等自然灾害造成整批货物的全部损失或推定全损。当被保险人要求赔付推定全损时，须将受损货物及其权利委付给保险公司。被保险货物用驳船运往或运离海轮的，每一驳船所装的货物可视作一个整批。

推定全损是指被保险货物的实际全损已经不可避免，或者恢复、修复受损货物以及运送货物到原定目的地的费用超过该目的地的货物价值，因而推定货物全部损失。

（2）由于运输工具遭受搁浅、触礁、沉没、互撞、与流冰或其他物体碰撞以及失火、爆炸等意外事故造成货物的全部或部分损失。

（3）在运输工具已经发生搁浅、触礁、沉没、焚毁等意外事故的情况下，货物在此后又在海上遭受恶劣天气、雷电、海啸等自然灾害所造成的部分损失。

（4）在装卸或转运时由于一件或数件整件货物落海造成的全部或部分损失。

（5）被保险人对遭受承保责任内危险的货物采取抢救、防止或减少货损的措施而支付的合理费用，但以不超过该批被救起货物的保险金额为限。

（6）运输工具遭遇海难后，在避难港由于卸货所引起的损失以及在中途港、避难港由于卸货、存仓以及运送货物所产生的特别费用。

（7）共同海损的牺牲、分摊和救助费用。

（8）运输契约订有“船舶互撞责任”条款，根据该条款规定应由货方偿还船方的损失。

从上述保险责任范围来看，平安险的保险责任范围已经不仅限于全部损失，还包括了某些情况下的部分损失，也包括一些费用。

2. 水渍险的保险责任

水渍险也是我国保险业沿用已久的名称，在英文中简称WA或WPA，意为“负单独海损责任”。水渍险的保险范围比平安险广。

水渍险的保险责任既包括平安险的各项责任，也包括被保险货物由于恶劣天气、地震、洪水等自然灾害所造成的部分损失。

3. 一切险的保险责任

一切险在英文中简称 AR。其范围除包括上述平安险和水渍险的各项责任外，还负责被保险货物在运输途中由于外来原因所致的全部或部分损失。其实，一切险是平安险、水渍险和 11 种一般附加险的总和，但是，一切险并非对运输途中的一切风险都负责，它仅负责那些可能发生的，但不是必然发生的，同时必须是外来原因所引起的损失。至于非偶然发生的或非外来原因所引起的损失，都不包括在一切险的责任范围之内，如由于货物的内在缺陷和自然损耗等所造成的损失。

（二）附加险的责任范围

（1）一般附加险。包括 11 种：偷窃和提货不着险、淡水雨淋险、短量险、混杂玷污险、渗漏险、碰损破碎险、串味险、受潮受热险、钩损险、包装破裂险以及锈损险。

（2）特别附加险。包括 6 种：交货不到险、进口关税险、舱面险、拒收险、出口货物到香港（包括九龙在内）或澳门存仓火险责任扩展条款、黄曲霉素险。

（3）特殊附加险。海上货物运输保险的特殊附加险包括战争险和罢工险两种。这两个险种都有单独的、完整的保险条款。

三、海洋货物运输保险的保险金额

海洋货物运输保险的保险金额采取定值保险方式，并通常按以下三种价格标准择一确定：

（1）离岸价。即以起运地发票价加装船前的一切费用作为保险金额。

（2）成本加运费价。即以起运地货物本身的价格加运杂费作为保险金额。

（3）到岸价。即起运地货物本身的价格加运杂费再加保险费。

在上述三种价格条件中，到岸价是保障最充分的价格条件。如果采取到岸价成交，则货物运输保险由卖方办理并承担保险费用；如果采取前两种价格成交，则保险手续由买方办理并承担保险费。在国内，保险人确定货物保险金额的依据通常是起运地成本价、目的地成本价和目的地市场价中的一种。

四、海洋货物运输保险的责任起讫

海洋货物运输保险采取“仓至仓”制，即自被保险货物运离保险单所载明的起运地仓库或储存处所时生效，包括正常运输过程中的海上、陆上、内河和驳船运输在内，直至该项货物到达保险单所载明目的地收货人的最后仓库或储存处所或被保险人用做分配、分派或非正常运输的其他储存处所为止。如未抵达上述仓库或储存处所，则以被保险货物在最后卸载港全部卸离海轮后满 60 天为止。如在上述 60 天内被保险货物需转运到非保险单所载明的目的地，则以该项货物开始转运时终止。

五、海洋货物运输保险的理赔

（一）对全损的赔偿

对全损的赔偿以保险单中载明的保险金额为准，在扣除免赔额后全部赔偿（如保单有免赔额规定）。

例如，某公司出口苦杏仁 100 箱，保险金额为 6 万元，因海上自然灾害货物全部受损，保险公司全部赔付，部分货物折价出售获款 3 000 元，归保险公司所有。

（二）对部分损失的赔付

1. 数量（重量）损失的计算

当货物部分灭失或数量短少时，以灭失的数量（重量）占保险货物总量（或总重量）

之比乘以保险金额计算赔款。其计算公式为：

$$赔款=保险金额\times\frac{损失数量(或重量)}{保险货物总量(或总重量)}$$

例如，大米 100 包，每包 200 千克，保险金额为 4 万元，到岸后货物短少 700 千克，赔款应为：

$$赔款=40\ 000\times\frac{700}{200\times100}=1\ 400(元)$$

2. 质量损失的计算

当整件货物部分受损，但受损货物仍有一定使用价值时，应先确定受损货物的残余价值，计算出贬值率，然后按保险金额计算赔款。其计算公式为：

$$赔款=保险金额\times\frac{货物完好价值-受损后价值}{货物完好价值}$$

货物完好价值和受损后的价值，一般均以货物运抵目的地检验时的市价为准，如受损货物中途被处理，则以处理地的市价为准。

例如，一批生丝投保水渍险，保额为 10 万元，在运输途中遭台风袭击受损，目的地的完好价值为 12 万元，受损后的价值为 7.5 万元，保险赔款应为：

$$赔款=100\ 000\times\frac{120\ 000-75\ 000}{120\ 000}=37\ 500(元)$$

案例分析 4-5

有一批货物出口，货主以定值保险的方式投保了货物运输保险，按投保时实际价值与保险人约定保险价值为 100 万元，保险金额也为 100 万元。货物在运输途中发生保险事故，出险时当地的完好价值为 80 万元。问：(1) 如果货物全损，保险人如何赔偿？赔款为多少？(2) 如果为部分损失，损失程度为 60%，则保险人如何赔偿？赔款为多少？

分析：(1) 按照定值保险的规定，发生保险事故时，以约定的保险金额为赔偿金额，因此，保险人应当按保险金额赔偿，其赔偿金额为 100 万元。(2) 保险人采用比例赔偿方式。赔偿金额＝保险金额×损失程度＝100×60%＝60（万元）。

第五节 建筑工程保险

一、建筑工程保险的承保范围

（一）建筑工程保险的被保险人

建筑工程保险项下的被保险人是指在工程建设期承担风险或具有利益关系的各方。在一张建筑工程保险保险单中可以有多个被保险人，即涉及被保险工程的有关各方都可视为所需保障的被保险人。一般包括：

(1) 建筑单位，即工程项目所有人，也称发包方、业主。

（2）施工单位，即工程承包人或转承包人。

（3）技术顾问，指由工程所有人聘请的建筑师、设计师、工程师等专业顾问，对建筑工程进行设计、提供咨询和监督。

（4）其他关系方，如贷款银行等。

（二）建筑工程保险承保的项目及保险金额

（1）建筑工程及材料（包括永久和临时工程及其材料）。该项目主要包括建筑工程合同内规定建设的建筑主体工程、建筑物内的装修设备、配套的道路和桥梁、水电设施等土木建筑项目，存放在工地的建筑材料、设备及临时的建筑工程。该项保险项目的保险金额为承包工程合同的总金额，即建设该项目的实际价格，其中包括设计费、材料设备费、施工费（人工及施工设备）、运杂费、税款及其他有关费用。

（2）所有人提供的材料及项目。该项目包括在承包工程合同金额内由所有人提供的物料及负责建造的项目。其保险金额按重置或重建价确定。

（3）安装工程项目。该项目是指建筑工程内部的安装项目，如取暖、照明、空调、电话等机器设备的安装项目。其保险金额按重置或重建价确定。

（4）建筑用机器、装置及设备。该项目是指施工用的各类机器、装置和设备，如起重机、推土机等。

（5）场地清理费。该项费用是指发生灾害事故后为清理场地所支付的费用。

二、建筑工程保险的保险责任

（一）承保范围

1. 承保的损失和费用

建筑工程保险承保由于下列原因造成的损失和费用：

（1）洪水、潮水、水灾、地震、海啸、暴雨、雪崩、山崩、冻灾、冰雹及其他自然灾害。

（2）雷电、火灾、爆炸。

（3）飞机坠毁、飞机部件或飞行物体坠落。

（4）盗窃。

（5）工人和技术人员违反操作规程或破坏行为。

（6）原材料或工艺不善引起的其他财产损失。

（7）责任免除以外的其他不可预料的自然灾害和意外事故。

2. 建筑工程保险第三者责任保险

这是建筑工程保险的附加险。由于建筑工程项目在建筑期间屡有意外事故发生，造成工地及邻近地区第三者的人身伤亡或财产损失，承包人可在投保建筑工程保险时，加保第三者责任保险，从而转嫁这部分风险。

（二）注意事项

第一，建筑工程保险所承保的建筑工程在保险期限内，因发生意外事故，造成工地及邻近地区的第三者人身伤亡、疾病或财产损失，依法应由被保险人负责时，以及被保险人因此而支付的诉讼费用或事先经保险公司书面同意支付的其他费用，均可由保险公司负责。

第二，对每一次事故的赔偿金额以根据法律或政府有关部门裁定的应由被保险人偿付的数额为准，但不能超过保单列明的赔偿限额。

案例分析 4-6

2014 年 4 月，谢某作为投保人向某保险公司投保了“建筑工程一切险”，合同中约定的工程名称：某物流公司 A2、A3、A4 栋石材幕墙施工工程，保险项目包括：工程物质损失累计赔偿限额 117.8 万元；地震、海啸赔偿限额 84.24 万元；工程物质损失免赔额 3 000 元，工程物质损失免赔率 15%；第三者责任累计赔偿限额 100 万元；第三者责任每次事故财产损失免赔额 3 000 元，第三者责任每次事故财产损失免赔率 15%；第三者责任事故赔偿 100 万元，第三者责任每次事故财产损失赔偿限额 10 万元，第三者责任每次事故每人人身伤亡赔偿限额 30 万元，第三者责任每次事故人身伤亡赔偿限额 50 万元。保险期限：建筑、安装工程保险期间，共 8 个月，自 2014 年 4 月 18 日零时起至 2014 年 11 月 20 日 24 时止。同时，谢某也投保了“建筑施工人员团体意外伤害保险”，保险项目包括：意外身故、残疾给付，每人保险金额 50 万元；意外医疗费用补偿，每人保险金额 50 000 元，每次事故门诊、急症限额 5 000 元，每次事故免赔 100 元，给付比例：100%。保险期限：自 2014 年 4 月 18 日零时起至 2014 年 11 月 20 日 24 时止。

2014 年 10 月 19 日 14 时 36 分，施工工程发生人员高处坠落的事故，事故造成 3 人死亡，11 人受伤，直接经济损失 590 万元。事故发生后，谢某向人保某市分公司提出理赔申请，保险公司审核资料后于 2016 年 4 月出具了《拒赔通知书》。2016 年 9 月，谢某作为原告向佛山市禅城区人民法院提起诉讼，要求人保某市分公司赔偿保险赔偿金共计 3 424 868.75 元（其中，建筑施工人员团体意外伤害保险：2 146 868.75 元；建筑工程一切险：1 278 000 元），并承担本案的诉讼费。

法院经审理后认定：2014 年 2 月物流公司将 A2、A3、A4 工程发包给原告谢某，2014 年 9 月，A1 栋外立面整饰工程启动，该工程物流该公司并没有签订书面合同。谢某在 2014 年 4 月投保时的真实意思表示应为就其承接的 A2—A4 栋外墙石材施工工程，而不可能包含尚未承接的 A1 栋装饰工程；谢某未申请变更上述两份合同的工程范围，人保某市分公司承担责任的范围以合同载明的工程范围为限。最终法院判决：驳回原告谢某的全部诉讼请求。

三、建筑工程保险的保险期限

建筑工程保险的保险单上有一个列明的保险期限，但保险人实际承担保险责任的起讫时间往往要根据保险工程的具体情况确定。工程项目中已交付的部分项目发生保险责任范围内的损失，尽管发生损失的时间在保险单列明的保险期限内，但保险人对上述损失不承担赔偿责任。因此，投保人根据工程的具体情况可以向前追溯至运输期和制造期，向后延至试车期、保证期。

（一）制造期

在建筑工程保险项下承保制造期的风险是采取间接的方式，即不是以制造商作为被保险人，直接承保其在制造过程中的各种风险，而是以扩展的方式，承保工程项目中所采用的设备、制成品和原材料在其制造过程中的潜在缺陷风险在主工期内造成的损失。

（二）运输期

与建筑工程保险相关的运输期风险，主要是指与工程有关的材料和设备在运往工地过程中的风险。这种风险可以通过在建筑工程保险项下以扩展的方式承保内陆运输风险分散，该附加险的保险责任和除外责任与建筑工程保险是一致的。采用在建筑工程保险项下扩展运输期风险的方式，较好地解决了运输期的风险责任和建筑工期的风险责任的衔接问题。因为用于建筑工程项目的设备等货物运至工地后，在一般情况下，往往要在工地内存放一段时间才开箱安装或使用。这样，一旦在开箱时发现货物损坏，就很难分清该损失是发生在运输期间还是发生在运抵工地后的存储期间，其赔偿责任应由谁承担也难以确定，以扩展方式承保运输期间风险就有效地解决了这一问题。

（三）建筑安装期

1. 保险责任的开始

(1) 保险工程破土动工之日。即被保险人的施工队伍进入工地，开始实质性的施工。

(2) 保险工程的材料、设备运抵工地。即这些材料、设备从运输工具上卸到工地，由承保人交付给被保险人。如果这些材料、设备是由被保险人自行采购并用其自己的车辆运回工地的，在车辆进入工地卸货前发生的损失，保险人不负赔偿责任。如被保险人需转嫁此风险，可投保一揽子预约运输保险。

(3) 保险单规定的生效日期。这是保险期限的“上限”，即在任何情况下，建筑安装期保险期限的开始时间不得早于保险单列明的生效日期。

2. 保险责任的终止

(1) 工程所有人对部分或全部工程签发完工验收证书或验收合格。对于保险人而言，注重的是验收并验收合格这一事实。只要是保险工程或其中一部分已经在事实上验收并验收合格，保险人对于这一工程或其中的某一部分保险责任即告终止。

(2) 工程所有人实际占有、使用或接受部分或全部工程。如果工程所有人在对保险工程未进行验收合格之前，需要实际占有、使用或接受部分或全部工程，保险责任从这时起即告终止。

(3) 保险单规定的终止日期。这是保险期限的“下限”，即在任何情况下，建筑安装期保险期限的终止不得迟于保险单列明的终止日期。

（四）试车期

机器设备在安装完毕后，投入生产性使用前，为了保证正式运行的可靠性、准确性，必须进行试车。试车期通常被认为是风险相对集中的时期。因此，保险人只对新机器在试车期内因试车引起的损失、费用和责任承担赔偿。如果被保险设备是“已被使用过的设备”或“转手设备”，一旦投入试车，保险责任即告终止。

试车期一般不超过3个月。试车期应连续计算，而不应将安装过程中可能出现的断断续续的试车时间进行累计计算。如果被保险人不附加投保试车期，保险人不承担因试车造成的损失，但保险标的在试车期内因非试车原因造成的损失，保险人仍应对物质部分保险责任负责，因为试车期是包含在工程的工期之内的。

（五）保证期

根据工程合同的规定，承包商对于所承建的工程项目在工程验收并交付使用之后的一定时期内，如果建筑物或被安装的机器设备存在建筑或安装的质量问题，甚至造成损失的，承包商对于这些质量问题和损失应承担修复或赔偿责任。因此，保险人可以根据承包商的要求扩展承保保证期。保证期的保险期限与工程合同中规定的保证期一致，从工程所有人对部分或全部工程签发完工验收证书或验收合格，或者工程所有人实际占有、使用或接受该部分或全部工程时起算，以先发生者为准。保证期一般不包含在工程工期内，是否投保，由投保人自己决定，如需要投保，必须增加相应保险费。保证期有以下三种类型：

(1) 有限责任保证期。主要承保在保单上载明的保证期内，承包人在履行工程承包合同所规定的保修、保养或维护义务过程中造成的工程本身的物质损失，如碰撞、疏忽等引起的损失。但对于火灾、爆炸以及自然灾害造成的损失一概不负责。

(2) 扩展责任保证期。这是指在承保上述责任的同时，还对在工程完工证书签发前的建筑或安装期内，由于施工原因导致保证期内发生的保险工程的物质损失（如施工方式缺陷或隐患引起的损失）进行承保。

(3) 特别扩展保证期。根据特别扩展保证期条款，特别扩展保证期开始后，保险人对因材料缺陷、工艺不佳、安装错误以及设计错误等原因造成保险财产的损失负责赔偿，对火灾、爆炸以及自然灾害造成的损失不负责，对于第三者责任损失也不予负责。

四、建筑工程保险的赔偿处理

（一）赔偿方式

建筑工程保险的赔偿方式有三种：

(1) 支付赔款。根据保险财产受损的情况，核定准确的损失金额，以现金的形式支付给被保险人。

(2) 修复。在保险财产遭受部分损失并可以修复的情况下，保险人支付费用对保险财产进行修复。这种修复工作可以由被保险人自己进行，也可以委托第三者进行。

(3) 重置。在保险财产的损失程度已经达到全部损失或者修复的费用将超过保险财产原有价值（保险金额）的情况下，保险人支付费用对保险财产进行重置。

值得注意的是，保险赔偿方式的选择权掌握在保险人手中，而不是被保险人。

（二）赔偿标准

1. 部分损失的赔偿标准

对于可以修复的部分损失，保险人支付修理费将保险财产修复到受损前的状态。如果修复中有残值存在，残值应在保险人赔款中扣除。

2. 全部损失或推定全损的赔偿标准

在全部损失的情况下，保险人按照保险金额扣除残值后进行赔偿。如果发生推定全损，保险人有权不接受被保险人对受损财产的委付。

（三）保险金额与赔偿限额的减少与恢复

保险人对部分物质损失和对第三者责任的损失进行赔偿之后，保险合同项下的保险金额和责任限额就相应减少了。如果被保险人希望继续得到充分的保障，就必须进行保险金额的恢复。对于被保险人要求恢复保险金额的，可以按照约定的费率追加保险费后恢复保险金额。其期限是从“损失发生之日”起算，而不是从“恢复之日”起算。

（四）第三者责任损失的赔偿

第三者责任保险中，保险人在赔偿处理上拥有绝对的控制权，被保险人未经保险人同意不得擅自做出任何决定。如果保险损失是第三者造成的，保险人在对被保险人进行赔偿之后，就取得了代位求偿的权利。保险人在求偿过程中，可以要求被保险人提供必要的配合。

（五）免赔额的扣除

保险人在赔偿时，应先按保险合同的规定扣除每次事故的免赔额。保险人在扣除免赔额时应注意以下问题：

（1）应按保险单的规定，分别对不同的项目扣除适用的免赔额。

（2）若多个保险项目因同一事故发生损失，则只扣除最高的一个免赔额。

（3）若免赔额和免赔率同时适用，应以较高者为准。

（4）若损失金额超过保险金额，应从损失金额中扣除免赔额。

（5）若被保险人是多个关系组成时，免赔额的承担应在被保险人之间进行分摊；如果有多张保险单承保同一标的的损失，赔偿额要按保险单的规定进行分摊。

本章小结

财产保险是以各种财产物资和有关利益为保险标的，以补偿投保人或被保险人的经济损失为基本目的的一种社会化经济补偿制度，是商业保险的一种。

财产保险业务主要包括企业财产保险、家庭财产保险、机动车辆保险、货物运输保险、建筑工程保险等。企业财产保险可以分为主险和附加险。其中主险按责任范围不同又分为基本险、综合险和一切险。企业财产的性质不同，保险额的确定不同，赔款计算方式也不同。家庭财产保险尚在发展阶段，险种还有待于开发，就目前而言，家庭财产保险按照财产损失的原因可分为灾害损失保险和盗窃险。机动车辆保险以各种机动车辆为保险标的，所承保的机动车辆以各类汽车为主。在机动车辆保险业务中，一般只以一种机动车辆保险条款承保各种不同种类的机动车辆，其保险责任分为车辆损失险和第三者责任险两种基本险别，除此之外，机动车辆保险还包括一些附加险，它们是针对车辆损失险和第三者责任险的部分责任免除而设计的，主要包括全车盗抢险、玻璃单独破碎险、不计免赔特约条款等险种。货物运输保险是国际贸易的必要组成部分，对国际贸易和国内贸易都有着重要的意义。建筑工程险的被保险人是指在工程建设期承担风险或具有利益关系的各方，在一张建工险保险单中可以有多个被保险人。

重点概念

企业财产保险　　家庭财产保险　　货物运输保险
机动车辆保险　　建筑工程保险

复习思考题

一、判断题

1. 财产保险是以有形财产为保险标的的保险。（　）
2. 财产受押人对抵押财产没有保险利益。（　）
3. 家庭财产两全保险有经济补偿和到期还本的双重性质。（　）
4. 企业财产保险承保自然灾害和意外事故引起的保险标的的损失，包括物质的直接

损失和合理的费用。（　　）

5. 流动资产的保险价值是出险时的账面余额。（　　）

6. 必要、合理的施救费用加上保险标的损失金额，不应超过总保险金额。（　　）

7. 海洋货物运输保险通常属于定值保险。（　　）

8. 建筑工程保险的被保险人只有一个，即工程承包人。（　　）

二、选择题

1. 财产保险合同的首要原则是（　　）。

A. 损失赔偿原则　B. 代位求偿原则
C. 分摊原则　D. 近因原则

2. 下列不属于财产保险基本险责任范围的是（　　）。

A. 火灾　B. 施救费用　C. 地震　D. 雷击

3. 机动车辆损失保险的保险责任不包括（　　）。

A. 碰撞责任　B. 暴风　C. 倾覆　D. 自然磨损

4. 财产保险业务中最原始、最重要的保险对象是（　　）。

A. 有形的物质财产　B. 无形的财产
C. 派生的经济利益　D. 损害赔偿责任

5. 下列属于机动车辆保险责任范围的有（　　）。

A. 自然磨损　B. 人工直接供油
C. 碰撞损失　D. 酒后驾车

6. 机动车辆保险采用（　　）保险方式。

A. 不定值　B. 定值　C. 定额　D. 变额

7. 建筑工程采用全部承包方式的，建工险的投保人通常是（　　）。

A. 承包人　B. 业主　C. 技术顾问　D. 贷款银行

8. 财产保险合同从性质上说都是（　　）。

A. 实践性保险合同　B. 强制性保险合同
C. 补偿性保险合同　D. 给付性保险合同

9. 企业财产保险综合险承保的风险包括（　　）。

A. 敌对行为　B. 暴风、暴雨
C. 罢工和暴动　D. 地震

三、简答题

1. 企业财产保险的保险金额如何确定？

2. 简述车辆第三者责任险的保险责任与除外责任。

四、案例分析题

案例一

某保险公司承保某企业财产保险，其保险金额为560万元，在保险合同有效期内的某日发生了火灾，损失额为400万元，出险时财产的实际价值为700万元。

问题：试计算保险公司的赔偿金额。该保险是超额保险还是不足额保险？为什么？

案例二

甲、乙两车相撞，经交管部门裁定，甲车车损10万元，货物损失12万元；乙车车损

22 万元，医疗费 4 万元，货物损失 14 万元。甲车负主要责任，承担经济损失的 70%；乙车负次要责任，承担经济损失的 30%。甲车和乙车均投保了车辆损失险和第三者责任险，甲车在 A 保险公司投保了保险金额为 16 万元的车辆损失险，赔偿限额为 50 万元的第三者责任险；乙车在 B 保险公司投保了保险金额为 20 万元的车辆损失险，赔偿限额为 20 万元的第三者责任险。

问题：在不考虑免赔额的条件下，分别计算 A、B 保险公司对甲、乙两车的被保险人各应承担的赔偿金额。

第五章
人身保险

学习目标

1. 了解人身保险的分类；
2. 掌握死亡保险、生存保险和两全保险的内容；
3. 掌握意外伤害保险可保风险的构成条件；
4. 掌握健康保险的特征和主要险种的内容。

第一节 人寿保险

一、人寿保险的概念

人寿保险简称寿险，是以被保险人的寿命为保险标的、以生死为给付保险金条件的人身保险。即当被保险人死亡或生存达到合同约定的年龄、期限时，由保险人给付保险金。

人的寿命是个抽象的概念，当人的寿命作为保险对象时，它是以人的生存和死亡两种形式存在的。这一切体现在以人的生存作为给付条件的生存保险和以人的死亡作为给付条件的死亡保险，以及在保险期限内无论是死亡还是生存到期满，保险人都给付保险金的两全保险。

人寿保险是人身保险中产生得最早的一个险种。在一段较长的时期内，人们一直认为死亡是人类面临的最大的人身风险。因此，早期的人寿保险专指死亡保险。随着社会经济的发展，人们不仅希望生存，而且希望长寿，由于维持生存和长寿需要支付相当的生活费用，所以实际上也有一种风险。为此，又出现了生存保险以及将死亡保险和生存保险相结合的两全保险。由于一个人无法预知自己寿命的长短，期满时一次性给付保险金的生存保险不能为养老的需要提供充分保障，后来又进一步产生了年金保险。

人寿保险发展到今天，已有三百余年的历史，它对安定人民生活、促进社会稳定、保证国家长治久安，都起着十分积极的作用。在许多国家，寿险已成为千家万户必不可少的社会经济项目。

二、人寿保险的基本特征

（一）承保风险的特殊性

人寿保险承保风险的特殊性体现在两个方面：一方面从整体上说，人寿保险承保风险具有一定的稳定性；另一方面从个体上说，人寿保险承保风险又具有变动性。在人寿保险中，被保险人在保险期限内死亡或满期生存，保险人都有可能给付保险金，故人寿保险的纯保险费是依据被保险人在一定时期内死亡或生存的概率来计算的。我们知道人的死亡是必然事件，最终一定会发生且发生的结果也是确定的，它的不确定性表现为发生的时间，也就是说，每个人的死亡时间是无法预测的。正是人的生命固有的这种不确定性，才产生了保障由于死亡引发损失的保险的必要性。

一般说来，人的生命力和寿命的变化有一定的规律性，通过对过去经验的仔细观察，对大量统计资料进行的科学处理，有可能估计一年中某一特定群体中有多少人将死去。这一特定群体的死亡人数与总数的百分比就是这一群体的死亡率。人寿保险以年龄和性别为划分标准，根据多年业务实践中数以万计的被保险人的生命资料，统计出不同年龄、不同性别的人的死亡率，并列在统一的表格中，供保险人计算各种保险费率、责任准备金及进行利源分析。此表被称为生命表，即由不同年龄、不同性别的人的死亡率、生存率组成的统计表。当然，生命表不是一成不变的，要随着社会的发展和时代的前进不断地修正。

生命表的发明，使人寿保险所承保的风险从整体上看具有相对的稳定性。但根据生命表，我们又可以看出每个人一生中，在不同年龄阶段的死亡概率和生存概率是不同的。统计资料表明，人的死亡风险随着年龄的增长而逐年增加，使风险从个体上看具有变动性。

（二）保险利益的特殊性

人寿保险的保险利益是根据人与人的关系来确定的。以我国为例，我国《保险法》主要是采取限制家庭成员关系范围并结合被保险人同意的方式，对人寿保险合同的保险利益加以确认。这是由保险标的不同而决定的。家庭关系的范围主要限制在以下三类人：

（1）本人；

（2）配偶、子女、父母；

（3）与投保人具有抚养、赡养或扶养关系的家庭其他成员、近亲属。

另外，被保险人同意投保人为其订立合同的，视为投保人对被保险人具有保险利益。

（三）保险金额的特殊性

人寿保险的保险金额不是以保险标的的价值为依据确定的。由于人的寿命或身体的价值不能用金钱来衡量，因此，人寿保险合同就无法通过保险标的的价值确定保险金额。一般情况下，人寿保险合同的保险金额由投保人根据被保险人对人身保险的需要和投保人的缴费能力，在法律允许的范围与条件下，与保险人协商确定。

人寿保险合同属于定额保险合同。人寿保险不存在超额保险，也不存在不足额保险，更不存在重复保险。另外，在很多人寿保险合同中，只规定保险人在一定时期内每次给付保险金的数额，而不规定保险金额，也就是不确定最高给付限额。如养老年金保险，由于被保险人生存期限无法确定，因此只约定每期领取金额，而一般不约定最高限额，领取保险金的次数及总额只有到被保险人死亡时才能知道。

（四）保险费率的特殊性

人寿保险采取均衡费率来收取保险费。根据生命表我们可以看出，由于人的死亡风险随着人的年龄逐年增加，在人寿保险中，如果以每一年的死亡率为计算保险费的依据，就会出现年轻的投保人交费负担较轻，年老的投保人交费负担过重的情况。当被保险人年老时，一方面由于劳动能力减弱而减少劳动收入，另一方面却要交纳较高的保险费，而老年时期是最需要保险保障的时期，但由于费用负担过重，投保人可能会放弃投保，这将不利于保险业务的开展，也使被保险人得不到充分的保障。

为了克服短期保险中的不平衡性，人寿保险一般采用长期性业务。保险期限少则几年，多则十几年或几十年以至终身。同时采取按分期均衡费率计算保费，即在投保人交费的早期，把被保险人应该在若干年内所交纳的保险费总额平均分摊至每一年收取，使保险人每年收取的保险费不随被保险人死亡率的变化而逐年变化，而是每年收取相同的保险费。这样使得被保险人每年交纳保险费的负担比较均衡，不致因费用负担过重而使被保险人在晚年得不到保险保障。均衡费率不反映被保险人当年的死亡率，与反映被保险人当年死亡率的自然费率是不一致的。保险早期的均衡费率高于自然费率，保险后期的均衡费率低于自然费率。保险人用保险前期多收的保险费弥补保险后期不足的保险费，这样既可以使投保人经济负担均衡，又可以保证被保险人晚年能享受到保险保障。

（五）保险理赔的特殊性

人寿保险属于约定给付性合同。人寿保险合同发生约定的事件后，保险人依合同中约定的金额给付保险金，而不以保险事故发生造成的实际损失计算，也不实行比例分摊和代位求偿，因为人的生、死、伤、残、病等情形是无法从经济上衡量其实际损失额的。以伤残为例，伤残可能会使一个收入和地位都很高的人变得一贫如洗，失去劳动能力，要想精确计算伤残给一个人带来的损失几乎是不可能的。被保险人可以持有若干份保险单，并可依这些合同分别取得保险金。如果事件是由第三者造成的，被保险人还有权按照有关法律向第三者要求赔偿。

三、人寿保险的种类

（一）按保险事故分类

按保险事故划分，可分为死亡保险、生存保险和两全保险。

1. 死亡保险

死亡保险是以被保险人的死亡作为给付保险金条件的保险。死亡保险所保障的是避免由于被保险人死亡而使其家属或依其收入生活的人陷入困境。按照保险期限的不同，死亡保险又可分为定期死亡保险和终身死亡保险。

(1) 定期死亡保险。习惯上称为定期保险，是一种以被保险人在保险合同规定期间发生死亡事故而由保险人负责给付保险金的保险。具体地说，如果被保险人在保险合同中规定的保险有效期内死亡，则保险人根据合同规定给付受益人定额的保险金。如果被保险人在保险期内没有死亡，即在保险期限届满时仍然生存，合同即行终止，保险人无给付义务，亦不退还已收的保险费。

(2) 终身死亡保险。简称为终身寿险或终身保险，是一种不定期的死亡保险。自合同生效之日起至被保险人死亡为止，即保险人对被保险人要终身负责，不论被保险人何时死亡，保险人均依照保险合同的规定给付死亡保险金。终身保险的给付必须以被保险人死亡为条件，被保险人不死亡，则不能领取保险金。当然，这也不是绝对的。通常，被保险人的年龄以 100 岁为限，100 岁以上生存者，亦可以领取终身保险金。终身死亡保险的最大优点是可以得到永久性保障。

2. 生存保险

生存保险是以被保险人在一定时期内继续生存为给付保险金条件的保险。也就是说，只有当被保险人一直生存到保险期限届满时，保险人才按照合同的规定支付生存保险金。若被保险人中途死亡，则不给付保险金，所缴付的保险费也不再退还。生存保险可以使被保险人到了一定期限后领到一定数额的保险金，以满足其生活等方面的需要。

3. 两全保险

两全保险又称生死合险，是将定期死亡保险和生存保险结合起来的保险形式。也就是说，被保险人在保险合同规定的年限内死亡，或合同规定期限届满时仍生存，保险人按照合同均承担给付保险金的责任。两全保险的死亡保险金和生存保险金可以不同，当被保险人在合同有效期内死亡时，保险人按合同规定支付死亡保险金，保险合同终止；被保险人生存至合同期满，保险人则支付生存保险金。因此，这个险种具有如下特点：一是具有保障性和储蓄性双重功能；二是保险费率较高，因其保险责任含有死亡和生存两项；三是不仅保障受益人的利益，而且保障被保险人本人的利益；四是保险单具有现金价值。

两全保险的业务种类很多，主要有：

(1) 普通两全保险。即无论被保险人在保险有效期内死亡还是生存到保险期满，保险人都给付保险金的保险。

(2) 双倍两全保险。即被保险人如果在保险期满时生存，保险人给付一个保险金额的保险金；如果被保险人在保险有效期内死亡，保险人给付两个保险金额的保险金。

(3) 养老附加定期保险。即被保险人如果在保险期满生存，保险人给付一个保险金额的保险金；如果被保险人在保险有效期内死亡，保险人按照生存保险金的若干倍给付保险金。

(4) 联合两全保险。即由几个人联合投保的两全保险。在保险期内，联合被保险人中的任何一人死亡时，保险人给付全部保险金，保单即失效；如果在保险期内，联合被保险人中无一人死亡，保险期届满时保险人也给付保险金，保险金由全体被保险人共同受领。

案例分析 5-1

某两全保险产品

投保年龄：出生满 28 天～55 周岁。

保险期间：20 年、至被保险人 80 周岁。

1. 满期生存保险金

(1) 若保险期间为 20 年：满期时仍生存，按基本保额×12×交费年度数×100%给付。

(2) 若险期间为至 80 周岁：满期时仍生存，按基本保额×12×交费年度数×128%给付。

2. 身故保险金

(1) 被保险人 61 周岁前身故，按基本保额×12×保单年度数×150%给付。

(2) 被保险人 61 周岁后身故。

1) 若保险期间为 20 年，则按基本保额×12×保单年度数×100%给付。

2) 若保险期间为至 80 周岁，按基本保额×12×保单年度数×128%给付。

注：交费期满后为保单年度数。

如 30 岁王先森为自己投保该两全保险，缴费期 10 年，保险期间 20 年，月交保险费共 299 元，则：

身故金：

若第 10 个保单年度内王先生身故，则可获得：299×12×10×150%=53 820(元)。

满期金：

若保险期满王先生仍生存，则可获得：299×12×10×100%=35 880(元)。

(二) 按有无利益分配分类

按照有无利益分配划分，可分为分红保险与不分红保险。

1. 分红保险

分红保险是保险人将每期盈利的一部分以红利形式分配给被保险人的保险。这种保单在设计时已规定固定数额的预定利率，同时保险人承诺将保险公司每期盈余的一部分以红利的形式支付给被保险人，使得被保险人不仅得到了保险保障，而且可以分享保险公司的经营成果。红利的分配方式多种多样，可以领取现金、抵充保费、增加责任准备金或提高保险金额等。

2. 不分红保险

不分红保险是被保险人在缴纳保险费后，没有任何盈利分配的保险。

(三) 按参加保险的人数分类

按参加保险的人数不同划分，可分为单独人寿保险、团体人寿保险和联合人寿保险。

1. 单独人寿保险

单独人寿保险是只有一个被保险人的人寿保险。如简易人寿保险、子女教育婚嫁金保险、家庭人寿保险、优生家庭人寿保险、平安长寿保险、少儿终身平安保险、为了明天保险、永相伴终身保险、常青树终身保险、幸福成长综合保险等。尽管这些险种各自的名称并不相同，具体承保和给付的办法也不完全一样，但一般都具有如下几个特点：

(1) 从保险的责任范围来看。虽然许多寿险险种的保险责任都包括死亡和生存，即带有两全保险的性质，但有些险种更侧重生存责任，而有些更侧重死亡责任。

(2) 从针对的目标群体来看。生存保险的险种有相当大一部分是针对青少年设计的，其对被保险人的年龄要求一般是在 16 周岁以下，投保人是被保险人的父母或抚养人，主要为被保险人提供其成长时期的教育保险金、创业保险金和结婚保险金。

(3) 从保险金额的确定方式来看。一般均采用由双方当事人在订立保险合同时协商确定保险金额的方式，但通常会在保险条款中规定保险金额的上、下限，在此限度内由投保人根据自己的实际情况任意选择保额，但保额不宜过高或者过低。因为如果保额过高，可能会引起道德风险；如果保额过低，又会失去保险的意义。

(4) 从保险金给付的特点来看。人寿保险作为一种定额保险，其保险金额就是保险事故发生时依约给付的金额。当发生保险事故时，被保险人可以从每一份保险合同中分别得到约定的保险金。

此外，人寿保险的保险人不能从被保险人那里取得代位求偿权，不能代替投保人向有过错的第三人进行追偿。如果有过错的第三人应负责任，被保险人或其受益人有权向其要求经济上的补偿。

2. 团体人寿保险

团体人寿保险是以一定社会团体为投保人，以团体全体成员为被保险人，以被保险人指定的家属或其他人为受益人的保险。这种保险的保险金额可以依照被保险人的类别或等级制度确定，在同一类别之内的员工，保险金额是一致的。也就是说，团体人寿保险是以团体为保险对象，由保险人签发一张总的保险单，为该团体的成员提供保障的保险。无论是哪一种团体人寿保险，它一般都具有以下几个特点：

(1) 对团体有一定的选择标准。保险人为了防止团体的“逆选择”，对团体投保有较严格的规定，一是要求投保团体必须是依法成立的组织，且要有自身的专业活动；二是投保团体中参加保险的人数必须达到规定的标准。

(2) 免体检。团体人寿保险一般不要求对每一个被保险人进行体检，这主要是为了简化手续。

(3) 保险金额分等级制定。一般来说，团体人寿保险的被保险人不能自由选择投保金额，一个团体内可以实行单一标准或者划分不同等级标准。

(4) 费率较低。团体人寿保险的费率在各类人寿保险中是偏低的，一是由于手续简化，节省了大量的费用，如管理费、体检费等；二是由于团体人寿保险中被保险人的平均年龄可以经常保持稳定，从而使死亡率保持稳定。团体人寿保险的费率使用也有两个特点：一是实行统一费率，即一个团体实行一个费率，平等对待所有被保险人；二是实行经验费率，即根据团体的给付情况厘定费率标准。

(5) 保障范围比较广泛。一般来说，团体人寿保险多属于人寿保险中的两全保险险种，其除了提供死亡和生存双重保障，如意外或疾病死亡给付、满期生存给付外，还提供残疾保障，相当于一种综合性质的寿险险种。

案例分析 5-2

团体保险在形式上的出现最早可以追溯到 19 世纪，当时奴隶买卖盛行，为确保美国国内运输的黑奴以及中国到巴拿马运送的苦力的安全，出现了专门承保黑奴和苦力的团体保险单。但是，由于当时黑奴和苦力在法律上仅仅是一种财产，因此，这些保险单并不属于人身保险，因此也就不属于团体保险的范畴。19 世纪后期，曾出现了几张具有现代团体保险特征的意外伤害保单，但保险费完全由员工负担，因此，并非是实际意义上的团体保单。当然，也有学者认为 1890 年旅行者保险公司提供消防员的保障是美国的第一份团体健康保险合同。另外值得一提的是，1905 年由美国公平人寿保险社与联合烟草公司签订的一份团体人寿保险单。公平人寿保险社签发一份主保单给联合烟草公司，而每一被保险人获得一张保险凭证，这已经具有了现代意义的团体保险的特征。但是，由于此份保险单是由被保险人个人提出投保申请而不是由雇主自愿投保，同时被保险人必须进行体检，因此这份保险单确切地说仍然是个人保险的简单集合形式，不能算是真正意义上的团体保险。1907 年，美国哥伦比亚大学的海勒·锡格教授明确提出了团体保险的思想：雇主应当对自己雇佣的雇员因为意外事故、疾病、年老所致的伤残、工作能力丧失、死亡等带来的社会问题，承担相应的责任，其最好的方式就是由雇主支付保险费为雇员购买保险。1911 年 6 月，美国公平人寿保险社与班达梭皮革公司签订了世界上第一张真正意义上的团体人寿保险保单，从而标志着团体人寿保险的产生。

3. 联合人寿保险

联合人寿保险是把有一定利害关系的两人或两人以上的人视为一个被保险人的保险。如父母、夫妻、子女、兄弟姐妹或合作人等。联合人寿保险中的一个人死亡，即将保险金给付其他生存的人；如果保险期限内无人死亡，保险金付给所有联合被保险人或他们指定的受益人。这种保险形式在我国还不多见。

四、年金保险

（一）年金保险的概念

由于年金保险是使用范围最广泛的人寿保险，所以在此做专门介绍。年金保险是指被保险人生存期间，保险人按合同约定的金额、方式、期限，有规则并且定期向被保险人给付保险金的生存保险。

年金是指一方当事人在规定或约定的期限内有规则并且定期地向另一方当事人给付一定金额的方式。定期并不一定按年计算，可以是 1 年、半年或者 1 个月。年金是“大概念”，而年金保险只属于年金的一种。年金保险的保险金是否给付，取决于被保险人是否生存。从首次领取期的保险金给付开始，只要被保险人生存，保险人就给付保险金。除年金这一特性外，年金保险还有两个独特之处：一是免体检。对参加年金保险的被保险人，无论是团体投保还是个人投保，一般都不进行体检。二是费率厘定。年金保险的费率厘定主要以生命表中的生存率为基础。

实际上，年金保险是为了避免寿命较长者的经济收入无法得到充分保障而进行的一种经济储备，故年金又称为养老金。这是因为在领取年金前已死亡者所交的保险费贴补了寿命较高者的年金，能较好地解决社会生活中高龄者生活安定的问题。

（二）年金保险的种类

按照不同的标准，年金保险可分为不同的种类。

1. 按被保险人人数划分

按被保险人人数划分为个人年金、联合年金、联合及生存者年金和最后生存者年金。

（1）个人年金，也称为单生年金，是指以一个被保险人生存作为给付条件的年金。

（2）联合年金，是指以两个或两个以上的被保险人均生存作为给付条件的年金，即这种年金的给付在数个被保人中第一个人死亡时即停止。

（3）联合及生存者年金，是指以两个或两个以上的被保险人中至少尚有一个生存者作为给付条件的年金。这种年金的给付继续到其中最后一个被保险人死亡为止。但这种年金的给付数额规定：如果联合投保人中有一人死亡，则按预先约定的比例减少给付额。

（4）最后生存者年金，是指以两个或两个以上的被保险人中至少尚有一个生存者作为给付条件的年金。给付数额规定：只要有人生存，年金照常给付并不减少，直到全部被保险人死亡。

2. 按给付额是否变动划分

按给付额是否变动划分为定额年金和变额年金。

（1）定额年金，是指每次给付按合同规定的固定数额支付。

（2）变额年金，是指给付额按货币购买力的变化予以调整的年金。这种年金的设计是用来克服定额年金在通货膨胀条件下保障水平降低的缺点。

3. 按照给付期间划分

按照给付期间划分为终身年金、最低保证年金和短期年金。

（1）终身年金，是指被保险人在有生之年一直可以领取的年金，一旦其死亡，就不再给付的年金。

（2）最低保证年金。为了防止被保险人过早死亡而丧失领取年金的权利，于是产生了最低保证年金。最低保证年金分为两种：一种是确定给付年金，即规定一个最低保证的确定年金数，在规定期间内不论被保险人生存与否均可得到年金给付。另一种是退还年金，即当年金受领人死亡而其年金领取总额低于年金购买价格时，保险人以现金方式一次或分期退还其差额。

（3）短期年金。分为两种：一种是确定年金，即年金支付的期间事先已经确定，与年金加入者的生死不发生关联；另一种是定期生存年金，即年金的给付以一定的年数为限，并且在受领人死亡时停止支付。

（三）年金保险的特征

在各类年金保险中，个人年金保险因为适应我国城乡居民的需要，故已成为我国规模最大的险种，如个人养老金保险、养老金还本保险等。这些个人年金保险险种具有如下特征：

第一，被保险人生前享有养老金，其受益人在被保险人死后可能会领取保险金。也就是说，若被保险人身体健康，能在约定的年份开始领取养老金，一般能保证其领取 10 年固定年金。10 年固定年金是指被保险人领取保险金未满 10 年不幸身故，剩余期间的年金可由其受益人继续领取到 10 年期满，保险责任终止。若被保险人在领满固定年金后仍然健在，可继续领取养老金直至终身；若被保险人尚未享有养老金待遇而在交费期间内死亡，仍可由其受益人或家属领取身故保险金。

第二，投保条件比较宽松。一般的个人年金保险条款规定，凡年龄在 65 周岁以下的居民，均可作为该保险的被保险人。可见，凡是城乡居民，无论是干部、工人、农民还是个体劳动者，只要有交纳保险费的能力，都可以参加个人年金保险。加入个人年金保险对被保险人的健康状况也没有要求，更无须检查被保险人的身体。

第三，交费方式多种多样。个人年金保险的投保人既可以在加入保险后按月交纳保险费，也可以按季、半年、年交纳保险费；既可以一次性交纳保险费后立即按月领取养老金，也可以在一次性交纳保险费后延迟一定年限再每月领取养老金；既可以先确定到达领取养老金的年龄后每年所领取的养老金数额，也可以先不确定以后每年领取的养老金数额，在达到领取养老金年龄后，根据所交保费形成的基金账户金额来确定领取的养老金数额。

第四，养老金的领取时间有一定的选择余地。为了方便被保险人，个人年金保险条款一般将被保险人领取养老金的起始年龄设定多个档位，由被保险人根据自己的实际需要自行选择。如一般规定，被保险人领取养老金的年龄可以从以下四个档位中进行选择，即 50 周岁、55 周岁、60 周岁、65 周岁。

第五，领取养老金的方式灵活。一般的个人年金保险条款分别规定了几种不同的养老金领取方式。

相关资料 5-1

养老保险

1. 保险特色

(1) 收益稳定，保证返还保费。

(2) 递增养老，抵御通货膨胀。

(3) 趸缴即领，回报较快。

2. 保险责任

(1) 年金给付。年金的领取起始年龄分别为被保险人 40 周岁、50 周岁、55 周岁、60 周岁、65 周岁和 70 周岁，年金给付方式有按年增额给付和按月增额给付两种，由投保人在投保时选定。年金领取起始日为合同约定的年金领取起始年龄的合同生效日的对应日。投保时被保险人为 40～65 周岁的，还可选择趸缴、即领年金的方式。

(2) 百岁祝寿金。被保险人生存至 100 周岁合同生效日的对应日的，按所缴保险费，一次性领取百岁祝寿金，合同终止。

(3) 身故保障。被保险人在合同约定的年金领取起始日前身故的，保险人按所缴保险费加上所缴保险费的 10%后的金额与被保险人身故时保险单现金价值孰高者给付身故保险金，本合同终止。被保险人在合同约定的年金领取起始日后身故的，保险人按所缴保险费给付身故保险金，本合同终止。

3. 投保示例

王先生 30 岁，投保 10 份“小康之家・长命百岁”保险，10 年缴费，年缴保费 12 000 元，选择 40 岁领取，其保障利益见表 5-1、表 5-2。

表 5-1　　年金给付（假定领取至 80 周岁止）　　单位：元

基本年金	递增额度	递增次数	共计领取	累计缴费	百岁年金
2 130	每 5 年增加 10%	8	126 358	120 000	120 000

表 5-2　　身故保障

年金领取起始日前身故	按所缴保险费的 1.1 倍和保险单现金价值中的较高者给付身故保险金
年金领取起始日及以后身故	按所缴保险费给付身故保险金

第二节　健康保险

一、健康保险的概念

健康保险也称疾病保险，是指被保险人在患疾病时发生医疗费用支出，或因疾病所致残疾或死亡时，因疾病、伤害不能工作而减少收入，由保险人负责给付保险金的一种保险。健康保险所承保的疾病风险应符合以下的构成要件：

第一，由于非明显的外来原因造成的。

健康保险所承保的疾病应当是由于人体内在的原因所致，而非外来、急剧、偶然的事故。当然某些疾病可以由外界原因诱发，如病菌的传染、气候的骤变、误服药物等，但这些外来的感染必然要在身体内部潜伏并积聚一段时间才会形成明显的病症，因此还是应作为内在原因，属于疾病范围。

第二，由于非先天的原因造成的。

> **课堂讨论：**
> 如何理解健康保险所承保疾病的三要件？

疾病是指身体状态由健康转变为不健康。只有当这种转变发生在保险责任期间才由保险人承担相应责任。至于在保险合同订立前即已先天存在的疾病或器官性能上的残缺不全或畸形，应排除在健康保险范围之外。当然，如属于遗传因素或潜伏较深的病症，在保险合同订立之前并未显现，在合同持续有效期间才由潜伏转为明显的疾病，亦可列入疾病保险范围。

第三，由于非长存的原因造成的。

人都要经历成长和衰老的过程。在趋于衰老期间的一些病态是必然的生理现象，这属于自然现象，不能作为疾病，也不能将为了增强体质、延缓衰老的保健费用纳入健康保险的范围。

二、健康保险的特征

（一）承保标准的严格性

健康保险的承保条件一般比较严格，对疾病产生的因素需要进行相当严格的审查，通常是根据被保险人的病历来判断。另外，为防止已经患有疾病的被保险人投保，保单中常规定一个观察期，观察期多为半年，被保险人在观察期内因疾病支出的医疗费用或收入损失，保险人不负责任。观察期结束后，保单才正式生效，亦即观察期内所患疾病推定为投保以前患有的。

在健康保险中，对在体检中不能达到标准条款规定的身体健康要求的被保险人，则一般按照次健体保单来承保，或提高保费，或重新规定承保范围。对于被保险人所患的特殊疾病，可单独制定特种条款，额外收费或注明列为责任免除。

（二）给付金额的特殊性

健康保险既有对患病者给付一定保险金的险种，也有对医疗费用和收入损失进行补偿的险种，其给付金额往往是按照实际发生的费用或收入损失而定。有些国家把医疗费用保险列入损害保险，允许损害（财产）保险公司承保。健康保险通常是短期保险，以一年期居多。

（三）取消保单和续保方式的灵活性

健康保险条款都注明保单在什么条件下失效，在什么条件下可自动续保。其方式可归纳为以下几类。

1. 可任意取消保单

对于这种保单，保险人可以在任何时候提出终止合同或改变保费、合同责任范围。这种保单的优点在于保险人承担的风险小，所以其成本低，并且对承保条件要求不严格。

2. 有条件可取消保单

对于这种保单，保险人只能在特定的时期，如每月、季、半年的期末提出解除或变更合同，对于提出前已发生尚未处理的保险事故，保险人仍应按原来规定的合同内容承担责任。

3. 有条件续保保单

对于这种保单，保险人必须按期续保，直至某一特定的时间或年数。如承保 10 年以上或被保险人年龄达50周岁，但其前提是被保险人必须符合合同规定的条件和承保标准。

4. 保证性可续保保单

对于这种保险单，保险人保证按期续保，只要被保险人继续交费，其合同就可续存，直至被保险人到法定退休年龄。但保险人在每次续保时，可根据被保险人的健康状况调整费率或变更承保责任。

5. 不可取消保单

对于这种保单，保险人不得提出取消或变更原保险合同。只要被保险人继续交费，其合同就不能失效直至其退休。这种保单由于保险人承担风险最大，故成本也最高。

(四) 损失费用的分摊性

对于健康保险，特别是其中的医疗费用保险，为了避免保险人在处理赔款时费用过高，通常健康保险保单通过规定以下三种条款达到被保险人和保险人费用共担的目的。

1. 免赔额条款

规定保险人只负责超过免赔额的部分。免赔额的计算方法一般有三种：一是单一赔款免赔额，针对每次赔款的数额；二是全年免赔额，按全年赔款总计，超过一定数额后才赔付；三是集体免赔额，针对团体投保而言。规定了免赔额之后，小额的医疗费用由被保险人自负，大额的医疗费用由保险人承担。

2. 比例给付条款

多数健康保险合同中，对超过免赔额以上的医疗费用，均采用保险人与被保险人共同分摊的比例给付方法，如保险人承担80%～90%，被保险人承担其余部分。这样规定，既保障了被保险人的经济利益，也促进了被保险人对医疗费用的节约。

3. 给付限额条款

在健康保险保单中规定最高保险金额，医疗费用实际支出超过部分，由被保险人自己负担，保险人通常采用这种做法以控制总支出水平。

三、健康保险的种类

健康保险的种类包括医疗保险、疾病保险和残疾收入补偿保险。

(一) 医疗保险

医疗保险是指提供医疗费用的保险，它是健康保险的主要险种之一。医疗费用是病人为了治病而发生的各种费用，包括医生的诊断费、手术费用及住院、护理、医院设备、药品等费用。各种不同的健康保险保单所保障的费用一般是其中一项或若干项之组合。常见的医疗保险有下述几种。

1. 普通医疗保险

普通医疗保险给被保险人提供治疗疾病时相关的一般性医疗费用，主要包括门诊费用、医药费用、检查费用等。这种保险比较适用于一般社会公众，保费成本较低，一般有免赔额和费用分担规定，被保险人每次治疗疾病所发生的费用累计超过保险金额时，保险人不再负责。

2. 住院保险

由于住院所发生的费用是相当可观的，故将住院的费用作为一项单独的保险。住院保险的项目主要是每天医疗房间的费用，以及住院期间的诊断费、手术费、药费和医院设备使用费。由于住院时间长短将直接影响费用的高低，一般保单对各种不同疾病的住院期间长短会有限制。

3. 手术保险

手术保险提供因病人做手术而发生的费用，一般负担全部手术费用，而不由被保险人按比例分担。这种保险既可作为单独保险，也可列为附加险种。

（二）疾病保险

1. 疾病保险的特点

疾病保险一般情况下具有如下几个特点：

（1）个人可以任意选择投保疾病保险，作为一种独立的险种，它不必附加于其他某个险种。

（2）疾病保险条款一般都规定了一个观察期，观察期一般为半年（或 180 天），被保险人在观察期内因疾病而支出的医疗费用及收入损失，保险人概不负责，观察期结束后保险单才正式生效。

（3）疾病保险为被保险人提供切实的疾病保障，且程度较高。疾病保险保障的重大疾病，均是可能给被保险人的生命或生活带来重大影响的疾病项目，如急性心肌梗死、恶性肿瘤。

（4）保险期限较长。疾病保险一般都能使被保险人“一次投保，终身受益”。

（5）保险费交付方式灵活多样，且设有宽限期。疾病保险的保险费可以按年、半年、季或月分期交付，也可以一次交清。

2. 特种疾病保险

某些特殊的疾病往往给病人带来灾难性的费用支付，例如癌症、血液病、肾衰竭及心脏疾病等，这些疾病一经确诊，必然会产生较高的医疗费用支出。通常要求这种保单的保险金额比较大，以足够支付其产生的各种费用。特种疾病保险的给付方式一般为一经确诊立即一次性支付保险金额，由于特种疾病的发病概率较低，一般规定较低的免赔额甚至没有免赔额和比例分担。

3. 疾病保险的责任免除

疾病保险的责任免除一般包括：

（1）订立保险合同时已患有的疾病。

（2）被保险人因自杀、自残导致的疾病。

（3）核辐射所致的疾病。

（4）因酗酒及擅自用麻醉剂吸毒所致的疾病。

（5）因不法行为或严重违反安全规则所致的疾病。

（6）艾滋病。

案例分析 5-3

税优健康险

税优健康险，指纳税人在购买商业健康险后，可以在当年（月）计税时，按照 2 400 元/年（200 元/月）的限额标准，对个人应纳税所得额予以税前扣除。可以理解为，每月个人所得税起征点提高 200 元。目前个人所得税的起征点为 5 000 元，如果个人购买商业健康险保费达到 2 400 元，个人所得税的起征点则调高为 5 200 元。

例如，一位月收入为 1.5 万元左右的市民，单位为他投保了一份某保险公司保费为 2 400 元的税优健康险，其中，健康保障部分的保费 1 388 元，另有 1 012 元进入个人万能险账户，累积增值以备退休后的医疗开支。该市民按政策每年可免税 600 元。

据悉，税优健康险自 2016 年 1 月起在国内部分城市试点，并于 2017 年 7 月在全国推广。中保信商业健康保险信息平台数据显示，从 2016 年 3 月 4 日中国人民健康保险售出第一单到 2018 年 5 月 30 日，全国税优健康险共收取保费 6.54 亿元，生效保单 22.7 万件。30 家公司开办业务，22 家公司出单。规模保费前三的公司为中国人民健康保险、中国太平洋人寿和中国人寿。目前，该业务已覆盖全国 31 个省份。

（三）残疾收入补偿保险

残疾收入补偿保险是提供被保险人因疾病所致残疾后不能继续正常工作时所发生的收入损失的补偿保险。残疾收入补偿一般可分为两种：一种是因疾病所致，属于健康保险；另一种是因外来伤害所致，属于意外伤害保险。在实践中，残疾的原因往往很复杂，常常是身体内潜伏病症和外在突发伤害共同作用所致，这时应根据实际情况依据近因原则明确保险险种的责任归属。

1. 残疾的定义

课堂讨论：
残疾收入补偿保险的意义。

在残疾收入补偿保险保单中，关于残疾的定义有很多方式，一般可分为完全残疾和部分残疾。

（1）完全残疾，是指被保险人永久丧失全部劳动能力，不能参加工作（原来的工作或任何新工作）以获得工资收入。所谓丧失全部劳动能力，一般是指被保险人卧床不起，正常行动和生活基本或完全不能自理。所谓不能参加工作，是指被保险人已没有能力从事任何有工资收入、有正常工作时间规律的职业。

有的残疾收入补偿保险保单在条款中列明，当被保险人双眼、双手或双脚等完全失去正常功能时，可推定为完全残疾。

（2）部分残疾，是与完全残疾相对而言的。部分残疾意味着被保险人还能进行一些有收入的其他职业，当然，这些职业的收入会比原来的收入少。在这种情况下，保险人给付的保险金将是完全残疾给付的一部分，其计算公式如下：

$$\text{部分残疾给付保险金}=\frac{\text{残疾前收入}-\text{残疾后收入}}{\text{残疾前收入}}\times\text{完全残疾给付保险金}$$

2. 残疾收入补偿的给付

（1）给付方式。

一般是按月或按周进行补偿，这根据被保险人的选择而定，每月或每周可提供金额相等的收入补偿。残疾收入补偿的给付一般不按年或一次性给付，其目的在于便于保险人及时观察被保险人的实际残疾状况的变化，同时能更好地维持被保险人的生活开支。

（2）给付期限。

给付期限可以是短期或长期的。短期给付是为了补偿在身体恢复前不能工作的收入损失，而长期给付是补偿全部残疾而不能恢复工作的被保险人的收入损失。通常长期给付规定给付到 60 岁或退休年龄或被保险人死亡。短期给付期限一般为一年到两年。

（3）推迟期。

一般保单将残疾后的开始一段时间称为推迟期，在此期间不给付任何补偿，推迟期一般为3个月或半年。这是由于在短期内，被保险人还可以维持一定的生活，而且有的残疾症状是暂时性的，可以在短期内逐渐恢复。因此，保险人通过取消对短期残疾的给付，减少保险成本。

（4）给付金额。

在完全残疾下，一般只补偿原来实际收入水平的75%～90%，而不是全部，其目的在于鼓励残疾人积极寻求力所能及的劳动达到自我补偿。在部分残疾下，按残疾前后收入差额进行比例给付。

（5）特殊给付方式。

国外不少残疾收入补偿保险保单中规定给付金额与国家公布的物价指数相关联，随物价指数的调整而变化，每年根据物价上涨幅度增加给付金额，以求真正达到生活补偿的作用。

3. 责任免除

战争、暴乱、吸毒、自杀及各种不法暴力行为等，均列为责任免除。对于某些特殊爱好或特别职业，例如跳伞、冲浪、滑雪等体育活动及探险、高空作业等危险工作，可采取特约附加承保的方式或列为责任免除。

第三节　意外伤害保险

一、意外伤害保险的概念

意外伤害保险是指投保人向保险人交纳一定数量的保险费，如果被保险人在保险期限内遭受意外伤害并以此为直接原因或近因，在自遭受意外伤害之日起的一定时期内造成死亡、残疾、支出医疗费或暂时丧失劳动能力，则保险人给付被保险人或其受益人保险金的人身保险。意外伤害保险有三层含义：第一，必须有客观的意外事故发生，且事故原因是意外的、偶然的、不可预见的。第二，被保险人必须有因客观事故造成死亡或残疾的结果。第三，意外事故的发生和被保险人遭受人身伤亡的结果有着内在的、必然的联系，即意外事故的发生是被保险人遭受伤害的原因，而被保险人遭受伤害是意外事故的后果。

课堂讨论：
区分健康保险和意外伤害保险，并分别举出实例。

意外伤害保险的保障项目主要有：

（1）死亡给付。被保险人因遭受意外伤害造成死亡时，保险人给付死亡保险金。

（2）残疾给付。被保险人因遭受意外伤害造成残疾时，保险人给付残疾保险金。

二、意外伤害保险的特征

意外伤害保险与人寿保险相比，具有下述几个特征。

（一）可保风险不同

人寿保险承保的是人的生死，无论是正常衰老、疾病还是意外致亡都属于人寿保险保障内容，影响被保险人死亡的最主要的风险因素是其年龄。而意外伤害保险保障的是外来的、剧烈的、突然的事故对人体造成的伤害。对每个被保险人来说，意外风险的发生与年龄关系不大，而与被保险人从事的职业与生活环境密切相关。相比较而言，意外伤害保险的承保条件一般较宽，高龄者也可投意外伤害保险，对被保险人也不进行严格的体格检查。

（二）厘定费率的依据不同

人寿保险在厘定费率时按人的生死概率，根据生命表进行计算。不同年龄、不同性别的人购买寿险所缴保费不同。而意外伤害保险费率的厘定则是根据过去各种意外伤害事故发生的概率统计计算，注重职业风险，一般将不同风险的职业划分为五个等级，每一等级采取不同的费率。

（三）经营方式不同

人寿保险一般是长期性业务，采取均衡保费，因而为满足将来的死亡给付或期满给付的储蓄保费，连同其按复利方式所产生的利息构成人寿保险的责任准备金，以保证将来履行保险责任。意外伤害保险的保险期限最长一般为 1 年，多数为短期业务，如飞机、火车旅客意外伤害保险等，保险期限可短至十几个小时甚至几个小时。因而其责任准备金的提取与寿险业务不同，应在当年自留保费中按 1/24 法或 1/365 法提取未到期责任准备金。

三、意外伤害保险的分类

（一）按险种结构分类

1. 个人意外伤害保险

个人意外伤害保险又可分为以下两种：

（1）单纯意外伤害保险。该保险一张保险单所承保的保险责任仅限于意外伤害保险。保险公司目前开办的个人人身意外伤害保险、公路旅客意外伤害保险、驾驶员意外伤害保险等，均属于单纯意外伤害保险。

（2）附加意外伤害保险。此种保险包括两种情况：一种是其他保险附加意外伤害保险；另一种是意外伤害保险附加其他保险。

2. 团体意外伤害保险

团体意外伤害保险是以团体方式投保的人身意外伤害保险，其保险责任、给付方式均与个人投保的意外伤害保险相同。该保险即一个团体内的全部或大部分成员集体向保险公司办理投保手续，以一张保单承保的意外伤害保险。这里的团体是指投保前即已存在的机关、学校、社会团体、企业、事业单位等，而不是为了投保而结成的团体。

意外伤害保险最有条件、最适合采用团体投保方式。这是因为，意外伤害保险的保险费率与被保险人的年龄和健康状况关系不大，而主要取决于被保险人的职业。而在一个团体内部，团体成员从事风险性质相同的工作，应该采用相同的保险费率。此外，企业雇员遭受意外伤害，大都是在工作中发生的，雇主要负一定的责任，所以雇主乐于为其雇员投团体意外伤害保险。

由于意外伤害保险最适合以团体方式投保，所以在意外伤害保险中，以团体意外伤害保险居多。由于团体意外伤害保险的保险费率很低，所以在企业中一般是由企业或雇主支付保险费为雇员投保。在机关、学校、事业单位中，也可以由单位组织投保，保险费由被保险人个人负担。

团体投保的意外伤害保险与个人投保的意外伤害保险在保险责任、给付方式等方面相同，只是保单效力有所区别。在团体意外伤害保险中，被保险人一旦脱离投保的团体，保单效力对该被保险人即告终止，投保团体可以为该投保人办理退保手续，保单对其他被保险人仍然有效。

案例分析 5-4

患抑郁症跳楼身亡　非意外险理赔范围

2011 年 1 月，郭某在民生银行信用卡中心办理了钻石信用卡，有效期自 2011 年 1 月至 2014 年 1 月，民生银行信用卡中心为郭某在某保险公司投保了全球 24 小时 100 万元个人意外伤害保障保险。2012 年 5 月 22 日，郭某因抑郁症自杀身亡。被保险人郭某的父、母、妻、子向被告保险公司申请给付意外伤害保险金 100 万元，被告拒绝赔偿，诉至法院。

分析：法院经审理认为，民生银行信用卡中心为郭某投保的是团体民生白钻无限卡综合意外保险，根据保险合同的约定，其保险责任为团体意外伤害保险责任，即仅有当被保险人发生意外伤害，并因此意外伤害导致身故或身残时，保险人才给付保险金。而根据保险条款的约定，意外伤害是指以外来的、突发的、非本意的、非疾病的客观事件为直接且主要原因导致的身体伤害。该案中，郭某曾多次因抑郁症前往医院就诊，医嘱为严防自杀，必要时入院治疗，其死亡原因经公安机关勘查确认为因患有抑郁症而自杀。郭某的身故属于因疾病导致的自杀身故，不属于外来的、非疾病的客观事件导致的身故，不是保险合同中约定的意外身故，不属于团体意外伤害保险责任范围，被告不应对郭某的身故承担给付保险金的责任。故法院驳回了四原告的诉讼请求。

（二）按保险风险分类

1. 普通意外伤害保险

普通意外伤害保险，即承保在保险期限内（多为 1 年）由于普通的一般风险而导致的各种意外伤害。例如学生团体平安保险、个人意外伤害保险等。

普通意外伤害保险中除将违反社会公德和法律的一些犯罪风险、吸毒意外风险排除在可保风险之外，一般将一些特殊风险也排除在承保范围之外，如战争风险，在登山、跳伞、滑雪等剧烈体育活动或比赛中遭受的意外伤害，医疗事故意外伤害等。这些在普通意外伤害保险中不可获得保障的风险往往可以特约承保。

2. 特种意外伤害保险

特种意外伤害保险，即以特定时间、特定地点或特定原因而导致的意外伤害事件为保险事故的意外伤害保险。例如，保障在游泳池或游乐场所发生的意外伤害，江河漂流、登山、跳伞、滑雪等剧烈体育活动或比赛中遭受的意外伤害的保险品种等。

四、意外伤害保险的保险责任及给付方式

意外伤害保险的保险责任是在保险期限内若被保险人由于意外伤害造成死亡或残疾，保险人将在此条件下进行死亡给付或残疾给付。意外伤害保险不同于寿险，存在责任期限的特有概念。所谓责任期限，是指自被保险人遭受意外伤害之日起的一定时间期限（如 90 天、180 天）。只要被保险人在保险期限内遭受意外伤害，并在责任期限内确定死亡或残疾程度，则被保险人就可享受到保险单规定的保险金给付。设定责任期限的概念，对被保险人受到伤害后最终确定伤害后果确定了时间界限，即只要在保险期限内致害，无论死亡是否在保险期限内，均可获得保险保障；而保险人在责任期限终止时也可依据当时被保险人的伤残程度进行给付，并且即使在责任期限后伤残程度发生减轻或加重，保险人也不再进行残疾保险金的追偿或给付。

意外伤害保险的保险金给付具有一定的特色。意外伤害保险属于定额保险，保单确定的保额一般是死亡时给付的保险金额。但当被保险人未致死亡而发生残疾时，给付保险金的数额则依据保单的具体规定计算。一般情况下，意外伤害保险的残疾保险金的给付金额是由保额和残疾程度两个因素决定的，即

残疾保险金＝保险金额×残疾程度

残疾程度是指人体永久完全丧失生理机能或身体功能状态的程度，通常用百分比表示。在订立意外伤害保险的保险合同时，都事先约定各类残疾程度的百分比。例如，某被保险人，一下肢永久、完全地丧失了生理机能，按保单规定残疾程度的百分比为50%，若保单保额为10万元，则保险人给付5万元。当发生一次伤害、多处致残或多次伤害的情况时，保险人可同时或连续支付保险金，但累计数额以不超过保额为限。

由于之前各家保险公司都按自家制定的意外伤残给付标准，造成意外伤残理赔混乱的局面，为了改善保险公司理赔实务的可操作性和准确性，提高保险理赔规范化，2014年保监会发布了《人身保险伤残评定标准及代码》，并经国家标准化委员会备案为中华人民共和国金融行业标准，其标准编号为JR/T0083-2013。

相关资料5-2

“意外伤害停工保险”与“残疾收入补偿保险”

虽然意外伤害停工保险与残疾收入补偿保险二者都要对意外伤害提供保障，但意外伤害停工保险是以被保险人因遭受意外伤害而暂时丧失劳动能力、不能工作为给付保险金的条件。

这里的“停工”与“残疾”是有所区别的：

停工是指暂时丧失完全劳动能力，在一定时期内不能从事有劳动收入的工作；而残疾是指永久丧失全部或部分劳动能力，即如果残疾是永久且完全性的，则被保险人永久不能从事有劳动收入的工作，而如果残疾只是部分丧失劳动能力，则被保险人还可以从事一定的有劳动收入的工作。

因此，停工的发生是从被保险人遭受意外伤害时立即开始，而造成残疾与否则只有在被保险人治疗结束或病情稳定后才能确定。

本章小结

人身保险是商业保险的重要组成部分。人身保险的标的是人的寿命和身体，具有特殊性，因此，人身保险和其他保险种类相比，具有不同的特点。

人寿保险是人身保险的主要部分。它以人的生命为保险标的。其主要种类有：死亡保险（定期、终身）、生存保险（年金保险及多种年金形式）、两全保险、非分红保险和分红保险等。另外，本章还介绍了团体保险的有关内容。

健康保险以人的身体为对象，是指保证被保险人在疾病或意外事故所致伤害时的费用或损失获得补偿的一种保险。一般来讲，凡不属于人寿保险和意外伤害保险的人身保险，都可以归于健康保险。健康保险中，对疾病有多重条件限制。

意外伤害保险是指被保险人在保险的有效期内，因遭受意外伤害而致死亡或残疾时，保险人按照合同约定给付保险金的保险。

重点概念

人寿保险　　　健康保险　　　意外伤害保险

复习思考题

一、判断题

1. 财产保险与人身保险的保险对象不同，但它们的经营手段基本相同。（　）

2. 生命表的发明，使人寿保险所承保的风险从整体上看具有相对的稳定性。（　）

3. 生存保险中所给付的保险金仅包括本人所交的保险费及其产生的利息。（　）

4. 联合人寿保险用一张保单承保几个人的生命，至被保险人全部身故才给付全部保险金。（　）

5. 团体人寿保险的保障范围比较广泛，相当于一种综合性质的寿险险种。（　）

6. 从根本上讲，年金保险是为了避免寿命较长者的经济收入无法得到充分保障而进行的一种经济储蓄。（　）

7. 承保对象为从事同一行为的团体成员的健康保险是综合健康保险。（　）

8. 意外伤害保险的费率厘定不需要以生命作为依据，而是根据保险金额损失率计算的。（　）

二、选择题

1. 被保险人不止一人但又达不到团体人身保险人数的，可以由（　）来保障。

A. 联合人寿保险　　B. 连身人寿保险
C. 联合人身保险　　D. 组合人身保险

2. 不仅可能得到利息收入，而且要分享保险人经营成果的人身保险是（　）。

A. 长期寿险　　B. 分红人身保险
C. 意外伤害保险　　D. 投资型保险

3. 以被保险人的寿命为保险标的的保险是（　）。

A. 人寿保险　　B. 健康保险
C. 意外伤害保险　　D. 团体人身保险

4. 下列险种中，通常不具有现金价值的是（　）。

A. 定期死亡寿险　　B. 终身死亡寿险
C. 生存保险　　D. 生死两全保险

5. 下列险种中，保险费率最高的是（　）。

A. 定期死亡寿险　　B. 终身死亡寿险
C. 生存保险　　D. 生死两全保险

6. 与年金加入者的生死不发生关联的年金保险是（　　）。

A. 终身年金　　B. 最低保证年金

C. 退还年金　　D. 确定年金

三、案例分析题

案例一

王某在保险公司投保意外伤害保险，保险金额为 10 000 元。在保险期内的一天，被保险人王某早晨穿袜子时，突然觉得腹部疼痛，一个星期后死亡。经医院鉴定，是由于被保险人肥胖，穿袜子时挤压了内脏器官，致使肠变位并引起阻塞，这种阻塞对心脏构成极大压力，造成死亡。被保险人的亲属认为王某的死亡是非故意的，构成人身意外伤害保险责任，请求保险公司给付保险金。

问题：此案应该如何处理？依据是什么？

案例二

王某在游泳池内被从高处跳水的张某撞昏，溺死于水池底。王某生前曾投保了一份健康保险，保额为 5 万元，而游泳馆也为每位游客投了一份意外伤害保险，保额为 2 万元。事后，张某承担民事损害赔偿责任 10 万元。

问题：(1) 因未指定受益人，王某的家人能领取多少保险金？

(2) 对张某赔偿的 10 万元应如何处理？为什么？

第六章
责任保险

学习目标

1. 熟悉责任保险的基本概念、特征;
2. 了解公众责任保险的具体内容;
3. 了解产品责任保险的具体内容;
4. 了解雇主责任保险的具体内容;
5. 了解职业责任保险的具体内容。

第一节 责任保险概述

一、责任保险的概念

责任保险是一种以被保险人对第三者依法应承担的民事赔偿责任为保险标的的保险。企业、团体、家庭和个人在各种生产活动或日常生活中，由于疏忽、过失等行为对他人造成人身伤亡或财产损害，依法应承担的民事赔偿责任，可以通过投保有关责任保险转移给保险人。责任保险属于广义的财产保险范畴。

责任保险的基本内容是保险人和投保人签订保险合同，由投保人（被保险人）按照约定缴纳保险费，在被保险人从事各项生产、业务活动或者日常生活中由于疏忽、过失等行为造成他人的财产损失或人身伤亡，依法应承担赔偿责任时，由保险人按照保险单约定承担给付保险金赔偿的义务。

二、责任保险的特征

（一）承保标的

与狭义财产保险和人身保险不同，责任保险的承保标的不是有形的，而是对第三者依法应承担的民事损害赔偿责任。但并非所有的损害赔偿责任都可以作为责任保险标的，而应该是可以用货币衡量的民事损害赔偿责任。对某些无直接财产内容的人身权利（如肖像权、荣誉权等）的侵害所需承担的非财产的民事责任，则由被保险人自己负责，如赔礼道歉、恢复名誉等。

（二）赔偿限额的确定

一般财产保险的保险标的价值是可以确定的，并将其作为确定保险金额的依据。而责任保险承担被保险人对第三者依法应负的损害赔偿责任，而非被保险人的财产或者利益的实际损失。这种赔偿责任具有不确定性且没有固定的价值依据，无法在保险单中确定其保险金额，而是在订立责任保险合同时约定保险人承担赔偿责任的最高限额，以此代替保险金额。各国适用的责任保险单一般约定每次意外事故的最高赔偿限额或者保险期内的累计赔偿限额。不论在保险期限内发生多少次意外事故，保险人给付的保险赔偿金均以合同约定的最高赔偿限额为限。

（三）赔偿对象

在普通财产保险或人身保险中，当被保险人的保险财产遭受损失或人身遭到伤害时，保险人直接将赔款或保险金支付给被保险人或受益人，均不会涉及第三者。而责任保险的直接补偿对象是与保险人签订责任保险合同的被保险人，间接补偿对象是不确定的第三方即受害方，保险人支付的保险金依法最终到达受害人手中，因此一些国家在保险法中规定，责任保险人的赔款既可以支付给被保险人也可以直接支付给受害人，这实质上是对被保险人之外的受害方即任何第三者进行补偿。我国《保险法》第六十五条第一款规定：保险人对责任保险的被保险人给第三者造成的损害，可以依照法律的规定或者合同的约定，直接向该第三者赔偿保险金。因此责任保险是由保险人直接保障被保险人利益，间接保障受害人利益的一种双重保障机制。

（四）赔偿处理

责任保险的赔偿比一般财产保险和人身保险业务要复杂得多。每一起责任保险赔案的出现，均以被保险人对第三方的损害并依法应承担经济赔偿责任为前提条件。这必然要涉及受害的第三者，而不像一般财产保险和人身保险赔案只是投保双方的事情。由于责任保险的承保以法律制度的规范为基础，所以责任保险的赔案处理是以法院的判决或执法部门的裁决为依据，从而需要更全面地运用法律制度。

由此可见，责任保险是具有明显特色的保险业务，在经营实践中必须注意责任保险与一般财产保险和人身保险的区别，把握责任保险自身特有的规律。

三、责任保险的分类

按照业务内容分类，责任保险包括公众责任保险、产品责任保险、雇主责任保险和职业责任保险等。

相关资料 6-1

环境部通过《环境污染强制保险法》

2018 年 5 月 7 日，在生态环境部组织召开的部务会议上，《环境污染强制责任保险管理办法（草案）》经审议并原则通过。

据了解，我国环境污染责任保险已经历十余年发展历程，从整个发展周期看，呈现个体试点到全面展开、针对性较强、发展周期较长等特点。从历史关键节点看，2007 年 12 月，国家环保总局和中国保监会联合印发《关于环境污染责任保险工作的指导意见》，我国开始在部分地区开展环境污染责任保险试点。2013 年 1 月，环保部和保监会联合印发《关于开展环境污染强制责任保险试点工作的指导意见》，将试点范围扩大到全国。2014 年 5 月新修订的《环境保护法》规定“国家鼓励投保环境污染责任保险”。在政策的鼓励下，目前环境污染责任保险得到了一定程度的发展。

数据显示，2014 年，约有 5 000 家企业投保环境污染责任保险；2015 年，环境污染责任保险签单数量 1.4 万单，签单保费 2.8 亿元，提供风险保障 244.21 亿元；2016 年，环境污染责任保险保费收入近 3 亿元，提供风险保障 260 多亿元；2017 年，环境污染责任保险为 1.6 万余家企业提供风险保障 306 亿元。

第二节　公众责任保险

一、公众责任及公众责任保险

公众责任又称公共责任或综合责任，是指致害人在公众活动场所由于疏忽或过失等侵权行为，致使他人的人身或财产受到损害，依法由致害人承担受害人的经济赔偿责任。公众责任风险普遍存在，如商场、旅馆、展览馆、影剧院、运动场、动物园等各种公共场所都有可能在生产、营业过程中发生意外事故，造成他人的人身伤害或财产损失，致害人就必须依法承担相应的民事损害赔偿责任。这是公众责任保险产生并得以迅速发展的基础。

公众责任保险是责任保险中一项独立的、适用范围极广的险种。广义的公众责任保险几乎承保所有的损害赔偿责任；狭义的公众责任保险仅以被保险人的固定场所作为保险区域范围，主要承保企业、机关、团体、家庭、个人及各种组织（单位）在固定的场所从事生产、经营等活动以及日常生活中由于意外事故而造成他人人身伤害或财产损失，依法应由被保险人所承担的各种经济赔偿责任。公众责任保险又称作普通责任保险或综合责任保险。

二、公众责任保险的种类

通常公众责任保险可以分为以下几类：场所责任保险、电梯责任保险、承包人责任保险、承运人责任保险、个人责任保险等。

（一）场所责任保险

场所责任保险主要承保固定场所（包括房屋、建筑物及其设备、装置等）因存在结构上的缺陷或管理不善或被保险人在保险场所内进行生产经营活动时因疏忽而发生意外事故，造成他人人身伤亡或财产损失的经济赔偿责任。场所责任保险是公众责任保险的主要业务来源，广泛适用于商场、办公楼、幼儿园、学校、旅馆、展览馆、影剧院、公园、动物园等各种公共场所。常见的场所责任保险有旅馆责任保险、展览会责任保险、娱乐场所责任保险、餐饮场所责任保险、车库责任保险等。

（二）电梯责任保险

电梯责任保险主要承保被保险人的电梯在正常使用过程中发生意外事故造成他人人身伤亡或财产损失时依法应承担的经济赔偿责任，它可以专项独立承保，也可以归入场所责任保险之内附加承保。各种住宅、公寓、宿舍、商场、办公楼、工厂、旅馆、医院、学校等公众场所内使用的电梯，其所有人、管理人或经营人都可以按规定投保。

（三）承包人责任保险

承包人责任保险作为公众责任保险的专项险种，专门承保承包人在进行承包（揽）合同项下的工程或其他作业时造成他人人身伤害或财产损失应承担的赔偿责任。在经营实务中，被保险人（承包人）的分承包人也可作为共同被保险人而获得保障。

（四）承运人责任保险

承运人责任保险是以承运人对承运对象依据运输合同负有可能出现的损害赔偿责任为标的。承运人责任保险承保的标的是合同责任，这是它的特殊性。在货物运输保险和各种人身、财产保险业务日渐普遍的情况下，承运人责任保险既可弥补承运货物或旅客保障不足的缺陷又能分散承运人的风险责任。

（五）个人责任保险

个人责任保险承保自然人或其家庭成员因作为或不作为而对他人的身体及财物造成损害并因此依法应负的经济赔偿责任。欧美国家早在 20 世纪 30 年代就开办了个人责任保险。由于西方国家在法律上强调私有财产神圣不可侵犯和个人价值，相应地使个人责任风险日益扩大，责任范围逐渐由住宅内扩展到住宅外的个人一切日常活动乃至专业工作。个人责任保险在西方国家发展迅速，在一些国家已成为保险人重要的业务来源之一。我国个人责任保险是一个尚待开拓的领域，随着经济的发展和公民法制观念的逐步加强，个人责任风险将不可避免地产生在各个领域。

（六）其他公众责任保险

除上述几种险种外，公众责任保险项下还有许多其他险别，如油污责任保险，承保由于油类污染海面、河道、湖泊而带来的法律赔偿责任；核责任保险，承保由于核事故导致的依法应由被保险人负责的损害赔偿责任。此外，还有橱窗责任保险、飞机表演责任险、马戏表演责任险、野外作业责任险等。这些险别一般是在公众责任保险的基础上按被保险人的具体需要以加贴条款的方式承保。

相关资料 6-2

北京 21 家医院将购买公众责任保险

针对伤医事件逐年增加的情况，从 2014 年起，北京市医管局将为各大医院统一购买公众责任保险，依托专业保险机构，对医院在运营中发生意外事故造成第三者人身伤亡和财产损失予以适当补偿。这意味着，今后如果医生在工作时被他人伤害，将获得保险赔偿。

公众责任保险是化解医疗风险的制度补强。公众责任保险作为有效的措施，在医疗行业的缺失并不正常。医院作为事实上的公共场所，购买公众责任保险理所应当。

三、公众责任保险的基本内容

（一）保险对象

公众责任保险的投保人可以是被保险人，但被保险人不仅可以是投保人，还可以是其他人。当为本身在业务活动或日常生活中的意外事故可能造成第三者的人身伤亡或财产损失的赔偿责任投公众责任保险时，投保人就是被保险人。

（二）保险责任

在保险有效期内，被保险人在保险单明细表中列明的地点依法进行生产、经营或其他各项活动时，由于疏忽或过失造成他人人身伤害或财产损失，依法应承担的经济赔偿金以及诉讼、抗辩费用，保险人负责赔偿。具体包括：

（1）第三者人身伤亡或财产损失。

（2）事先经保险人同意的诉讼费用。

（3）发生保险责任事故后，被保险人为缩小或减少对第三者人身伤亡或财产损失赔偿责任所支付的必要的、合理的费用。

（三）责任免除

1. 绝对除外责任

（1）基于原因的除外责任。下列原因造成的损失、费用和责任，保险人不负责赔偿：

1）被保险人及其代表的故意或重大过失行为；

2）战争、敌对行为、军事行为、武装冲突、罢工、骚乱、暴动、盗窃、抢劫；

3）政府有关当局的没收、征用；

4）核反应、核辐射和放射性污染；

5）地震、雷击、暴雨、洪水、火山爆发、地下火、龙卷风、台风、暴风等自然灾害；

6）烟熏、大气、土地、水污染及其他污染；

7）直接或间接由于计算机 2000 年问题引起的损失；

8）未经有关监督管理部门验收或经验收不合格的固定场所或设备发生火灾、爆炸事故造成第三者人身伤亡或财产损失。

（2）基于损失的除外责任。这是指罚款、罚金或惩罚性赔款。

2. 相对除外责任

公众责任保险不能承保，但其他险种可以承保的除外责任，包括以下几项：

（1）锅炉爆炸、空中运行物体坠落。

（2）被保险人或其代表、雇佣人员人身伤亡的赔偿责任，以及上述人员所有或由其保管或控制的财产损失。

（3）被保险人或其雇员因从事医师、律师、会计师、设计师、建筑师、美容师或其他专门职业所发生的赔偿责任。

（4）不洁、有害食物或饮料引起的食物中毒或传染性疾病，有缺陷的卫生装置以及售出的商品、食物、饮料存在缺陷造成他人的损害。

（5）对于未加载本保险单而属于被保险人的或其所占有的或以其名义使用的任何牲畜、车辆、火车头、各类船只、飞机、电梯、升降机、自动梯、起重机、吊车或其他升降装置造成的损失。

（6）由于震动、移动或减弱支撑引起任何土地、财产、建筑物的损害责任。被保险人因改变、维修或装修建筑物造成第三者人身伤亡或财产损失的赔偿责任。

（7）被保险人及第三者的停产、停业等造成的一切间接损失。

3. 可以附加承保的除外责任

此类除外责任，经过加批加费可以承保，但未经加批加费，均属于公众责任保险的除外责任，保险人对由此引起的损害赔偿不承担任何责任。

（1）被保险人与他人签订协议所约定的责任，但应由被保险人承担的法律责任不在此列。

（2）被保险人因在本保险单列明的地点范围内所拥有、使用或经营的游泳池发生意外事故造成的第三者人身伤亡或财产损失。

(3) 被保险人因在保险单列明的固定场所内布置的广告、霓虹灯、灯饰屋发生意外事故造成的第三者人身伤亡或财产损失。

(4) 被保险人因在本保险单列明的地点范围内所拥有、使用或经营的停车场发生意外事故造成的第三者人身伤亡或财产损失。

(5) 被保险人因出租房屋或建筑物发生火灾造成第三者人身伤亡或财产损失的赔偿责任。

(四) 赔偿限额和免赔额

赔偿限额是公众责任保险人承担经济赔偿责任的最高限额，也是厘定费率、计算保险费的重要因素。它一般按人身伤害和财产损失分别厘定，有的保险人只确定一个总的赔偿限额，包括人身伤害和财产损失的最高赔偿责任。对于诉讼费用的赔偿限额，一般将其规定在人身伤害和财产损失的一个赔偿限额以内，但也有为其单独列明一个赔偿限额，我国采取前者的规定。事先经保险人同意的第三者人身伤害和财产损失与诉讼费用每次事故赔偿额不得超过保险单列明的每次事故赔偿限额。

确定公众责任保险赔偿限额通常有以下几种方法：(1) 规定每次事故赔偿限额，但不规定累计限额；(2) 规定每次事故赔偿限额，并规定保险期限内的累计限额。

我国公众责任保险保单将免赔额列为其中的一项内容，规定了每次事故的财产损失免赔额，这一般是绝对免赔额，即无论受害人财产损失程度是否超出了免赔额的规定，免赔额以内的损失保险人概不负责，而由被保险人自行负担。公众责任保险对人身伤害无免赔额的规定。

(五) 责任期限

公众责任保险保单的承保责任期限按保险双方当事人约定的时间为始终点，多以“期内发生式”为承保基础。如果责任事故发生和导致损害事实之间有一段间隔的时间，只要责任事故发生时间是在保单有效期间，即使伤残或损失是在保单终止日期之后发现的，保险人也需承担赔偿责任。

案例分析 6-1

某超市向保险公司投保公众责任险，每次事故每人赔偿限额为 5 万元，累计赔偿限额为 1 000 万元，每次事故每人绝对免赔额为 300 元。某年 12 月 13 日，顾客杨某在该超市购物时，由于地面湿滑摔倒，致左手手腕及左股骨切面骨折，致残程度鉴定为八级。

按照保险合同的约定赔偿：

医疗费：伤者经治疗，医疗费总计 9 449.20 元，经医生审核扣除不相关费用 9.29 元，即 9 449.20－9.29＝9 439.91（元）。

交通费：伤者 12 月 13 日到医院就诊车费 20 元。

住院期间护理费：该伤者住院共计 28 天，根据该伤者所在地当年城镇居民人均可支配年收入 16 942.60 元计算，即 28×16 942.60/365＝1 299.71（元）。

残疾赔偿：根据该伤者所在地当年城镇居民人均可支配年收入 16 942.60 元计算，自定残之日起按 20 年起算，八级伤残为 30%，即 16 942.60×20×30%＝101 655.60（元）。

小计：102 955.31 元。

合计：101 655.60−300（免赔额）＝101 355.60（元）。

该保单约定，每人每次事故赔偿限额为人民币 5 万元，故保险公司最终实际赔付 5 万元。

第三节　产品责任保险

一、产品责任概述

产品责任是产品侵权损害赔偿责任的简称，是指由于产品存在缺陷，在消费、使用过程中发生意外，造成消费者、使用者或第三者的人身伤害或财产损失，依法应由制造商或销售商承担的经济赔偿责任。产品责任是随着工业生产发展而出现的问题，因新技术、新产品的研制、开发和使用，经济得到了高速发展。与此同时，由于产品缺陷而导致消费者人身、财产损害的事故也日益增多。

产品责任有广义和狭义之分，狭义的产品责任是指：与产品制造、销售有关的各方，如制造商、批发商或销售商，因产品存在缺陷致使产品在使用过程中发生意外并造成用户或他人人身伤害或财产损失，依法应承担的赔偿责任。广义的产品责任是指：因销售、供应、修理、保养或试验任何有缺陷的产品致使用户或他人遭受人身伤害或财产损失，有关方依法应承担的赔偿责任。产品责任不只是制造商和销售商面临的风险，修理商如果修理产品不善也可能因此承担相应的责任。

二、产品责任保险概述

产品责任保险是指以产品的制造商及销售商因生产和销售的产品造成产品使用者人身伤害或财产损失而应当承担的损害赔偿责任为标的的责任保险。产品责任保险的目的在于保护产品的制造商或销售商免受因其产品的使用而造成他人人身或财产损害而承担赔偿责任的损失。

产品责任保险最早始于 1910 年前后的英、美等国保险市场上的毒品责任保险，我国产品责任保险的发展历史只有 30 多年。至今为止，以产品品种划分，国内已开办的产品责任保险主要有以下几类：

（1）家用电器类。主要承保各种型号的电视机、电冰箱、洗衣机、空调，还有一些小型电器产品（如电热毯等）因产品内在缺陷造成使用者人身伤害或财产损毁而引起的经济赔偿责任。

（2）机电产品类。主要是指锅炉、压力容器和少量的机器设备产品责任保险。

（3）食品类。保险人主要负责食品由于不符合卫生标准造成食用者食物中毒依法应由被保险人承担的经济赔偿责任。

> **课堂讨论：**
> 请举出几个你知道的产品责任保险例子。

（4）其他产品类。目前，由于我国假冒伪劣产品还比较多，生产者、销售者投保产品责任险可以打消顾客的忧虑，坚定购买信心。许多生产者、销售者利用消费者的这一心理，在投保产品或其宣传材料上注明“本产品已投保产品责任险”，达到推销产品的目的。近几年，一些有关产品责任的法规在我国陆续颁布实施，消费者维权意识也逐渐增强，国内产品的投保需求必然增加，产品责任保险将进一步发展。

三、产品责任保险的基本内容

（一）投保人和被保险人

对产品事故造成损害负赔偿责任的各方包括制造商、进出口商、销售商以及修理商。因此在产品责任保险中，它们都对产品责任保险标的具有可保利益，均可投保产品责任险。实务中，可以由其中的任何一方投保，也可以由其中几方或全体联名投保。保险单中的被保险人，除投保人本身外，经投保人申请并经保险公司同意后，也可以将其他方作为被保险人，并规定对各被保险人之间互不追偿。各方责任人中，制造商的风险最大，其他方只有将产品重新装配、改装、修理、改换包装或使用说明书而引起产品事故，由相关责任人负责。其他凡产品缺陷引起的问题最终都将追溯到制造商责任。

（二）保险责任

在保险有效期内，当被保险人生产、销售或修理的产品发生事故，造成使用者或其他人的人身伤害或财产损毁，依法应由被保险人承担赔偿责任时，保险人在保单规定的赔偿限额内予以赔付。通常情况下，保险人承担赔偿责任有两个前提条件：

（1）造成使用者发生损害的事故必须是“意外”“偶然”发生，而不是被保险人事先能够预见的，保险人不承保必然的产品缺陷引起的索赔。

（2）保险事故必须发生在制造或销售场所以外的地方，并且产品的所有权已经转移给用户。否则，不属于产品责任保险的赔偿范围。但是，在承保餐厅、旅馆等的产品责任保险时存在例外。因为其生产或销售的食品、饮料等，消费者一般都在场馆内食用，为了保障被保险人由于此类产品责任事故引起的赔偿责任，可以通过加收保险费的方式在产品责任保险项下扩展承保。

被保险人因产品责任事故支付的诉讼、抗辩费用以及其他经保险人事先同意支付的费用，可以单独在另外一个赔偿限额内计算，也可以由双方约定限额进行赔偿。

（三）责任免除

（1）被保险人根据与他人的协议应承担的责任，但即使没有这种协议，被保险人仍应承担的责任不在此限。

（2）根据《劳动法》应由被保险人承担的责任。

（3）根据雇佣关系应由被保险人对雇员所承担的责任。

（4）保险产品本身的损失。

（5）产品退换回收的损失。

（6）被保险人所有、保管或控制的财产的损失。

（7）被保险人故意违法生产、出售的产品或商品造成任何人的人身伤害、疾病、死亡或财产损失。

（8）保险产品造成的大气、土地及水污染及其他各种污染所引起的责任。

（9）保险产品造成对飞机或轮船的损害责任。

（10）由于战争、类似战争行为、敌对行为、武装冲突、恐怖活动、谋反、政变直接或间接引起的任何后果所致的损失。

（11）由于罢工、暴动、民众骚乱或恶意行为直接或间接引起的任何后果所致的责任。

（12）由于核裂变、核聚变、核武器、核材料、核辐射及放射性污染所引起的直接或间接的责任。

（13）罚款、罚金、惩罚性赔款。

（14）保险单明细表或有关条款中规定的应由被保险人自行负担的免赔额。

（四）保险期限

产品责任保险的保险期限通常为一年，期满可以续保。保险人承保基础的确定有两种方式：一种是期内发生式，即产品责任事故必须在保险期限内发生，而不论受害人是否在保险期限内向被保险人提出索赔；另一种是期内索赔式，即受害人必须在保险期限内向被保险人提出索赔，而不论产品责任事故是否发生在保险期限内。传统的产品责任保险一般采用期内发生式，这往往会导致这样一种情况：保险期限内发生的事故，在保险期限终止后的一段时间才提出索赔，以致保险人必须随时处理早已到期却可能出现赔案的保险单，造成管理的混乱。为避免这一弊端，国外产品责任保险人已开始采用期内索赔式。但又会出现另一个弊端，就是若不加以限制，许多年前的产品事故由现在的保单负责将会加重保险人的负担，而且调查取证也困难，因此又规定了追溯期。保险人只负责追溯期后发生的责任事故，由被保险人在期限内提出索赔。否则，一概不予赔偿。

究竟采用哪种方式作为承保基础，应根据实际情况而定。对于保险事故发生后能够立即发现的，可以采用期内发生式，反之，宜采用期内索赔式。尤其类似药品这一类具有缺陷“潜伏期”的产品，投保时宜采取期内索赔式。

（五）赔偿限额

产品责任保险通常规定两项赔偿限额：每次事故的赔偿限额和保险单累计赔偿限额，即保险人对每次产品事故规定一个最高赔偿金额，同时对保险期限内的累计赔偿规定一个最高限额。另外，每项限额分为人身伤害和财产损失两类，因产品导致消费者人身伤害或财产损失时，分别适用各自的限额。由保险人负责的诉讼抗辩费用在赔偿限额以外赔付，但不得超过赔偿限额。

相关资料 6-3

浙江高校首份食品安全责任保险“上岗”

在食堂里吃饭，发生食物中毒该怎么办？在食堂里走路，因为地滑等原因摔倒是谁的责任？在食堂里，手机等物品被偷谁来赔？2014 年 5 月 23 日，浙江高校首份食品安全责任保险在浙江农林大学诞生。

这份保险保障了五方面食堂易发生的意外情况：因食物中毒、感染食源性疾病，第三者投毒、食物中掺有异物等造成的消费者人身伤害的餐饮责任；因工作人员的疏忽或者过失导致顾客或第三者摔伤、撞伤、砸伤等人身伤害或财产损失的过失责任；因火灾、爆炸导致顾客及第三者的人身损害或财产损失的火灾责任；因被保险人布置的广告、霓虹灯或装饰物坠落导致顾客及第三者的人身伤亡或财物毁损的高空坠物责任；因电梯、升降机正常运行过程中突发故障或坠落导致顾客人身伤亡或财产损失的电梯责任。

浙江农林大学食堂营业面积达 3 000 平方米以上，作为超大型餐饮单位，每年要缴纳保费 1.8 万元，全年可获得的累计赔偿限额为 1 000 万元。其中，每次事故赔偿限额为 500 万元，每人人身损害赔偿限额为 30 万元，每人财产损失赔偿限额为 2 000 元，每人医疗费用赔偿限额为 3 万元，每人精神损害赔偿限额为 6 万元，每次事故法律费用赔偿限额为 50 万元。据统计，该校师生总数超过 25 000 人，算下来每年人均保费不到 1 元。

（六）保险费率及保险费的计算

1. 费率厘定

产品责任保险的费率高低取决于保险人所承担风险的大小，不同的产品及不同的承保条件，费率的厘定不一样。影响产品责任保险费率的因素有：

（1）产品的特点及可能对人体或财产造成损害的风险大小。

（2）承保的地区范围大小。范围越大，费率越高。

（3）产品数量与产品价格。同类产品数量多、价格高，销售额也高，保险费收入绝对额大，费率可相对降低。

（4）赔偿限额的高低。一般赔偿限额高的，费率就高。但赔偿限额与费率之间并非按比例递增。

（5）保险公司以往经营此项业务的损失或赔付统计资料。

（6）产品制造者的技术水平和质量管理情况。优质产品可以避免或减少产品责任风险，因此，技术和管理水平较好的被保险人可以享受优惠费率。

2. 保险费计算

产品责任保险费的计算与赔偿限额和产品销售额密切相关，销售额是计算保险费的基础，赔偿限额是参考依据。其保险费计算公式为：

产品责任保险费＝产品销售额×费率

产品责任保险实行预收保费制。在签订保险合同时，按投保的全部产品或商品价值计算保险费，保险期满后再根据被保险人在保险期限内实际生产、销售的产品或商品价值计算实际保险费，对预收保险费实行多退少补，但实收保险费不得低于保险人规定的最低保险费。

第四节 雇主责任保险

一、雇主责任保险概述

雇主责任是指国家通过立法规定雇主对受雇佣的人员在受雇期间执行任务时，因发生意外或因职业病造成人身伤害或死亡时依法应承担的经济赔偿责任。雇主承担的这种责任包括自身的故意行为、过失行为以及无过失行为导致雇员的人身伤害赔偿责任。保险人为了控制风险，只承保被保险人即雇主的过失行为和无过失行为造成的雇员损害赔偿责任。构成雇主责任的前提条件是雇主与雇员之间存在直接的雇佣合同关系，并具有书面形式的雇佣合同。

雇主责任保险是以被保险人即雇主的雇员在受雇期间从事业务时因遭受意外导致伤、残、死亡或患有与职业有关的职业性疾病而依法或根据雇佣合同应由被保险人承担的经济赔偿责任为承保风险的一种责任保险。

二、雇主责任保险的基本内容

（一）保险对象

雇主责任保险的主要承保对象是“三资”企业、私营企业、外国驻华机构的雇员。为了配合我国劳动用工制度和社会保障制度的改革，国有企业、事业单位、国内股份公司也可以为员工投保雇主责任保险。雇主雇用的一切雇员，无论是长期固定工、短期工还是临时工、季节工等均可以包括在内。但雇主本人、未在单位工作的雇主的直系亲属、已办理离退休手续的职工及在投保时已患重大疾病的雇员不纳入保险承保范围。

（二）保险责任

在保险有效期内，凡被保险人雇用的员工，在受雇过程中（包括上下班途中）从事保险单载明的与被保险人业务有关的工作时，遭受意外受伤、死亡或患有与业务有关的职业性疾病所致伤残或死亡，对被保险人根据劳动合同和中华人民共和国法律、法规须承担的医疗费用及经济赔偿责任，包括应支付的诉讼费用，保险人依据保险单的规定，在约定的赔偿限额内予以赔付。

雇主责任保险只承保“源于雇佣并在雇佣过程中发生”的伤害事故。“源于雇佣”即工作的环境是造成伤害的原因。例如，由于长期从事某项职业，患有与业务有关的职业性疾病，就是一种典型的源于雇佣的伤害。“在雇佣过程中”发生，即被保险人的雇员应在受雇过程中从事与其业务有关的工作，因此如果被保险人的雇员从事与所雇佣业务无关的工作就得不到补偿。

（三）责任免除

我国雇主责任保险对下列原因引起的责任不负责赔偿：

（1）战争、类似战争行为、叛乱、罢工、暴动或由于核辐射所致的被雇人员伤残、死亡或疾病。

（2）被雇人员由于疾病、传染病、分娩、流产以及因这些疾病而实施内外科治疗手术所致的伤残和死亡。

（3）由于被雇人员自加伤害、自杀、犯罪行为、酗酒及无照驾驶各种机动车辆所致的伤残或死亡。

（4）被保险人的故意行为或重大过失。

（5）被保险人对其承包商雇用的员工的责任。

（6）被保险人所聘用员工因非职业原因而受酒精或药剂影响所发生的伤残或死亡。

（7）除有特别规定外，在中华人民共和国境外所发生的被保险人的聘用员工的伤残或死亡。

（8）直接或间接由计算机 2000 年问题造成的损失。

（9）其他不属于保险责任范围内的损失和费用。

（四）赔偿限额

国外对雇主责任保险多提供无限额赔偿。目前，我国的雇主责任保险没有法律规定的赔偿标准，由被保险人根据雇佣合同的要求，以雇员若干个月的工资额制定赔偿限额。例如，可以将死亡的赔偿限额选定为雇员 36 个月的工资；将伤残的最高限额选定为雇员 48 个月的工资。雇主责任保险按照死亡和伤残两种情况下的赔偿限额分别赔付。

（1）死亡赔偿。按保单规定的雇员死亡的赔偿限额赔偿。

（2）伤残赔偿。永久性完全伤残，按每一位雇员的最高赔偿限额赔付；永久性局部残废，按赔偿金额表中规定的百分比赔付；雇员在工作中受伤，暂时丧失工作能力超过 5 天，经医生证明，按雇员的工资给予赔偿。

在保单有效期间，不论是一次还是多次赔偿，保险人对每位雇员的累计赔偿不得超过保单规定的赔偿限额。

（五）保险费

雇主责任保险采用预收保费制，即保险费是按不同工种雇员的适用费率乘以该类雇员年度工资总额计算，原则上在签发保险单时一次收清。在订立雇主责任保险单时，根据被保险人估计，按照保险单有效期内付给雇佣人员工资、薪金、加班费、奖金及其他津贴的总数计算预收保险费。在保险单到期后的一个月内，被保险人提供本保险单有效期间实际支付的工资、薪金、加班费、奖金及其他津贴的准确数额，借以确定保险费的具体数额，对预收保险费多退少补。

三、雇主责任保险的扩展责任

（一）附加雇员第三者责任保险

本附加险承保被雇佣人员在保险单有效期内，从事保险单载明的与被保险人的业务有关的工作时，由于意外或疏忽，导致除雇员以外的第三者人身伤亡或财产损失，以及由此引起对第三者的医疗费和赔偿费用，依法应由被保险人承担的法律赔偿责任。保险人可以将其作为雇主责任保险的扩展责任予以加保，并另行计算保险费，但赔偿限额仍可适用于雇主责任保险保单上规定的赔偿限额。

（二）附加医疗费用保险

本附加险承保被保险人的雇员在保险期限内因患疾病等所需的医疗费用。雇员医疗费用的发生，不论是否遭受意外伤害，也不论是否与职业有关，凡是因疾病（包括正常疾病、传染病、分娩、流产等）而支付的治疗费、医药费、手术费、住院费等，均可以通过附加医疗费用保险来获得保障。

（三）附加战争等风险的保险

战争、罢工、骚乱等一般都是责任保险的除外责任，但在雇主责任保险中，对此类风险中的部分风险责任，保险人可以将其作为附加责任予以扩展承保。若被保险人要求加保雇员因战争、类似战争行为、罢工、暴乱、骚乱原因而遭受的人身伤害，保险人应在保险单上列明，并规定限制条件。例如，被保险人及其雇员不能是上述事件的制造者或参与者。

相关资料 6-4

雇主工伤责任保险与雇主责任保险的比较

雇主工伤责任保险和雇主责任保险的主要区别在于：前者需以工伤保险认定为启动条件，即只有在认定为工伤的情况下，这个保险才启动；后者则不需要以工伤认定为前提。

例如，A员工与B公司签订了劳动合同，B公司按规定为A员工缴纳各项社会保险。某日，A员工在工作中不慎受到了身体伤害，经过住院治疗后，伤情得到稳定，最终劳动能力鉴定为伤残十级。按照《工伤保险条例》的规定，A员工的各项费用分摊如下：工伤保险基金应承担的部分为医保范围内的医疗费用、住院伙食补贴、一次性伤残补助金、在A员工与B公司解除劳动合同时发生的一次性医疗补助金；雇主应承担的部分为停工留薪期的误工工资和必须发生的护理费、在A员工与B公司解除劳动合同时发生的一次性伤残就业补助金。

若企业雇主购买的是雇主工伤责任保险，在认定为工伤后，保险公司应赔偿上述由雇主应承担的部分；若企业雇主购买的是雇主责任保险且该雇主责任保险已约定雇主无须走工伤认定流程，则雇主责任保险就将补偿上述所有费用。

需要说明的是，大部分的雇主责任保险产品，无论是雇主工伤责任保险还是雇主责任保险，都可以提供额外的补偿限额，赔偿实际发生但不属于医保范围内的医疗费用。

第五节　职业责任保险

一、职业责任保险概述

（一）职业责任的概念及特点

职业责任是指从事各种技术工作的单位或个人因工作上的疏忽或过失造成他人人身伤害或财产损失，依法应当由提供服务的专业技术人员承担的经济赔偿责任。职业责任是职业责任保险存在和发展的基础。职业责任风险属于技术性较强的工作导致的责任事故，它不仅与人的因素有关，同时与知识、技术水平及原材料的欠缺有关，它限于技术人员从事本职工作中出现的责任事故。

（二）职业责任保险及其分类

职业责任保险是承保各种专业技术人员在从事职业技术工作时因疏忽或过失造成他人的人身伤害或财产损失中依法应承担的经济赔偿责任的保险。按照不同的划分方式，职业责任保险可分为以下几种：

（1）以投保人为划分依据，可分为普通职业责任保险和个人职业责任保险。普通职业责任保险的投保人是单位，以在投保单位工作的个人为保障对象；个人职业责任保险的投保人是个人，以投保人自己为保障对象。

（2）以承保方式为划分依据，可分为以索赔为基础的职业责任保险和以发生为基础的职业责任保险。

（3）以被保险人从事的职业为划分依据，可分为医疗责任保险、律师责任保险、会计师责任保险、建筑师责任保险、设计师责任保险等。

二、职业责任保险的险种介绍

（一）医疗责任保险

1. 医疗责任保险的概念

医疗责任保险承保医务人员在诊疗护理工作中，由于过失造成病人死亡、残废、组织器官功能障碍等依法应承担的经济赔偿责任，是职业责任保险中占主导地位的险种。

2. 医疗责任保险的保险对象

凡依法设立、有固定场所的医疗机构及经国家有关部门认定合格的医务人员，都可投保医疗责任保险。

3. 医疗责任保险的保险责任

在保险单明细表列明的保险期限或追溯期及承保区域范围内，被保险人在从事与资格相符的诊疗护理过程中因过失发生医疗事故或医疗差错造成下列依法应由被保险人承担的经济赔偿责任，并由被保险人在保险有效期内首次提出申请的，保险人负责赔偿。具体为：

(1) 第三者(指病人)的人身伤亡。

(2) 保险事故发生后并在仲裁或诉讼前，保险人书面同意的仲裁或诉讼费用。

(3) 发生保险责任事故后，被保险人为缩小或减少对病人人身伤害的赔偿责任所支付的必要的、合理的费用。

4. 医疗责任保险的赔偿处理

医疗责任保险一般以索赔为基础，保险人确定索赔引起的赔偿金额以病人或其家属与被保险人及保险人协商确定或经法院或国家有关部门依法裁定被保险人应偿付的金额为准，但不超过保险合同约定的赔偿限额。此外，被保险人在发生保险责任事故后，为抢救病人支付的必要的、合理的费用，保险人按约定负责赔偿。对于经保险人书面同意的仲裁或诉讼费用以及被保险人向有关责任方追偿所支付的费用，保险人也按约定赔偿。

(二) 律师责任保险

1. 律师责任保险的概念

律师责任保险承保被保险人或其前任作为律师在能力范围内从事职业服务时发生的由于疏忽、错误或遗漏等过失行为导致的法律赔偿责任，包括一切侮辱、诽谤以及被保险人在工作中发生的或造成的对第三者的人身伤害或财产损失。

2. 律师责任保险的保险责任

律师责任保险的保险责任为：被保险人在保险期限或保险单明细表列明的追溯期内从事律师业务时，由于疏忽或过失造成委托人的经济损失，并在保险期限内由委托人首次向被保险人提出索赔申请，依法应由被保险人承担的经济赔偿责任，事先经保险人书面同意的诉讼费用；发生保险事故后，被保险人为缩小或减少对委托人遭受经济损失的赔偿责任所支付的必要的、合理的费用。律师责任保险一般采用期内索赔式承保。

3. 律师责任保险的赔偿处理

律师责任保险以索赔为基础，保险人对每项索赔引起的赔偿以法院或政府有关部门根据法律裁定或被保险人及保险人协商确定的应由被保险人偿付的金额为准，但不超过保险合同约定的相应赔偿限额。被保险人索赔时应向保险人提供的文件有保险单正本、索赔报告、损失清单、律师执业证、与委托人签订的委托合同、证明律师责任的法律文件和其他证明损失性质、原因和程度的单证材料。

(三) 会计师责任保险

1. 会计师责任保险的概念

会计师责任保险承保被保险人的会计师根据被保险人的授权，在承办国内注册会计师审计业务过程中，因过失未尽其业务上应尽的责任及义务造成委托人及其利害关系人直接经济损失中依法应由被保险人承担的经济赔偿责任。国内的会计师责任保险是新开办的险种，保险对象是依法设立的会计师事务所。

2. 会计师责任保险的保险责任

会计师责任保险的保险责任为：被保险人在保险期限或保险单规定的追溯期内承办审计业务时，由于疏忽或过失造成委托人或其他利害关系人的经济损失，依法应由被保险人承担的经济赔偿责任；事先经保险人书面同意的诉讼费用，发生保险事故后，被保险人为缩小或减少对委托人或其他利害关系人经济赔偿责任所支付的必要的、合理的费用。

3. 会计师责任保险的赔偿处理

会计师责任保险以索赔为基础，保险人对每次索赔引起的赔偿金额以法院或政府有关部门根据法律裁定或双方当事人及保险人协商确定的应由被保险人偿付的金额为准，但不得超过保险单约定的相应赔偿限额。

（四）建筑工程设计责任保险

1. 建筑工程设计责任保险的概念

建筑工程设计责任保险承保建设工程设计人员因设计的疏忽或过失引起工程质量事故造成的损失或费用中，依法应承担的经济赔偿责任。它是我国开办最早的职业责任保险险种之一。

建筑工程设计责任保险的被保险人是依法成立的建设工程设计单位，也可以是依法独立从事建设工程设计的个人。

2. 建筑工程设计责任保险的保险责任

建筑工程设计责任保险的保险责任为：在保险单明细表列明的追溯期或保险期限内，由于设计的疏忽或过失而引发工程质量事故，被保险人承担经济赔偿责任的损失包括建设工程本身的物质损失以及第三者人身伤亡或财产损失；事先经保险人书面同意的诉讼费用，包括被保险人和委托人（工程的建设人）进行诉讼或抗辩的费用，被保险人向有关方追偿产生的费用等；为缩小或减少对委托人遭受经济损失的赔偿责任所支出的费用。

3. 建筑工程设计责任保险的赔偿处理

建筑工程设计责任保险一般以索赔为基础，而不论是否由一次事故所致。保险人对每次索赔引起的赔偿金额以法院或政府有关部门根据法律裁定或双方当事人及保险人协商确定的应由被保险人偿付的金额为准，但不得超过保险单明细表约定的相应赔偿限额。

（五）其他职业责任保险

职业责任保险的种类繁多，较常见的险种还有：

（1）美容师责任保险。承保美容院工作人员因业务过失而导致美容者的人身伤害的赔偿责任。

（2）药剂师责任保险。承保药剂人员在配方或出售或递送药物时，发生错误而导致他人人身伤害的赔偿责任。

（3）保险代理人及经纪人责任保险。承保保险代理人、经纪人由于业务上的错误、遗漏或其他过失行为致使他人遭受损害的经济赔偿责任。

（4）董事责任保险。承保董事及高级职员在行使职责时因疏忽或过失行为造成的股东损失中依法应承担的经济赔偿责任。

相关资料 6-5

传媒业职业责任保险为高危职业撑起“保险伞”

近几年，传媒从业人员由报道引发纠纷甚至法律诉讼的事件层出不穷，职业责任风险隐患陡增。目前，国内已有一些根据传媒从业人员的特点量身定制的“传媒业职业责任保险”，可为报刊、广播、公关公司、广告公司等传媒企业提供全面的职业责任保障，不仅包括为其支付因名誉侵权及疏忽行为导致的诉讼抗辩费用，而且包括企业所应承担的赔偿金。随着媒体需求量的不断加大，媒体责任保险对传媒企业将变得十分必要。并且，传媒企业购买“传媒职业责任保险”不仅能起到事后赔偿的作用，关键还有事前防范和规避风险的功能。不过，主观刻意制造虚假信息的行为并不属于承保范围，其中，对于是刻意还是疏忽的界定，需依据法院的判定。

本章小结

责任保险是一种以被保险人对第三者依法应承担的民事赔偿责任为保险标的的保险。企业、团体、家庭和个人在各种生产活动或日常生活中，由于疏忽、过失等行为对他人造成人身伤亡或财产损害，依法应承担的民事赔偿责任，可以通过投保有关责任保险转移给保险人。责任保险属于广义的财产保险范畴。

责任保险的基本内容是保险人和投保人签订保险合同，由投保人（被保险人）按照约定缴纳保险费，在被保险人从事各项生产、业务活动或者日常生活中由于疏忽、过失等行为造成他人的财产损失或人身伤亡，依法应承担赔偿责任时，由保险人按照保险单约定承担给付保险金赔偿的义务。

按照业务内容分类，责任保险包括公众责任保险、产品责任保险、雇主责任保险和职业责任保险等。

公众责任又称公共责任或综合责任，是指致害人在公众活动场所由于疏忽或过失等侵权行为，致使他人的人身或财产受到损害，依法由致害人承担受害人的经济赔偿责任。

产品责任是产品侵权损害赔偿责任的简称，是指由于产品存在缺陷，在消费、使用过程中发生意外，造成消费者、使用者或第三者的人身伤害或财产损失，依法应由制造商或销售商承担的经济赔偿责任。

雇主责任保险是以被保险人即雇主的雇员在受雇期间从事业务时因遭受意外导致伤、残、死亡或患有与职业有关的职业性疾病而依法或根据雇佣合同应由被保险人承担的经济赔偿责任为承保风险的一种责任保险。

职业责任保险是承保各种专业技术人员在从事职业技术工作时因疏忽或过失造成他人的人身伤害或财产损失中依法应承担的经济赔偿责任的保险。以被保险人从事的职业为划分依据，职业责任保险可分为医疗责任保险、律师责任保险、会计师责任保险、建筑师责任保险、设计师责任保险等。

重点概念

责任保险　　公众责任保险　　产品责任保险　　雇主责任保险　　职业责任保险

复习思考题

一、判断题

1. 责任保险的保险责任就是民事损害赔偿责任。（　　）

2. 责任保险赔款最后归被保险人所有。（　　）

3. 责任保险承保的风险与一般财产保险和人寿保险所承保的风险是有根本区别的。（　　）

4. 责任保险是以被保险人在保险期内可能造成的利益损失为承保基础的。（　　）

5. 责任保险承保的是没有实体的标的。（　　）

6. 在责任保险中，保险人承担的责任只能采用赔偿限额方式确定。（　　）

7. 公众责任保险的赔偿限额通常采用规定每次事故赔偿限额的方式。（　　）

8. 产品责任保险主要承保一些与人体健康有关的产品。（　　）

9. 在产品责任保险的理赔中，保险人的责任通常以产品保险期内发生事故为基础，而不论产品是否在保险期内生产或销售。（　　）

10. 保险人在雇主责任保险中所承担的责任风险与雇主所承担的对雇员的责任是一致的。（　　）

11. 雇主责任保险所承保的责任范围超出了过失责任的范围。（　　）

12. 雇主责任保险的赔偿限额通常是若干个月的工资收入，且每个雇员只适用于自己的赔偿额度。（　　）

13. 职业责任承保的对象不仅包括被保险人及其雇员，而且包括被保险人的前任与雇员的前任。（　　）

二、选择题

1. 责任保险是一种以被保险人对第三者（　　）应承担的赔偿责任为保险标的的保险。

A. 依合同　　B. 依法

C. 依保险条款　　D. 协商

2. 责任保险的保险标的是被保险人在法律上应负的（　　）。

A. 民事损害赔偿责任　　B. 保险责任

C. 合同责任　　D. 违约责任

3. 关于产品责任保险，下列说法不正确的是（　　）。

A. 产品责任保险是指以产品生产者或销售者等的产品责任为承保风险的责任保险

B. 只有生产商和销售商可以投保产品责任保险

C. 一切可能对产品责任事故造成的损害依法负有赔偿责任的人都可以投保

D. 产品责任保险可以有一个或多个被保险人

4. 雇主责任保险的（　　）。

A. 投保人和被保险人都是雇主　　B. 投保人是雇主，被保险人是雇员

C. 投保人既可以是雇主又可以是雇员　　D. 被保险人既可以是雇主又可以是雇员

5. 下列费用中，属于雇主责任保险基本责任的是（　　）。

A. 医疗费用　　B. 有关诉讼费用

C. 雇主自身伤亡的相关费用　　D. 以上所有费用

6. 雇主责任保险的附加医疗费保险是承保雇员在保单有效期间内因（　　）所需要的医疗费用。

A. 职业病　　B. 意外事故

C. 职业病以外的疾病　　D. 职业病及意外事故

7. 在雇主责任保险保单下，保险人不予赔偿的是（　　）。

A. 被保险人的重大过失造成的雇员伤亡所负的经济赔偿责任

B. 被保险人对雇员患职业性疾病所致伤残的经济赔偿责任

C. 被保险人对雇员因从事其业务时遭受意外死亡的经济赔偿责任

D. 被保险人的有关诉讼费用

8. 目前，我国雇主责任保险的赔偿限额是根据（　　）以雇员若干个月的工资额来制定的。

A. 有关法律　　B. 雇佣合同的要求

C. 保险条款　　D. 保险双方当事人协商

9. 公众责任保险保单的基本责任不包括（　　）。

A. 被保险人因意外事故对第三者的人身伤害引起的法律赔偿责任

B. 被保险人因意外事故对第三者的财产损失引起的法律赔偿责任

C. 被保险人控制他人的财产的损失

D. 相关的诉讼费用

10. 责任保险的免赔额一般是（　　）。

A. 相对免赔额　　B. 绝对免赔额

C. 累计免赔额　　D. 不规定免赔额

11. 职业责任保险是以各种专业技术人员的（　　）为承保风险的责任保险。

A. 职业风险　　B. 职业责任

C. 民事责任　　D. 经济赔偿责任

12. 产品质量保证保险是指因被保险人制造或销售丧失或不能达到合同规定效能的产品给使用者造成经济损失时，由保险人对（　　）进行赔偿的一种保证保险。

A. 产品引起的损失和费用

B. 产品使用者因该产品而造成的损失应负的经济赔偿责任

C. 有缺陷产品本身及引起的损失和费用

D. 使用者的全部经济损失

三、案例分析题

案例一

某啤酒集团公司于某年 5 月 1 日向太平洋保险公司某分公司投保产品责任险，期限为一年，规定每次事故限额为 2 万元，该限额确定为因产品责任事故导致消费者的人身伤害，不包括造成消费者的财产损失。当年 8 月 2 日，高某购买该公司生产的啤酒宴请朋友，用专用工具打开啤酒瓶盖时，啤酒瓶突然爆炸，当即炸伤高某眼睛及手臂，去医院治疗共支付医药费 15 000 元，高某向该啤酒集团公司索赔医药费及误工费 20 000 元。

同年 8 月 5 日，类似啤酒瓶爆炸事件也发生在张某身上，炸伤其眼睛，张某向该啤酒集团公司索赔医药费、误工费共 22 000 元。该啤酒集团公司向太平洋保险公司某分公司告知投保产品出险，要求按规定赔偿每次事故限额 2 万元，共赔偿该公司 4 万元。

问题：保险公司该如何赔付？

案例二

刘某是某公司工段长，在分货时与员工陈某发生摩擦并产生口角。两天后的晚上，刘某在公司加班时，陈某持刀砍伤刘某，造成刘某受伤住院。该公司已投保雇主责任险，遂向保险公司提出索赔。

问题：保险公司该如何处理？

第七章
信用保证保险

学习目标

1. 了解信用保险的概念与特征；
2. 了解保证保险的概念与特征；
3. 熟悉出口信用保险的险种及内容。

第一节 信用保证保险概述

一、信用保证保险的内容

信用保证保险是随着商业信用的发展而产生的一类新兴保险业务。信用保证保险分为信用保险与保证保险，信用保险是保险人根据权利人的要求担保义务人（被保证人）信用的保险；保证保险是义务人（被保证人）根据权利人的要求，要求保险人向权利人担保义务人自己信用的保险。信用保险和保证保险都是保险人对义务人（被保证人）的作为或不作为致使权利人遭受损失负赔偿责任的保险，即都是保险人对义务人信用的担保。但二者又存在差别，主要表现为：

（1）投保对象与投保人不同。信用保险是权利人要求保险人担保义务人（被保证人）的信用，保证保险是义务人（被保证人）要求保险人向权利人担保自己的信用；前者由权利人投保，后者由义务人（被保证人）投保。

（2）信用保险是通过填写保险单来承保的；而保证保险则是通过出立保证书来承保的，该保证书同保险单有本质的区别，其内容通常很简单，只规定担保事宜。

（3）信用保险合同除保险人外只涉及权利人和义务人两方；而保证保险因为往往要求义务人提供反担保，因此保证保险除保险公司外，还涉及义务人、反担保人和权利人三方。

（4）在信用保险中，被保险人交纳保险费是为了将可能因义务人不履行义务而使自己受到损失的风险转嫁给保险人，保险人承担着实实在在的风险，保险人赔偿后，虽然可以向责任方追偿，但成功率很低。在保证保险中，义务人交纳保险费是为了获得向权利人保证履行义务的凭证。保险人只出立保证书，履约的全部义务还是由义务人自己承担，并没有发生风险转移，在义务人没有能力承担的情况下才由保险人代为履行义务，因此，保证保险的风险小于信用保险。

二、信用保证保险的特征

信用保证保险属于广义的财产保险的范畴，但它同一般财产保险比较，又有下述特点。

（一）保险合同要涉及三方当事人

一般财产保险合同是投保人（被保险人）与保险人之间签订的协议，通常不涉及第三方。信用保证保险要涉及三个方面的当事人：保证人即保险人，权利人即被保险人或受益人，义务方即保证人。

（二）特殊的义务处理方式

信用保证保险承保的是一种信用风险，具有风险性质复杂、经营技术难度大的特点。因而为了控制风险，保险人在经营信用保证保险时要采取一些特殊的业务处理方式，主要有资信调查和反担保。

资信调查是指保险人为了避免在占有信息不充分的条件下做出不正确的选择，亲自或委托信托资信部门调查被保证人的支付能力、信用、经营管理等情况，以调查的结果为信用保证保险决策服务。如果是涉外业务，还要调查被保证人所在国的政治和经济状况。反担保是保证人为被保证人提供担保的同时，要求被保证人为自己履行合同提供保证，这一担保称为反担保，因为它和保证人提供保证的指向刚好相反。

（三）保险费的性质

保证保险中保险人支付的赔偿要由被保证人如数退还，因此从理论上讲，保险人并没有真正承担赔偿责任。保险人收到的保险费，实际上是一种手续费或服务费。但在信用保险中，保险人往往难以得到被保证人的反担保，只能事后向被保证人追偿，这就要求对被保证人的资信进行更严格的审查。

（四）对经营该业务的保险人要求较严格

在国内外，信用保证保险必须由政府指定或批准的保险人或专门经营保证保险业务的保险人办理，禁止一般保险人承保该项业务。例如，美国财政部每年公布一次被批准的保证保险人的名单，并规定各公司承保的限额。

第二节 信用保险

信用保险是权利人要求保险人为被保证人提供信用的保险，主要包括以下几种。

一、国内信用保险

国内信用保险是随着商品交易的发展而发展起来的信用保险。它主要承保当商品交易采取延期或分期付款时，卖方因买方不能如期偿还全部或部分贷款而遭受的经济损失，国内信用保险的被保证人是买方，权利人通常是卖方，保险人向卖方提供信用的保障。其承保的风险多为商业风险，一般不承保政治风险。

案例分析 7-1

某投保国内贸易短期信用保险客户报案称其贸易合同发生逾期欠款事件，涉案金额高达8 000余万元。阳光财险接报案后，立即成立专案组开展理赔工作。信用保险融合法律、贸易、财务等多领域专业知识，而且该案涉及的关系复杂、调查取证难度大，这些对案件的定责、核损都是一种巨大考验。本着一切为了客户的服务理念，为加快理赔速度，给客户排忧解难，阳光财险抽调系统内专家，并先后聘请会计师事务所、律师事务所介入案件处理。经梳理贸易关系、明确保险责任、核定实际损失，最终与客户达成一致，赔付6 000万元。

信用保险，有助于企业降低坏账风险，提高信用管理水平；增强企业在复杂经济环境下的风险承受能力；减少了采购环节资金占压，缓解企业资金负担；改善产业上下游信用环境，提高全社会生产效率，是保险行业服务实体经济的重要抓手。在当今国内经济下行，资金面紧张的情况下，信用险对实体经济的保障作用，充分展现“保险业姓保”的行业理念。

二、出口信用保险

（一）出口信用保险概述

出口信用保险是为了支持和促进本国出口贸易的发展，由政府指定的金融机构或保险公司为国内出口商（卖方）开办的收汇风险的保险。在出口贸易活动中，除了少数合同采取预付货款方式外，大部分出口贸易都通过信用证或托收的方式收取货款，即国际贸易活动中普遍采取的货到后付款的结算方式。因此，出口商面临着境外的进口商可能赖账或拒付货款的风险。由于凡是需要通过信用证、付款交单、承兑交单和赊账等支付方式结汇的出口货物都面临着这种风险，本国的出口商作为权利人，希望通过保险的方式，在境外进口商（被保证人）发生信用风险的时候，可以转移这种风险，避免自己的利益受到损失。由金融机构和商业保险公司经营的出口信用保险为出口商提供了针对进口商的信用风险保险业务，当出口商由于规定的信用风险遭受损失时，保险人要按照保险合同的规定赔偿出口商的经济损失，同时获得向进口商代位求偿的权利。由于这种信用风险的承保过程比较复杂，业务的财务稳定性比较差，一般的商业保险公司不愿意接受。所以，出口信用保险通常属于政策性的保险业务，由国家向指定经营出口信用保险业务的机构提供必要的财政补贴。我国政府指定经营出口信用保险业务的机构为2001年成立的中国出口信用保险公司。

（二）出口信用保险的特征和体制

第一，带有明显的政府经营下的非企业特征。因为出口信用保险的风险比较大，所需资金较多，因而需要政府的支持和参与办理。

第二，不以盈利为经营的重要目标。出口信用保险的目的是鼓励和扩大出口，保障出口商以及与之融通资金的银行因出口所致的各种损失，所以许多国家经营出口信用保险的机构不惜损失来支持出口，以满足国家整体经济利益的要求。

第三，汇率制定与一般财产保险不同。因为信用风险中包括了很多的人为因素，因此除了一般财产保险费率制定应考虑的损失概率外，还要考察出口商资信、规模及买方国家的政治、经济和外汇收支状况等。

第四，出口信用保险由于各国和各地区政治、经济、法律制度以及办理出口保险历史等方面的差异，根据政府支持程度不同，大致可分为以下几种体制：

（1）政府直接办理型。即办理出口信用保险业务的机构本身就是政府的职能部门，其业务收入与赔偿支出直接纳入国家预算。最有代表性的是英国的出口信用担保局。

(2) 政府间接办理型。即政府投资建立独立的经济实体，专门办理出口信用保险业务，并且提供财务担保的方式做后盾。如加拿大的出口信用开发公司。

(3) 政府委托私营机构代理型。即政府制定政策，私营保险机构办理，国家最终承担风险。这既体现了国家的支持，又利用了私营保险机构的经营体制。如美国的对外信用保险协会等。

(4) 混合经营型。即出口信用部分由保险公司自己经营，部分业务由政府代理经营。如法国的对外贸易公司、荷兰的出口信用保险机构等。

(三) 出口信用保险承保的风险

1. 商业风险

商业风险包括如下内容：

(1) 买方由于破产或其他债务原因而无力支付货款的风险。

(2) 买方收到货物后，长期拖欠货款的风险。

(3) 买方违背贸易合同，在卖方发货后提出拒收货物并拒付罚金的风险。

2. 政治风险

(1) 买方所在国发生战争、内战、暴乱、革命、敌对行为或其他骚乱。

(2) 买方所在国颁布法律、命令或条约，阻止、限制买方汇出的货币或其他自由兑换货币。

(3) 买方所在国颁布法律、命令或条约，突然撤销买方的进口许可证或禁止买方的货物进口。

(4) 由于买方无法控制的其他政治事件，使买方无法履行合同。

出口信用保险不承保在卖方出口货物前已经存在的风险，或由于卖方或其代表的故意违反行为而违约带来的风险。对于汇率变动引起的风险和其他保险中承保的风险也不予承保。

(四) 出口信用保险的种类

目前，我国办理的出口信用保险有短期出口信用保险、中长期出口信用保险、特约出口信用保险三种。

(1) 短期出口信用保险。适用于持续性的出口消费型货物以及信用期不超过 180 天的短期信用贸易及向海外客户提供的服务。这种保险业务的保险期通常为一年，期满可续保。

(2) 中长期出口信用保险。适用于半资本型或资本型的货物，信用期在 180 天以上，甚至长达 5 年、8 年。

(3) 特约出口信用保险。适用于资信程度较高的被保险人，因业务需要临时性的比较特殊的在其他出口信用保险中不能承保的业务。

(五) 出口信用保险的责任限额

1. 保险单的最高赔偿限额

短期出口信用保险的保险单以 1 年为限，保险单的最高赔偿限额是指保险人对被保险人在 12 个月内所累计承担的总赔偿限额。保险公司在承保业务之前，要求被保险人填写投保单，并核查其前 12 个月的出口累计金额，保险公司根据出口商的经营情况、产品销售情况、出运目的地的分布情况以及出口金额的大小，制定出保险单的最高赔偿限额。此限额是在保险单订立的12个月中累计承担的总赔偿限额。

2. 买方信用限额

买方信用限额是指保险单对被保险人向某特定买方出口货物所承担的最高赔偿限额。保险人与被保险人对与被保险人进行贸易的每一买家有一个“买方信用限额申请/审批”的过程。保险人要求被保险人就保险单范围内的买家逐一申请其适用的信用放账额度，此额度经保险人批准后可循环使用，被保险人在申请买方信用限额的同时，需要为保险人提供该买方的有关资料，供保险人参考。买方信用限额的控制是这种业务的关键，它既要尽量满足出口企业对外放账的需要，又要在一定程度上控制超量的放账额度，避免可能导致的外汇风险。买方信用限额一旦确立，就成为保险人可以承担的责任限额。实际工作中，对于那些有丰富经验并拥有广大市场的被保险人，保险人不需要对其每一买家的资信进行仔细调查，而是在一定范围内给予其灵活处理日常业务的权利。因此，对此类业务，每一保险单通常都会规定一定数额作为被保险人自行掌握的信用限额，以鼓励出口企业同买方进行更多的交易，而不用事先征得保险人同意，如果发生损失，出口企业亦可在此信用限额内向保险人索赔。

（六）出口信用保险的理赔

当发生保险范围内的损失时，被保险人应立即通知保险公司，并采取一切措施减少损失。被保险人索赔时应填写索赔申请书，并提供出口贸易合同、发票、损失证明和其他必要的单证。对被保险人的索赔，除了买方由于破产无力偿付货款的原因外，对其他原因引起的损失，都分别规定一个等待期。在等待期内，如果被保险人仍然没有收回货款，等待期满后保险人再定损核赔。被保险人获得赔偿后，仍应与保险公司通力合作，继续向债务人追收欠款，在追讨过程中发生的各项费用，保险公司按实际赔偿的比例予以承担。

案例分析 7-2

出口信用保险护航“一带一路”建设

中国出口信用保险公司（以下简称“中国信保”）最新发布消息显示，2017年，政策性信用保险覆盖面进一步扩大，年度承保金额首次突破5 000亿美元至5 246亿美元，同比增长11%。其中，中长期出口信用保险承保金额239亿美元，同比增长7%；海外投资保险承保金额489亿美元，同比增长15%；短期出口信用保险承保金额4 128亿美元，同比增长10%。全年向客户支付赔款近14亿美元，同比增长8%。

中国信保全年积极支持企业面向“一带一路”沿线国家的出口、投资、工程承包业务，累计承保金额达1 298亿美元，同比增长约15%。全年对“一带一路”沿线国家业务支付赔款超过4亿美元。在支持小微企业方面，中国信保累计支持小微企业出口575亿美元，支付赔款超过1亿美元，服务小微企业超过6万家，对小微企业的保险覆盖率达25%。在支持服务贸易方面，中国信保支持服务贸易出口超过260亿美元。在支持外贸综合服务平台等新业态方面，中国信保全年出具保单101张，辐射出口企业1万余家，累计支持出口金额达63亿美元，支付赔款2 000多万美元。

三、投资保险

投资保险也称政治风险保险，保险人承保本国在外国进行投资的投资者在投资期间因对方国家的政治风险所造成的投资损失，其承保对象一般是海外投资者。我国自1979年以来，为了适应对外开放和引进外资的需要，开办了投资保险。但我国的投资保险保障的是我国投资者的利益，被保险人是我国的投资者。

（一）保险责任

（1）战争险。包括战争、类似战争行为、叛乱、罢工及暴动。

（2）征用险。又称国有化风险，是指投资者在国外的投资资产被东道主政府有关部门征用或没收的风险。

（3）汇兑险。即外汇风险，是投资者因东道国的突发事件而导致其在投资国与投资国有关的款项无法兑换货币及转移的风险。

（二）除外保险

（1）被保险人的投资项目受损后造成被保险人的一切商业损失。

（2）被保险人没有按照政府有关部门所规定的汇款期限汇出汇款所造成的损失。

（3）被保险人及其代表违背或不履行投资合同或故意违法行为导致政府部门征用或没收造成的损失。

（4）由于原子弹、氢弹等核武器造成的损失。

（5）投资合同范围外的任何其他财产的征用、没收所造成的损失。

（三）保险金额的确定

1年期的保险金额是该年的投资金额乘以保险双方约定的百分比，一般为投资金额的90%。长期投资项目的每年投资金额在投保时按每年预算投资金额确定，当年保险金额为当年预算金额的90%，长期投资项目需确定一个项目总投资金额下的最高保险金额，其保险费需在年度保险费基础上加差额保费，长期投资项目期满时，按实际投资额估算。

（四）保险期限

投资保险分为1年期和长期两种。1年期保险单到期后，经双方协商同意，可以续保，条件另议。长期保险的期限最长为15年，最短为3年。3年以后，被保险人有权要求注销保险单。如未满3年，提前注销保险单的，被保险人须交足3年的保险费。

（五）理赔处理

1. 理赔金额的规定

在发生保险责任范围内的损失时，一般按投资金额与保险金额的比例进行赔偿。由于保险人的保险金额一般为投资金额的90%，因此被保险人所受的损失若将来追回，也应由被保险人与保险人按各自承担损失的比例分摊。

2. 赔偿期限的规定

由于各种政治风险造成的损失，有可能在不久后通过不同途径予以挽救，故被保险人的损失发生与否需要经过一段时间才能确定。因此，投资保险有赔偿期限的规定，且不同的保险责任有不同的赔偿期限。

（1）政府有关部门征用、没收引起的投资损失，在征用、没收发生满6个月后赔偿。

（2）战争、类似战争行为、叛乱、罢工及暴动造成投资项目的损失，在提出财产损失证明后，或被保险人投资终止6个月后赔偿。

（3）政府有关部门汇兑限制造成的投资损失，自被保险人提出申请汇款3个月后赔偿。

案例分析 7-3

海外投资保险为企业“走出去”保驾护航

中国出口信用保险公司（以下简称“中国信保”）发布的 2017 年《全球投资风险分析报告》（以下简称“报告”）显示，2016 年我国对外投资流量为 1 961.5 亿美元，同比增长 34.7%。而在我国海外资本输出需求日益旺盛的形势下，海外投资保险已经成为保障企业安全“走出去”的重要金融工具。

中国信保于 2003 年推出的海外投资保险产品，对投资者提供因投资所在国发生的汇兑限制、征收、战争及政治暴乱，以及违约风险造成的经济损失进行赔偿的政策性保险业务。数据显示，2016 年，全球投资保险赔付额达 3 亿美元，这一数字比 2015 年 1.5 亿美元的赔付金额翻了一番，同时也是从 2007 年到 2016 年这十年间最高的赔付金额。2003 年至 2016 年末，中国信保对我国企业海外投资的累计承保金额超过 2 200 亿美元，年均增幅近 60%。其中，2016 年中国信保的海外投资保险承保金额近 430 亿美元。2017 年 1—10 月，中国信保海外投资保险的承保金额近 370 亿美元。截至 2017 年 10 月末，中国信保在海外投资保险项下累计赔付案件 30 宗，累计支付赔款超过 1 亿美元。

第三节 保证保险

一、保证保险的概念与特点

（一）概念

保证保险是当被保险人的作为或不作为致使被保险人（权利人）遭受经济损失时，由保险人来承担经济赔偿责任的保险。

保证保险是随着道德风险的频发而发展起来的。在有些国家，一些企事业单位和团体在招收就业人员时，要求应聘人员必须提供企事业单位和团体认可的保证人才能就业。在就业期间，如果由于被保险人的营私舞弊行为而使得雇主受损，保证人就要承担赔偿责任。

（二）特点

与一般的商业保险相比较，保证保险有如下特点：

（1）保证保险的当事人涉及三方：保证人（保险人）、被保证人（义务人）、权利人。一般保险的当事人只有保险人与被保险人。

（2）一般商业保险中，保险关系建立在预期“将发生损失”的基础上，即有损失才有保险关系存在的必要性，而在保证保险中，保险人是在“没有风险”的预期下提供服务的，换句话说，如果保险人预期将发生损失，它将不向被保证人提供保险。

（3）在被保证人未能按照合同或协议的要求履行自己的义务，因此给权利人带来损失，而被保证人不能补偿这一损失时，由保险人（保证人）代为赔偿。然后，保证人再向被保证人追偿。为了保证日后这项权利能够得以实施，保险人往往要求被保证人提供反担保。

（4）因为保证保险是一种担保业务，它基本上建立在无赔款的基础上，因此保证保险收取的保险费实质上是一种手续费，是利用保险公司的名义提供担保的一种报酬。

二、保证保险的种类

保证保险的种类很多，归纳起来主要分为确实保证保险与诚实保证保险两大类。

(一) 确实保证保险

确实保证保险是被保证人因不履行义务而使权利人受损时，由保险人承担赔偿责任的保证保险。其保险标的是被保证人的违约责任。确实保证保险的投保人是被保证人自己，它承保的风险是被保证人履行一定义务的能力和意愿。确实保证保险分为以下几类。

1. 合同保证保险

合同保证保险承保因被保险人不履行各种合同义务而造成权利人的经济损失，常见的险种有：

(1) 履约保证保险。它承保工程所有人因承保人不能按时、按质、按量交付工程而遭受的经济损失。

(2) 投标保证保险。它承保工程所有人（权利人）因中标人不继续签订合约而遭受的损失。如果中标人拒绝签约，按顺序由标价次低的合格投标者得标，或重新招标，前后两次标价的差额由保证人赔偿。

(3) 预付款保证保险。它承保工程所有人因承保人不能履约而受到的预付款损失。

(4) 维修保证保险。它承保工程所有人因承保人不履行合同所规定的维修任务而受到的损失。

合同保证保险要求的条件有：

(1) 投资项目已经核实。工程施工力量、设备材料等都已落实。

(2) 严格审查承保人的信誉、经营能力和财务状况，并要求提供投保工程的合同副本、往来银行名称及账号等资料。

(3) 要求承保工程的人提供反担保或签订偿还协议书。

(4) 工程项目本身投保了工程保险。

合同保证保险的责任范围有：

(1) 保险公司只负责工程合同中规定的因承保人方面的原因造成的工期延误损失，不属于承保人方面的原因造成工期延误的损失，保险公司不负责。

(2) 保险公司赔偿的数额以工程合同中规定应赔偿的数额为限。例如，合同中规定承保人不能如期交工应支付罚款，保险公司赔偿的数额以该罚款数额为限。

2. 司法保证保险

司法保证保险是因法律程序而引起的保证业务，按其内容可分为诉讼保证和受托保证。

(1) 诉讼保证。当诉讼当事人要求法院为其利益采取某种行动或措施，如扣押、查封、冻结某些财产等，而有可能伤害另一方的利益时，法院为了维护双方的合法权益，通常会要求申请人提供某种诉讼保证。

(2) 受托保证。担保经法院指定的财产受托人、破产管理人、遗嘱执行人、遗产管理人等为他人管理财产的人因其不尽职而造成被管理人财产损失，由保险人负责赔偿责任。

3. 许可证保证保险

许可证保证保险是担保从事经营活动领取执照的人遵守法规或履行义务的保险。在有些国家，从事某一活动或经营某项业务的人在向政府申请执照或许可证时，往往需要提供此种保证。

4. 产品保证保险

产品保证保险也称产品质量保险，它承保的是产品责任，即被保险人因制造或销售的产品质量有缺陷而产生的赔偿责任。在欧美国家，制造商或销售商一般同时投保产品责任保险和产品保证保险以得到充分保障。

（1）产品保证保险的承保责任。

第一，对用户负责更换或整修不合格或有缺陷的产品的损失和费用。

第二，赔偿用户因产品质量不符合使用标准而丧失使用价值的损失，以及由此引起的额外费用。

第三，被保险人根据法院判决或有关行政当局命令，收回、更换或修理已投放市场的质量有缺陷的产品造成的损失和费用。由于产品保证保险的风险不易估算和控制，保险公司通常采用和被保险人共同分摊的方式。

（2）产品保证保险的除外责任。

第一，用户或他人的故意行为、过失和欺诈引起的损失。

第二，用户不按产品说明书或技术操作规定使用产品或擅自拆卸产品而造成的产品本身损失。

第三，属于制造商、销售商、修理商保险范围内的损失。

第四，产品在运输过程中因外部原因造成的损失和费用。

第五，因销售的产品缺陷而致使他人的财产损失或人身伤亡的医疗费用和住院费等。

第六，经有关部门鉴定不属于条款所列质量问题造成的损失和费用。

第七，不属于条款所列的责任范围内的其他损失。

（3）产品保证保险的保险金额与费率。

保险金额按产品零售价购货发票或按出厂价格确定。费率制定应考虑下列因素：产品制造商、销售商的技术水平，管理者情况，产品的性能和用途，产品的数量，产品的销售区域，被保险人投保该类产品以往的损失记录。

（二）诚实保证保险

诚实保证保险又称雇员忠诚保证保险，承保雇主因雇员的不诚实行为，如盗窃、贪污、侵占、非法挪用、伪造、欺骗等而受到的经济损失。这种保险一般由雇主投保。除了一般的权利和义务外，在诚实保证保险中，保险双方还有一些特有的权利和义务。

1. 保险人的权利

（1）承保时要了解所承保雇员过去的工作经历，核查有无不诚实的记录等。

（2）保险人有权审查雇主提供的索赔说明书、财务计算报告及其他单证。

2. 雇主的义务

（1）雇主在发现雇员有某种欺骗和不诚实的行为，并有可能造成钱财损失时，应随时通知保险人。

（2）雇主应积极协助保险人，向有欺骗和不诚实行为并造成钱财损失的雇员进行追赔，或从雇员的报酬中扣回保险人已支付的赔款。

（3）变更雇佣条件或减少雇佣报酬等情况，雇主均应事先征得保险人同意。

（4）投保人必须在雇员不诚实行为造成钱财损失的发现期内提出索赔。这个期限一般规定为 6 个月（即最迟从该雇员退休、离职或死亡之日被注销时起 6 个月或保单终止后 6

个月，两者以先发生者为准）。

案例分析 7-4

雇员忠诚保证保险拒赔案

某年初，广州某公司策划在上海某百货商场举办某产品专柜特卖活动。该公司通过某人才市场的招聘，雇用了5人担任此次活动的推销员。某天，该公司急需将价值5万多人民币的货物从公司驻沪办事处运往商场。公司专用送货车辆均外出未归，负责这次活动的业务员便安排推销员A乘一辆出租车送货，同时联系商场派人在商场门口接货。尔后，推销员A及此笔货物失踪。该公司立即向当地派出所报了案。公安部门对所有线索做了追查，但没有结果。该公司事后根据投保的雇员忠诚保证保险向保险公司提出了索赔申请。

保险公司向该公司的有关人员进行了调查取证，并根据保险单所列明的条款，要求被保险人提供对推销员A受雇前情况进行查询所获得的证明资料。但事实表明，该公司在雇用推销员A时未对其受雇前情况做必要的查询。由于被保险人在使用其雇员前，未通过必要的查询来防范其雇员在忠诚信用方面所潜在的风险，因此，保险公司依据保单条款对此案做出了拒赔的决定。

3. 责任范围

诚实保证保险主要承保雇员在受雇期间贪污财物所致的损失、雇员在受雇期间盗窃财物所致的损失、雇员在受雇期间因欺诈行为所致的损失。

4. 除外责任

对于因雇主没有采取安全预防措施和尽责督促检查而造成的任何钱财损失，保险人不予负责。

5. 承保方式

(1) 指名保证保险。

指名保证保险是以特定的雇员为被保证人的保证保险。该保险又可分为个人保证和表定保证两种。

1) 个人保证，即只对一个指名的雇员提供保证，由他提出保证申请，保证人对他进行调查后做出是否提供保证的决定。

2) 表定保证，即同一保证合同中承保两个以上的雇员，每个人都有保证金额。例如：

张某	总裁	200 000 元
王某	财务主任	100 000 元
杨某	出纳员	50 000 元
李某	推销员	20 000 元

当解雇被保证人或录用新的雇员时，必须办理批改手续。

(2) 职位保证保险。

在职位保证保险合同中列出各种职位及其人数。例如三个会计、一个出纳、一个财务主任、两个收货员等。由此，当一个职位上的雇员调动时不必通知保证人，只有当一个职位上的雇员人数发生变动时，才需办理批改手续。如果雇主没有通知某种职位上的人数变化，一旦发生损失，雇主要承担部分损失。例如：保证契约中原有四个出纳，对每人的保证金额是 200 000 元，后来雇主增加了一个出纳，但没有通知保证人，要是有一个出纳员贪污，保证人的赔偿责任至多为 200 000×4/5＝160 000（元）。

（3）总括保证保险。

上述两种保证保险都是诚实保证保险的早期形式，如今较少使用，广泛使用的是总括保证保险。对在特别岗位上的雇员可以使用上述两种保证保险作为总括保证保险的补充（超额保证）。在总括保证保险中，一个企业的所有雇员都是被保证人，新的雇员在没有通知保证人之前就属于被保证人。这种保证保险可以避免因选择被保证人或职位而引起的猜疑。

（4）伪造保证保险。

它是承保因伪造或篡改背书、签名、收款人姓名、金额等造成的损失的保证保险。可分为两种形式：一是存户伪造保证保险，是承保被保证人或被保证人往来的银行因他人以被保证人的名义伪造或篡改支票、汇票、存单及其他凭证票据所致损失的保险，此处的承保票据是指支付票据；二是家庭伪造保证，是承保个人在收支款项时因他人伪造所致损失的保险，此处的承保票据包括支付票据、收入票据及收入伪钞。

（5）“三 D”保单。

它是指不诚实（Dishonest）、损毁（Destruction）及失踪（Disappearance）的综合保单，简称“三 D”保单，包括诚实保证和盗窃保险两者在内，承保企业因他人的不诚实、盗窃、失踪、伪造或篡改票据遭受的各种损失。

本章小结

信用保证保险分为信用保险与保证保险，信用保险是保险人根据权利人的要求担保义务人（被保证人）信用的保险；保证保险是义务人（被保证人）根据权利人的要求，要求保险人向权利人担保义务人自己信用的保险。信用保险和保证保险都是保险人对义务人（被保证人）的作为或不作为致使权利人遭受损失负赔偿责任的保险，即都是保险人对义务人信用的担保，但二者又存在差别。

信用保险是权利人要求保险人为被保证人提供信用的保险，主要包括国内信用保险、出口信用保险及投资保险。

保证保险是当被保险人的作为或不作为致使被保险人（权利人）遭受经济损失时，由保险人来承担经济赔偿责任的保险。保证保险的种类很多，归纳起来主要分为确实保证保险与诚实保证保险两大类。确实保证保险是被保证人因不履行义务而使权利人受损时，由保险人承担赔偿责任的保证保险，主要包括合同保证保险、司法保证保险、许可证保证保险及产品保证保险。诚实保证保险又称雇员忠诚保证保险，承保雇主因雇员的不诚实行为，如盗窃、贪污、侵占、非法挪用、伪造、欺骗等而受到的经济损失。这种保险一般由雇主投保。诚实保证保险主要有指名保证保险、职位保证保险、总括保证保险、伪造保证保险及“三 D”保单等几类。

重点概念

信用保险　　国内信用保险　　出口信用保险

保证保险　　被保证人　　确实保证　　诚实保证

复习思考题

一、选择题

1. 信用保险是由（　　）向保险人投保的一种保险。

A. 权利人　　B. 债务人　　C. 中介人　　D. 保证人

2. 信用保险不同于保证保险，其合同当事人是（　　）。

A. 权利人和债务人　　B. 债务人和保险人

C. 权利人和保险人　　D. 中介人和保险人

3. 信用保险的特点是（　　）。

A. 由债务人向保险人投保　　B. 投保的是债权人的信用风险

C. 合同当事人是权利人和债务人　　D. 投保人都是权利人

4. 信用保险就是把债务人的（　　）转移给保险人。

A. 破产风险　　B. 履行合同义务　　C. 保证责任　　D. 运输风险

5. 如果被保证人发生信用风险，则保险人的正确处理方法是（　　）。

A. 保险人首先要向权利人履行赔偿责任

B. 被保证人保证赔偿后，保险人才能向权利人履行赔偿责任

C. 保险人首先要向被保证人进行代位求偿

D. 保险人拥有向被保证人进行代位求偿的权利，并无履行赔偿责任的义务

6. 投资保险的承保对象一般是（　　）。

A. 海外投资者　　B. 国内投资者　　C. 本地投资者　　D. 个人

7. 投资保险承保的是特殊的政治风险，责任重大，因此，通常由（　　）办理。

A. 财务保险公司　　B. 政府设立的保险机构

C. 跨国保险公司　　D. 商业性的保险公司

8. 对于大额资本性货物的出口和年限较长的贸易信用，（　　）的出口信用保险能够予以承保。

A. 政府直接办理型　　B. 政府间接办理型

C. 政府委托私营机构代理型　　D. 混合经营型

9. 忠诚保证保险的承保对象是（　　）。

A. 雇员的合同　　B. 雇员的业绩　　C. 雇主的利益　　D. 雇员的品德

10. 某公司投保的诚实保证保险将于5月20日到期，而该公司的雇员甲于3月10日意外死亡后，该公司发现其在2年前曾经擅自挪用公款牟取私利，那么该公司最迟于（　　）之前向保险公司提出索赔申请才能够得到受理。

A. 6月10日　　B. 8月20日　　C. 9月10日　　D. 11月20日

二、简答题

1. 试比较信用保险与保证保险的异同。

2. 简述出口信用保险的特点及体制。

3. 保证保险的特点是什么？

4. 简述产品保证保险的基本内容。

三、案例分析题

我国 A 企业到美国投资 1 000 万美元，向国内某保险公司投保投资保险，保险金额按已投资额的 90%计算，为 900 万美元。在保险期间，因美国发生恐怖袭击事件致使 A 企业损失 500 万美元，被保险人向保险人提出索赔申请并提供了财产损失证明。

问题：(1) 6 个月后，保险公司应赔偿 A 企业多少美元?

(2) 两年后，该保险公司向美国有关方面将 A 企业的损失 500 万美元如数追回。保险公司应如何进行处理?

第八章
再保险

学习目标

1. 了解再保险的概念、种类和作用；
2. 掌握再保险责任分配方法；
3. 理解比例再保险合同和非比例再保险合同的主要内容；
4. 熟悉再保险业务规划；
5. 熟悉再保险市场经营的主体；
6. 在实际工作中能灵活运用以上知识。

第一节　再保险概述

一、再保险的概念

再保险，是指保险人将其所承保业务的一部分或者全部以承保方式转移给其他保险人的行为。在业务上，我们通常把再保险称为“分保”，简单地说，就是“保险的保险”。

通常将自己承保业务的保险人称作原保险人或分出分保人，而将接受分保业务的保险人称作再保险人，或分保接受人。原保险人分出的那部分风险责任叫分保额或分出额，而他自己保留的那部分责任叫自留额。如果再保险人又将接受的分保业务再分给其他的保险人，这种做法叫作转分保。

原保险人转嫁风险和责任，要向再保险人支付一部分保费，这种保费叫分保费；而原保险人承保业务要花一定的费用，因此，要向再保险人收取一定的手续费，这种手续费叫分保手续费，也称分保佣金。有时，再保险人还从分保盈余中支付一定比例的佣金给分出分保人，这种佣金叫盈余佣金。盈余佣金按盈余多寡确定不同的比例，盈余越多，比例越高，这样可促使分出分保人更加注意选择业务质量。而且按照国际惯例，分出分保人应将其自负责任及有关情况告知分保接受人，从而为提高业务质量提供了法律保证。再保险流程如图 8-1 所示。

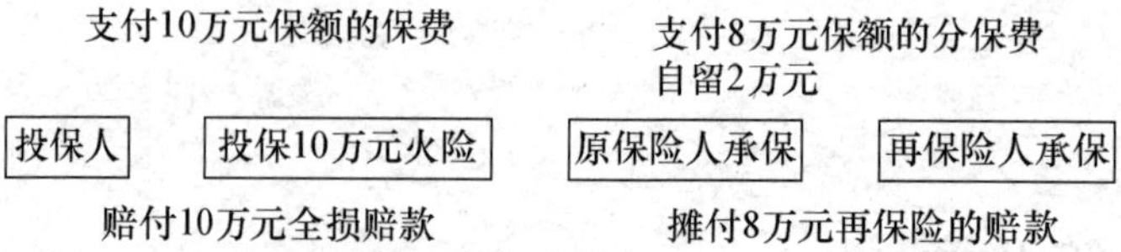

图 8-1 再保险流程

相关资料 8-1

再保险与原保险都是从海上保险开始萌芽的，但再保险的出现晚于原保险。

从 14 世纪开始，海上保险在西欧各地商人中间流行，逐渐形成了保险的商业化和专业化。随着海外贸易和航运业的发展，保险人承担的风险责任越来越大，客观上产生了分保的需求。1370 年，一位意大利海上保险人首次签发了一份转嫁风险责任的保单。原保险人将全航程分作两段，自己只承担风险较小的一段航程的保险责任，而将风险较大的责任部分转嫁给其他保险人承担。这种做法与现代再保险分配保额或分担赔款以控制责任的办法不同，但从分散风险的原理来看，仍属于再保险的开端。

早期保险业务的经营，一般是由保险人独立承保，如遇保额较大，一个保险人不能全部承担时，就采用共同保险的方式，由几个保险人联合承保。由于共同保险带来了保险人相互间的竞争，故又出现了临时再保险，即由一个保险人先承保全部业务，再将超过自身承担能力的责任部分分保给其他保险人，分出人与分入人之间没有稳定的业务联系，只是在需要分保时，临时确定分出与分入的条件和费用。临时再保险与共同保险相比，在分散风险方面有其优势，因而作为一种重要的经营方法为保险业所采用。

几个世纪之后，“再保险”一词才在欧洲的海上保险中出现。在欧洲大陆国家，根据《1681 年法国路易十四法令》《1731 年汉堡法令》《1750 年瑞典保险法令》，经营再保险在这些国家都是合法的。由于各国政府的大力支持，欧洲大陆的再保险得以持续发展。18 世纪后期，产业革命兴起，随着国际贸易的发展、工商业的繁荣，保险、再保险都得到迅速发展。特别是到近代，生产社会化程度空前提高，保险标的价值高度密集，对安全保障有特殊要求的新险种不断增加，使再保险的重要性更加突出，成为保险经营必不可少的重要手段。目前，再保险的方法、形式多种多样，技术日趋复杂，范围已从国内走向世界，有力地推动了保险事业朝着国际化的方向发展。

二、再保险的本质

再保险是以原保险为基础的保险。它以原保险人承保的风险责任为保险标的，以原保险人的实际赔款和给付为摊赔条件，其作用是进一步分散风险，其目的是保障保险经营的稳定。因此人们说“再保险是保险的保险”，这就是再保险的本质。

再保险是一种真实的保险，是保险的一个组成部分。从理论上讲，保险经营是以概率论和大数法则为基础的。大数法则要求保险经营必须有尽可能多的危险单位（保险标的），而且这些危险单位是相对独立的、危险性质是相似的、保险金额是均匀的。只有这样，才能使预计的损失接近实际的损失，使保险经营稳定可靠。但个别保险公司，不管它的资金力量有多大，都很难较好地满足大数法则的要求，特别是在社会经济高度发展的今天，其局限性就更明显。通过再保险，则可将保险标的扩大到可能的最大数量，同时使性质不同、数额大小不一的各种危险在空间、时间、危险种类上做进一步、最大限度的分散。可见，再保险的产生和发展，是经济发展、概率论和大数法则的客观要求，是保险技术的完善和发展。从实务上看，再保险和保险都是通过订立合同来建立经济关系的，在实施再保险的过程中，同样要遵守最大诚信、保险利益、保险赔偿等保险的基本原则。再保险和保险的基本职能作用也完全一样，都是转移和分散风险、补偿经济损失。保险是再保险的基础，再保险是保险进一步发展的条件，它们相辅相成，相互促进。

当然，再保险与保险相比，也有它自身的独特性。为了进一步了解再保险的性质和特点，下面对再保险和原保险、共同保险、重复保险做一比较。

（一）再保险与原保险

原保险是再保险的基础，从逻辑上说，先有保险，而后才可能有再保险。再保险合同必须以原保险合同的存在为前提条件，其保险的期限与保险范围都不能超过原保险合同，两者的理论基础、职能作用、经营原理与遵从的法律原则是一致的。但再保险与原保险是两类不同的保险，再保险合同与原保险合同在法律上是各自独立的。再保险人与原保险合同的投保人或被保险人没有任何直接的法律关系。原保户对再保险无赔偿请求权，再保险人对原保户也无保费请求权；原保险人不得以再保险人未支付现金赔偿为理由，拖延或拒付保户的赔款，再保险人也不能因原保险人没有赔偿而拒绝承担责任。从实质上讲，再保险与原保险都是对责任或风险的承担、分散和转移。两者相辅相成，互相促进，再保险以保险为基础，再保险的发展反过来又支持和促进了保险的发展。尽管如此，再保险与保险仍存在一些区别。

1. 订立合同的双方当事人不同

订立直接保险合同的双方当事人，一方是法人（即保险公司，英国的劳合社除外），另一方是投保人。订立再保险合同的双方当事人都是保险公司，一方为原保险公司，另一方为再保险公司。

2. 保险标的不同

直接保险业务的保险标的是被保险人的财产、人身及其有关的利益，因此，原保险人承保的标的是可能遭受经济损失的事故。再保险业务的保险标的是再保险分出人根据保险单所承担的一部分或全部的契约，而不是一种具体的标的，是原保险转移过来的风险责任。再保险合同的标的是以原保险合同中的保险标的为基础的，它们之间有着密切的关系。

3. 补偿原则不同

原保险业务中，不是所有的保险合同都以补偿为原则，财产保险合同是补偿性合同，但人寿保险和与人身有关的保险合同，都是对受益人的给付而不是补偿。但是，所有再保险合同包括人寿保险在内，都是以补偿为原则，因为这都是对分出人在原保险合同中所支付的赔款的补偿。

（二）再保险与共同保险

1. 共同保险

对于大额损失风险，保险人为了保持自身经营的稳定，与其他保险人签订保险合同来共同承担损失责任，这种保险形式叫共同保险。

共同保险存在两种形式：

（1）几个保险人同时承保一笔业务，在发生赔款责任时，其赔款按各个保险人各自承保的金额进行比例分摊。

（2）在共同保险的条件下，发生不足额保险时，其不足额部分应视为被保险人自保。因此，这种形式的保险也可看作被保险人与保险人的共同保险。

2. 再保险与共同保险的区别

（1）承保业务的方式不同。共同保险是对于风险程度较大的保险利益，由多数保险人直接承保一部分或全部；再保险是保险人将其所承保的风险责任的一部分或全部转让给其他保险人，由其他保险人间接予以承保。

（2）对风险的分摊方式不同。共同保险是对所承保的风险进行一次性分摊，是对风险的横向分摊；再保险是对风险进行第二次甚至更多次的分摊，是对风险的纵向分摊。

（3）与被保险人的关系不同。共同保险人与被保险人发生关系，也就是说，共同保险接受人都与被保险人有着直接的法律关系，而再保险人只是与原保险人之间存在着直接的法律关系。

再保险与共同保险虽然有上述不同之处，但随着保险业的发展，两者正相互渗透。在当今风险高度集中、保险金额日益增加的保险市场中，将共同保险与再保险结合起来运用，可使风险迅速分散，有利于灵活地开展业务。

（三）再保险与重复保险

重复保险是指投保人将同一保险标的，先后（或同时）向多个保险人投保，而且保险金额的总和超过保险标的的保险价值。

重复保险与再保险是有明显差异的。从动机上看，重复保险的投保人往往图谋不当得利；而再保险是原保险人为避免或减轻责任所做出的分散风险的制度安排。从告知义务的履行事项看，重复保险的投保人应当将重复保险的有关情况通知各保险人；而再保险分出人（原保险人）则应将其自负责任及原保险的有关情况告知再保险接受人。从超额部分的效果看，重复保险的保险金额不得超过保险价值，超过保险价值的，超过部分无效；而再保险中则可就超额约定再保险合同。

总之，再保险与重复保险是两种不同的保险制度。

三、再保险的作用

（一）对原保险人而言

1. 扩大承保能力

由于再保险能使原保险人所承担的业务风险或责任得以分散，故原保险人可以毫无顾忌地发展业务，扩大经营。

2. 稳定业务经营

保险公司是经营风险的企业，如果承保的业务赔款和费用超过保险费收入，就会出现亏损；反之，就可能会盈利，其经营结果难以稳定。通过再保险，原保险人可以减少这种损失的被动性，稳定保险业务的经营。

3. 加强与被保险人的关系

有了再保险做后盾，原保险人对一些风险性比较高的或巨额业务敢于承担，这样不但解决了保户的困难，也加强了与保户的关系，更保证了业务源。

4. 增加业务量

根据大多数国家保险法的规定，保险公司的业务量（即保险费）不能超过资本额（包括公积金）的10倍。因此，保险公司如根据其本身的资本，业务的发展要受到一定的限制，但在计算保险费时可以扣除分保费，所以，原保险人在向再保险人分保的同时，亦要求再保险人交换业务，作为互惠。业务交换的结果是，原保险人在不增加资本的情况下，增了业务量。

5. 再保险费的运用

从办理再保险时起到编制再保险清单、给付再保险费时止，常有一段时间，原保险人可利用这一时间差，将应付再保险费加以运用而获利。

（二）对再保险人而言

1. 分享原保险人的专业技术和经验

通过选择风险，即选择核保优秀的保险人，接受其分出业务，再保险人可利用原保险人丰富的承保经验和精确的核保技术，不断提高自己的承保水平。

2. 分散风险，增加业务量

再保险人运用本身所拥有的再保险业务，与其他保险人进行交换，这样不仅增加了业务量，同时达到了分散风险的目的，使再保险人得以日益发展和壮大。

（三）对被保险人而言

1. 对保险人更加信任

当被保险人得知他所投保的保险人对其业务进行了再保险安排时，他对该保险人必然更加充满信心，觉得自己的投保是可靠的，也是安全的。

2. 简便手续

当被保险人有巨额标的需要投保时，他不需要与众多的保险人洽谈投保事宜，一个保险人足以解决他的难题。因保险人事先已有分保安排，对于投保的业务可随时自动纳入再保险的保护之中。

案例分析 8-1

日本地震保险制度

日本是世界上地震发生最频繁的国家之一。1966年，即新潟大地震之后的2年，日本推出了《地震保险法》和《地震再保险特别会计法》，标志着日本地震保险制度的确立。同年5月30日，作为该体系的一部分，日本地震再保险公司成立；同年6月1日开始全面推广地震保险。

日本的地震保险从本质上看，是一种政府与市场合作模式，最大的特色在于其再保险制度的建立，即以日本地震再保险株式会社（Japan Earthquake Reinsurance，JER）为重要载体，按照风险损失的分层承担原则，政府、JER和私人保险公司分别承担相应比例损失。JER是1966年由二十家商业保险公司投资10亿日元共同组建的，扮演着商业保险公司与政府之间的纽带和桥梁。日本地震保险制度及其成员完全由国内组织所构成；换言之，其再保险完全留在国内，并不仰赖国外再保险公司。根据地震发生情况，日本地震保险计划每年由国会确定一次地震的最高赔付限额。2016年4月1日后，该限额修订为11.3万亿日元，其中政府承担约11万亿日元，保险公司和JER分别承担2 700亿日元、400亿日元。在发生地震损失时，三方按照预定的规则，分为五个层级分摊损失。同时，日本政府根据私人保险公司的准备金情况，调整了政府、JER和私人保险公司在住宅地震保险计划中的分担比重。

第二节 再保险方式

原保险人将其直接承保的业务部分或全部转让给再保险人，它们之间转嫁保险责任的计算方法基本上分为两类（见图8-2）：一类是比例再保险；另一类是非比例再保险。前者是以保险金额为基础来计算保险责任，后者则以赔款基础来计算。

- 再保险
  - 比例再保险
    - 成数再保险
    - 溢额再保险
    - 成数和溢额混合再保险
  - 非比例再保险
    - 险位超赔再保险
    - 事故超赔再保险
    - 赔付率超赔再保险

图8-2 再保险方式

一、比例再保险

比例再保险是指原保险人与再保险人订立合同，按照保险金额比例分担原保险责任的一种方法。在这种再保险形式下，自留额和分出额各代表分出公司与分入公司所承诺保障的一定比例，分出公司收取的保险费亦按该比例进行分享。当分出公司接到当事人的索赔通知时，不论赔款多少，均须按此比例由分出公司与再保险人分担。比例再保险有成数再保险、溢额再保险以及成数和溢额混合再保险三种。

（一）成数再保险

原保险人与再保险人双方事先订立再保险合同，合同中规定经双方同意某一种业务的每种风险的固定百分比，分出公司必须按此比例分出，分入公司必须按此比例接受，并自动生效，这就是成数再保险。这类再保险规定必须将某类保险的一个固定份额分让出去，发生赔款时，分出公司按照其支出数，根据分入公司接受业务的同等比例分摊赔款。

例如：某原保险人的最高限额是600万元，分出人自留10%，即60万元，分出90%，即540万元，由再保险人负责。如发生赔款100万元，分出人赔付10万元，分保接受人赔款90万元。虽然原保险人的最高自留额为60万元，但如果一笔业务保额正好为60万元，此时分出公司也不能全部自留，而只能自留10%，即6万元，仍然要分出90%的业务，即54万元。

在成数再保险中，按合同的规定，无论保险金额多么少，分出公司均不得对任何风险全部自留。因此，这种再保险的特点在于：分入公司接受的每笔业务，同分出公司都建立在相同利害的基础之上，无论是优质风险还是劣质风险，再保险人均可获得公正平等的对待，所不同的只是双方承担的比例不同，但不存在对分入公司有任何不利的选择。成数再保险的优点是计算保费和赔款简单易行，但由于原保险人无法全部自留那些风险较小的保险标的（因为按合同规定原保险的每笔业务必须分出），所以付出的分保费较多。

成数再保险不允许再保险人选择风险，他们必须对合同内规定的所有项目承担责任，当然，通常对每一风险项目都订明了最大赔款责任限额。所以，各种保险业务如财产险、水险和航空险等都可采用这种分保形式。具体来说，成数再保险主要应用于：

(1) 分公司、新公司或新开办的业务在特定的保险市场上经营时间不长，承保经验不足，可以采用成数再保险来获得保障。

(2) 一个公司的溢额再保险的赔款结果不理想，成数再保险也许是唯一对其有效的再保险保障形式。

(3) 相对于溢额再保险来说，成数再保险通常赚取较高的手续费和省去决定自留额的时间，节约了费用，因此，它深受分入公司和分出公司的欢迎。

（二）溢额再保险

成数再保险是按保险金额的一定比例作为自留额和分保额，而溢额再保险则是按保险金额的一定数额作为自留额，以自留额的一定倍数作为分保额。按合同规定，分保分出人规定有自留额，并将其超过部分转让给分保接受人。自留额是分出公司对每种风险在转让给分入公司之前，必须自己承保的责任数额；分入公司也有一定限额，其限额以约定的最高倍数为准，为自留额的一定倍数。这种倍数在国外称为“线”，一线相当于分出公司的自留额。分入公司可以接受分担业务的一线或一线中的部分责任。

在溢额再保险中，保险人可以自选决定其自留额。如果保险金额低于某种风险的正常自留额标准，则根本无须进行再保险，即损失“全部自留”。如果再保险人希望进行再保险交易，则必须承诺超过合同中注明的线的数额。

假如，分保分出人每一风险单位的自留额是10万元（1线），分保限额是20线，即自留额的20倍，因此，原保险人总承保能力为210（10＋20×10）万元。现有一笔业务的保额为10万元，此时原保险人可以全部自留；若保额为100万元，原保险人则只能自留10万元，其余的9线（即90万元）必须由分保接受人负责，换言之，这笔业务的风险分担如下：

原保险人：10万元＝1线

再保险人：90万元＝9线

1∶9这个比例要作为计算这笔业务的保费和赔款的基础，它说明了原保险人实际上只承担了1/10的风险责任，再保险人则承担了9/10的风险责任。这笔业务若发生50万元的赔款，分出人须分摊10%，即5万元，赔款结算过程如下：

原保险人：1/10×50＝5（万元）

再保险人：9/10×50＝45（万元）

下面来看原保险人与多个再保险人之间的溢额分保情况。仍以上例来说明这个问题。假如有4家再保险人与原保险人订立了溢额再保险合同，每家必须承诺9/10分出额中完全相同的风险责任数额，即4家再保险人承诺的百分比之和要等于9/10分出额的100%，当再保险人A、B、C和D分别承诺全部分出额的50%、20%、15%和15%时，分出额和赔款的分担结果见表8-1。

表8-1　溢额再保险分出额与赔款分担结果

再保险人	分出额及比重		赔偿分担及比例	
	分出额（万元）	所占比重	赔偿分担（万元）	所占比重
A	45	50%	22.5	50%
B	18	20%	9	20%

续前表

再保险人	分出额及比重		赔偿分担及比例	
	分出额（万元）	所占比重	赔偿分担（万元）	所占比重
C	13.5	15%	6.75	15%
D	13.5	15%	6.75	15%
合计	90	100%	45	100%

溢额再保险与成数再保险的不同在于：分出公司在自留额以内的保险不必分出，而且在约定的最高倍数限度内，可以自行决定份额的大小。溢额再保险可以引诱再保险人承诺劣等业务，保留的都是低自留额；或对优质风险持有较高的自留额，这显然是不利于再保险人的。另外，溢额再保险中，保险费的分配和赔款比例及数额的分摊，需要逐渐确定和计算，显得烦琐复杂等。但溢额再保险也有其优点，即分出公司可根据风险程度规定不同的自留额，在限额以内的业务可以全部自留，因此可以少付分保费，增加其收入。

溢额再保险可以适用于各种保险业务，通常主要运用于财产险和船舶险。

（三）成数和溢额混合再保险

成数和溢额混合再保险，是将成数再保险和溢额再保险结合起来，签订一份合同，以成数再保险的限额作为溢额再保险的起点，再确定溢额再保险的限额。具体运用中又分为成数合同之上的溢额合同、溢额合同之内的成数合同两种。

1. 成数合同之上的溢额合同

采用这种混合分保方式，分出公司先安排一份成数再保险合同，规定合同最高限额，当保险金额超过该限额时，再按照另外订立的溢额再保险合同处理。例如，分出公司规定成数分保的最高限额为 50 万元，50 万元以内的保险金额中原保险人自留 40%，其余 60% 分给若干家分公司。保险金额超出 50 万元的部分通过溢额分保处理，溢额分保的最高限额为 10 线，即 500 万元。该混合再保险合同的最高承保金额为 550 万元。混合分保保险责任的分配见表 8-2。

表 8-2　混合分保保险责任的分配　　单位：万元

保险金额	成数分保部分			溢额分保部分
	金额	自留（40%）	分出（60%）	
20	20	8	12	0
50	50	20	30	0
300	50	20	30	250
550	50	20	30	500

2. 溢额合同之内的成数合同

采用这种混合分保方式，分出公司先安排一份溢额再保险合同，确定自留部分，并对自留部分通过成数分保处理。例如，分出公司确定溢额再保险合同的自留部分为 50 万元，责任限额为 10 线，即最高可承保 550 万元保险金额。对于 50 万元的自留部分，分出公司有权另行签订一份成数分保合同，比如将其中的 60%再进一步分出，实际只自留了 20 万元的保险责任。

成数合同之上的溢额合同与溢额合同之内的成数合同从实质上说是一致的，都是对一定的保险金额进行成数分保，对超出部分进行溢额分保。两者的区别在于业务操作程序不同：

（1）对于成数合同之上的溢额合同，主要表现为成数合同的特点，先订立成数分保合同，对业务进行成数分保处理，对限额之上的部分才通过溢额分保处理。以前提到，为控制风险累积，成数再保险对超过合同限额的保险金额要通过其他方式处理，这里只不过是采用了溢额分保的方式而已。

（2）对于溢额合同之内的成数合同，主要表现为溢额再保险合同的特点，先订立的是溢额再保险合同，对业务进行溢额分保处理，只不过对自留部分又进行了一次成数分保。

成数和溢额混合再保险合同并无固定的形式，可视业务具体情况而定。这种合同一般适用于转分保业务和海上保险业务。

二、非比例再保险

采用非比例再保险方式，原保险人和再保险人以危险事故损失为基础来确定各自的保险责任，因此也称为损失再保险、超过损失再保险。采用这种再保险方式，只有当原保险人对投保人的赔款超过一定标准时，再保险人才对原保险人进行补偿，所以又称为第二危险再保险，以示责任的先后。

（一）险位超赔再保险

险位超赔再保险，是指原保险人对每一危险单位的赔款确定一个自负责任额，如果总赔款金额低于自负责任额，由原保险人全部负担；如果总赔款金额超过自负责任额，超出部分由再保险分入公司负担，这部分被称为再保险责任额。再保险责任额在合同中是有一定限度的。

当发生一次危险事故后，可能有不止一个危险单位遭受损失，险位超赔再保险对赔款的偿付分两种情况：一种是按危险单位分别计算，对每个危险单位赔款的超额部分都由再保险人承担，没有总额限制；另一种是设定事故限额，即对一次危险事故的赔偿规定一个最高额，如果在限额之内仍不能满足对各危险单位的赔偿总和，多出部分由原保险人承担。一般事故限额为原保险人自负责任额即险位限额的2～3倍。

例如，有一笔500万元的险位超赔再保险合同，其险位限额为50万元，当危险事故发生后，无事故限额和有事故限额（假设为150万元）时的赔款分摊情况见表8-3和表8-4。

表8-3　（无限额）险位超赔分摊表　单位：万元

危险单位	赔款	分出公司承担赔款	分入公司承担赔款
A	100	50	50
B	150	50	100
C	80	50	30
共计	330	150	180

表8-4　（有限额）险位超赔分摊表　单位：万元

危险单位	赔款	分出公司承担赔款	分入公司承担赔款
A	100	50	50
B	150	50	100
C	80	50	0
共计	330	180	150

由于事故限额为150万元，所以再保险人对危险单位C的赔款不再分担，C的80万

元的损失全部由分出公司负担。

（二）事故超赔再保险

事故超赔再保险，是以一次巨灾事故所发生的赔款总和为基础来计算原保险人的自负责任额和再保险人的再保险责任额。事故超赔再保险责任的划分，关键在于如何界定“一次巨灾事故”。当发生自然灾害后，如果划分为一次事故，那么全部赔款都按照事故超赔再保险合同约定的比例分摊，超过再保险人责任限额的部分由原保险人负担。如果划分为数次事故，针对每次事故的赔款分别按照合同约定的比例分摊，一次赔款超过再保险人责任限额的可能性较小，因此相对于划分为一次事故，赔款更多地由再保险人分担。

例如，有一份超过 1 000 万元的巨灾超赔分保合同。洪水持续了 6 天，共造成损失 5 000 万元。

如果按照一次事故计算，全部赔款 5 000 万元根据合同约定进行分摊，原保险人先负担 1 000 万元，再保险人负担 1 000 万元，剩下的 3 000 万元仍归原保险人负担，即原保险人共承担 4 000 万元赔偿，再保险人承担 1 000 万元赔偿。

如果以 3 天为标准划分为两次事故计算，假定前后两次事故造成的损失分别为 2 000 万元、3 000 万元，分别根据合同约定划分责任。对于第一次事故，原保险人承担赔款 1 000 万元，再保险人承担 1 000 万元；对于第二次事故，原保险人承担赔款 2 000 万元，再保险人承担 1 000 万元。原保险人一共承担了 3 000 万元赔款，再保险人则承担了 2 000 万元赔款。

可见，事故次数划分不同会造成责任分摊的不同，因此在合同中对如何划分事故次数有详细的规定。划分多以时间为标准，有时还有地区的限制。下面给出一些划分“一次事故”的标准：关于风暴、龙卷风、暴风雨、飓风、旋风、台风、暴雨或冰雹等由同一大气扰动造成的灾害达 72 连续小时；关于有同一震中的地震或海啸，潮汐波和火山爆发达 72 连续小时；在一个城市、镇和村落关于暴动、民变和恶意破坏达 72 连续小时；关于森林和草原的大火达 72 连续小时；关于一个或同一河流盆地形成一个地区的洪水达 72 连续小时，河流盆地是指受到影响的一条河流，包括支流。这些规定并不是一成不变的，在实际操作中要兼顾双方的利益来确定具体的时间限度。

在事故超赔再保险中，有类似于分层溢额再保险的安排方式，即将总的赔款额分为若干层，分别由不同的再保险人接受。例如，一笔 1 000 万元的事故超赔再保险业务分三层安排：

第一层为超过 100 万元的 200 万元，表示发生事故后原保险人负担 100 万元赔款，赔款超过 100 万元的部分由第一层再保险人承担，但最多承担 200 万元。

第二层为超过 300 万元的 300 万元，表示总赔款超过 300 万元的部分由第二层再保险人负担，但最多偿付 300 万元。

第三层为超过 600 万元的 400 万元，表示总赔款超过 600 万元的部分由第三层再保险人负担，但最多偿付 400 万元。

如果发生赔款 1 000 万元，原保险人和第一层、第二层、第三层再保险人分摊的赔偿金额分别为 100 万元、200 万元、300 万元、400 万元，这就像有多层盛水的容器，一层盛满了便流向下一层。

（三）赔付率超赔再保险

赔付率超赔再保险，是按赔款与保费的比例确定自负责任和再保险责任的一种再保险方式。再保险当事人双方在合同中约定一个赔付率（赔款与保费的比例）标准，在1年之内，当原保险人的赔付率超过这个标准时，由再保险人负担超出部分。再保险人负担的责任也有一定的限额，通常也是以赔付率或金额来表示。赔付率超赔再保险的赔付按年度进行，通过这种再保险方式，原保险人的年度赔付率被控制在一定限度内，因此该再保险又有停止损失再保险和损失中止再保险之称。

赔付率超赔再保险中，原保险人和再保险人的保险责任是根据赔付率标准划分的，因此合理制定赔付率标准是经营这种再保险业务的关键。合理的赔付率要满足的条件是，既要对原保险人起到保障作用，又不能使原保险人有机会从中获得不当利益。一般当营业费用率为20%的时候，再保险的起点赔付率规定为80%。

例如，有一份赔付率超赔再保险合同规定，赔付率标准为80%，再保险人的责任限额为60%，同时规定再保险人赔付金额以100万元为限，两者以较小者为准。这表示当赔付率在80%以下时，所有赔款由原保险人承担，当赔付率超过80%并小于140%的时候，超过80%的部分由再保险人承担，且赔付金额不超过100万元。如果总赔款金额经过再保险人分摊后仍不能全部偿付，剩余部分由原保险人负担。假设净保费收入为100万元，则不同赔款额的分摊见表8-5。

表8-5　　赔付率超赔再保险赔款分摊表　　单位：万元

赔款额	赔付率	原保险人分摊额	再保险人分摊额
50	50%	50	0
120	120%	80	40
150	150%	90	60

在有的赔付率超赔再保险合同中还会规定，对于再保险人承担的60%的责任额，原保险人还要分担其中的10%，或者说再保险人实际只要支付应承担赔款额的90%。拿上面的例子来说，当赔款额为120万元的时候，再保险人应分摊其中的40万元，根据上述规定，由原保险人再承担其中的10%，即4万元，再保险人实际承担36万元。同理，当赔款额为150万元的时候，再保险人实际只要承担54万元。这种规定使得对于超过规定赔付率的赔偿部分，原保险人和再保险人之间仍存在利益一致的关系，因此这种做法称为共同再保险。

赔付率是赔付率超赔再保险的核心，所以确定合理适当的赔付率是开展再保险业务的关键。常用的赔付率计算方法是按照已发生赔款与满期保费的比例计算。

$$赔付率=\frac{已发生赔款}{满期保费}\times 100\%$$

已发生赔款=本年度已付赔款净额+本年度未决赔款准备金−上年度未决赔款准备金

满期保费=本年度保费+上年度未满期保费准备金−本年度未满期保费准备金

其中，满期保费实际上是满期净保费，已发生赔款实际上是已发生净赔款。这种赔付率计算方式由于涉及未到期保费的问题，操作起来非常烦琐，而且缺乏准确性。所以实务中赔付率的计算常按照净保费收入和赔款净额的比例来计算。其中：

净保费收入＝毛保费＋加保费－退保费－佣金－再保费支出
　　　　　－保费税－盈余佣金

赔款净额＝已发生赔款（包括理赔和诉讼费用）－收回的赔款－摊回的再保险赔款

赔付率超赔再保险的合同期限一般为3～5年，但赔付率需要每年计算。

（四）非比例再保险的费率和再保险费

超额赔款再保险是最为典型的非比例再保险，下面我们以超额赔款再保险为例来说明非比例再保险的再保险费。

再保险费率是再保险的价格，制定合理公正的价格对于拓展再保险业务至关重要，是再保险关系能否成立的关键。与直接保险业务一样，非比例再保险的费率也由纯费率和附加费率构成，所不同的是，非比例再保险的附加费率比重比较大。附加费是指各种营业费用，包括展业费、管理费、税款支出等。一般而言，再保险展业费及管理费与业务规模的关系不大，故附加费往往以固定方式收取。在计算出纯费率和附加费率之后，还要考虑以下因素：合同的持续性、业务品质的偏好、业务量的稳定性、通货膨胀和汇率变动情况等，然后对再保险费率加以调整，做最后确认。

再保险费的收取在实务中有两种方法：变动再保险费制和固定再保险费制。变动再保险费制是一种将再保险费与分出公司的业务量和业务质量挂钩进行调整的方法。同时，设定最低费率和最高费率，分出公司最终缴纳的再保险费不得低于最低费率，也不得高于最高费率。这是因为原保险人向再保险人缴纳再保险费是与自身保费收入和赔款挂钩的，如果不设定最低、最高费率，当赔款很少时，再保险人得到的再保险费过少，其合理利益得不到保障；当赔款很多时，原保险人缴纳的再保险费过多，自身留存保费过少，失去了再保险的意义。所以通过制定最低、最高费率，将再保险费控制在一定范围内，兼顾原保险人和再保险人双方的利益。

固定再保险费制是再保险当事人之间按照以往的赔款记录商定一个再保险费率，与分出公司的净保费收入和发生赔款多少无关。采用固定再保险费制分保的业务主要有两类：一类是承保业务为新业务；另一类是以往没有办理过超额赔款再保险的业务。由于缺乏经验，可以采用固定再保险费制作为过渡，待条件成熟后改用变动再保险费制。

三、比例再保险和非比例再保险的比较

第一，比例再保险中，原保险人和再保险人划分保险责任的依据是保险金额，并根据各自承担的保险金额的比例来分配保费和赔款；而非比例再保险依据的是赔款，根据赔款总额的大小来划分原保险人和再保险人各自的保险责任，与保险金额没有关系。

第二，比例再保险中，原保险人和再保险人按照固定的比例分担保险责任，承保金额、保费和赔款都按照该比例分配；而非比例再保险则完全不同，再保险人不按照比例计算保险责任，只是在原保险人的赔款超过一定标准时担负其再保险责任，保费和赔款的分摊也没有比例可循。

第三，比例再保险中，再保险人向原保险人收取的再保险费是按照原保险费率来计算的，属于原保险费的一部分，并且与自身承担的保险责任成比例；而非比例再保险费率的计算与原保险费率没有关系，采取单独的费率制度，以会计年度的净保费收入为基础另行计算。

第四，比例再保险通常有再保险佣金的规定，而在非比例再保险中则无此规定。

第三节　再保险合同

再保险合同一般采用临时分保、合同分保和预约分保三种方式。三种方式的目的基本相同，即在时空上更广泛地分散风险。

一、临时分保

（一）临时分保及其种类

临时分保，顾名思义，是在业务有需要时，临时达成协议的再保险行为。临时分保的特点是，对于临时分保的业务，分出公司和接受人均可自由选择，不承担任何义务。也就是说，对于某一风险，是否要安排再保险、再保险额是多少，完全根据保险人本身所承受风险累积的情况及自留额的多少来决定，以一张保单或一个风险单位为基础，如一个工厂的火险临时分保业务，逐笔向再保险人接洽。再保险人是否接受、接受多少，或是否要调整再保险条件等，可视风险的性质、本身的承受能力等酌情自行决定。这些均可由原保险人与再保险人双方临时商定。

临时分保可用于比例分保和非比例分保，因而可分为成数临时分保、溢额临时分保和险位超赔临时分保三种。

下面以房屋火险临时分保为例说明这三种分保方式。

保额为 1 000 000 元，后批改为 800 000 元，并发生赔款 500 000 元，分出公司和接受人的责任分担分别见表 8-6、表 8-7、表 8-8。

表 8-6　　成数临时分保　　金额单位：元

保额		自留额		分保额
金额	比例	金额	比例	
1 000 000	20%	200 000	80%	800 000
800 000	20%	160 000	80%	640 000
500 000（赔款）	20%	100 000	80%	400 000

表 8-7　　溢额临时分保　　金额单位：元

保额	自留额		分保额	
	金额	比例	金额	比例
1 000 000	200 000	20%	800 000	80%
800 000	160 000	25%	640 000	75%
500 000（赔款）	100 000	25%	400 000	75%

表 8-8　　险位超赔临时分保　　金额单位：元

保额	自留额	分保额
800 000	200 000	600 000
500 000（赔款）	250 000	250 000

上述例子说明，采用成数临时分保，分出公司和接受人按保额所承担责任的比例确定后是不变的，如保额批改有变动，各自承担的金额也发生变动。而采用溢额临时分保，分出公司按保额所承担责任的金额是可变的，所以保额若有批改变动，分出公司和接受人所承担责任的比例就会发生变动。溢额临时分保和险位超赔临时分保所承担责任的金额是相同的，但溢额临时分保是以保额为基础，险位超赔临时分保是以赔款为基础。

临时分保协议，可以通过电话、电报、电传或信件通知对方，告知对方全部的保险细则，双方应承担的责任、义务和享受的权利，风险的主要特点等。对大的风险，通常还要递送一个详细的查勘报告、图样、照片等，连同再保险建议书一起送给再保险人。建议书的内容包括保险人、被保险人、再保险方式、保单号次、风险情况、保险金额、保险人自留数额、保险日期、保险费率、再保险手续费、保险条款或条件。

接受临时分保，一般由保险人签署一式两份再保险单，也可以报表代替保单简化手续，由再保险人签字后退回一份给原保险人。

临时分保的协议签订后，如果原保险条件有变动，原保险人必须通知再保险人，并须取得再保险人的同意。如果变动涉及加费或退费，再保险人按照约定的比例分摊。如发生赔款，一般由原保险人单独负责处理，但须将损失情况及时通知再保险人。

（二）临时分保的优缺点

1. 临时分保的优点

（1）保险公司对于各种业务，可灵活和自由地运用临时分保，以发展业务和稳定业务。

（2）接受人对于各种业务，可从金额、险别和费率等各方面自由地进行选择。

2. 临时分保的缺点

（1）由于必须向接受人，特别是在当地市场，申明业务的详细情况，因此不利于业务竞争。

（2）由于必须得到接受人的同意，待全部临时分保业务安排完毕，原保险人才能对保户承保，因而有可能失去时机，影响业务的争取。

（3）由于必须连笔安排业务及到期续保手续烦琐，故增加了营业费用的支付。

临时分保主要用于：新开办的或是不稳定的业务，合同规定除外的或是不愿放入合同的业务，超过合同限额的业务及需要超赔保障的业务。

二、合同分保

合同分保是由原保险人与再保险人用签订合同的方式确定双方的再保险关系，是在一定期间内对一宗或一类业务进行缔约人之间的约束性再保险。

合同分保和临时分保一样有多种方式，可以用于比例分保和非比例分保。

（一）比例合同分保

1. 分保手续

（1）安排。

1）分出公司或通过经纪人首先经由函电与接受人进行联系，如接受人经考虑同意并告知分出公司或经纪人接受，分出人或经纪人（以下统称分出人）应电复证实。

2）分出人寄交接受人“分保条”一式两份，经签署后一份自留，一份退还分出公司，作为接受业务的书面凭证。

3）分出人寄交接受人合同文本一式两份，经签署后一份自留，一份退还分出公司。

（2）批改。

合同条文如有批改，分出人应通知接受人，并寄送附约一式两份，经签署后一份自留，一份退还分出公司。

（3）业务账单。

分出人应按合同规定寄送业务账单给接受人，经审核后再经由会计进行结算。

（4）赔款。

1）一般赔款均以借记业务账单进行结算。

2）按合同的规定，当赔款达到或超过一定的额度时，分出人可编制“现金赔款账单”，要求接受人立即以现金赔付。

（5）到期续转与注销。

1）比例合同分保一般是长期的，如在规定期限以内，年度终止前3个月，分出人或接受人均没有向对方发出注销通知，合同就继续有效。

2）为了利于合同的安排或修改合同的某些条款以及对合同进行审查核算，分出人或接受人可以在规定期限内向对方发出临时注销通知。经双方洽商后，如同意续转，可向对方撤回临时注销通知，合同继续有效。

3）如经洽商后不同意续保，分出人或接受人应告知，将临时注销通知作为正式注销通知，并经对方证实后，合同终止。

2. 分保手续费

比例合同分保手续费分为两种，即分保手续费和纯益手续费。

（1）分保手续费是分出人向接受人收取的报酬，其高低取决于分出人的营业费用（包括经纪人佣金和业务开支等）的多少和合同成绩的好坏。分保手续费的计算方法如下：

1）按固定百分率计算。即不论业务数量多少和业务质量好坏，分出公司按照分保费和合同规定的固定百分率计算应向接受人收取的分保手续费。

2）按累进百分率计算。累进百分率的计算办法是，根据赔付率的高低来调整分保手续费的百分率，即合同业务成绩越好，赔付率越低，分出公司收取的分保手续费越高，反之，收取的手续费就越低。

利用累进百分率计算的分保手续费，一般有上限和下限的规定。另外，还规定暂收的临时分保手续费率，如30%，待年底实际赔付率算出后，再进行多退少补。

（2）纯益手续费是在分保合同获得盈利的前提下提出一定的百分率，作为接受人对分出人的一种报酬，所以又称利润手续费。如果分保合同业务出现亏损，就没有纯益手续费。分保合同的利润，根据分保合同规定计算的纯益手续费的收入和支出项目进行核算，如果收入大于支出，就会有利润。

纯益手续费的百分率有固定的，也有按利润调整的，还有按赔付率累进的。纯益手续费的计算方法有以下四种：

1）一年计算法。这种方法是以一个业务年度的亏盈情况来计算纯益手续费的，与以往业务年度的业务不挂钩。

2）三年平均法。这种方法是将本年度的盈亏与过去两个年度的盈亏进行三年平均计算。第一年因无过去记录，无法平均，按当年盈余100%计算，第二年按第一年和第二年的盈亏以1/2平均计算，第三年按第一年、第二年和第三年的盈亏以1/3平均计算，第四年则将第一年的盈亏除去，按第二年、第三年、第四年的盈亏以 1/3 平均计算。

3）亏损滚转法。这种方法是指如果某个业务年度出现亏损，则将亏损滚转至规定的业务年度或直至亏损全部消失出现盈余为止。亏损滚转至以后两个年度最为普遍。

4）按利润调整纯益手续费计算法。这是按利润来调整纯益手续费率的方法。如利润在分保费 10%以内的部分按 20%计算；利润超过分保费 10%以上的部分按 50%计算。

3. 未满期保费和未决赔款

当合同按规定日期终止时，尚有部分责任未了，如未满期保费和未决赔款，这称为未了责任。解决这部分未了责任有两种方法：一是自然满期方式；二是结清方式。自然满期方式是保持现有分保责任，等每笔业务的责任满期或结束时为止，水险一般采取这种方式。结清方式是在合同终止之日止，将未满期保费和未决赔款转移给下一个业务年度的接受人而予以结清，火险一般采取这种方式。所以，未满期保费和未决赔款的转移是有转出和转入的。对当年度原来的接受人而言是转出，对下年度新的接受人而言是转入。

关于未满期保费的计算，较公平、正确的办法是逐张保单按已到期和未到期的天数来计算。但这种办法费时费力，增加费用开支。为了合理简便起见，现在通常采用 35%、40%、1/8、1/12 和 1/24 等方法来计算未满期保费，其中尤以 35%和 1/24 方法最为普遍。

(1) 35%的计算方法。未满期保费是以毛保费扣除营业费用后的纯保费来计算的。现以毛保费 100 元，营业费用为 30%，未满期保费为纯保费的 50%为例，未满期保费是：70×50%=35（元）或 100×35%=35（元），这就是 35%法。在实际运用时，毛保费乘以 35%即求得未满期保费。

(2) 1/24 的计算方法。这种计算方法是以月为单位，并以每月的 15 日为起期日，即假定每月的业务都以 1 月 15 日为起期，并为一年期，即下一年的 1 月 15 日到期，故于当年 12 月 31 日分保合同终止的，1 月份业务的到期满费是 23/24，即 11 个半月，未到期保费计 1/24，即半个月，以后按此类推。因将 12 个月分为 24 个单位，故称为 1/24 法。

由于每月的保费不同，特别是下半年较上半年有所增加，故采用 1/24 法比较合适，但手续比较复杂。

未决赔款除非另有规定，一般是按实际未决赔款的 90%或 100%来计算。

4. 保费准备金和赔款准备金

保费准备金是分出公司留存接受人的一部分保费作为准备金支付未了责任之用。保费准备金的提存数额一般为分保费的 40%。留存准备金的期限为 12 个月，至翌年同期归还。分出公司在归还准备金的同时还应支付与接受人议定的利息。

赔款准备金是分出公司在应付接受人的分保费中扣存的另一种准备金，该准备金是按业务年度的未决赔款的 90%或 100%扣存的，其用途是支付那些已经发生但尚未支付的赔款。归还赔款准备金时，分出公司也要向接受人支付议定的利息。

5. 分保账单和结算

按合同的规定，分保账单有每月、每季、每半年或每年的，一般是按季编送，也有的是按半年编送，而按年编制账单的情况比较少见。在按规定的期限，如每半年的终了后 60 天或 90 天内或在可能范围内迅速地由分出公司编制账单送给接受人。接受人在收到账单后的 15 天内或 30 天内进行复证确认，如逾期不复证，即作为确认对待。经确认后的账单在规定天数内（一般为30天）由欠方向收方进行结算。账单的编制和结算按合同规定的货币办理，如有规定以外的其他货币，按实际付款当天的汇兑率，由分出公司折成合同规定的货币向对方进行结算。

（二）非比例合同分保

1. 非比例合同分保的优点

不用逐笔地决定再保险，进行再保险登记和寄送损失报表，只在发生损失时才寄送损失报表，因此账务很少，管理费用也低。此外，再保险费是事先固定的，便于原保险人预计成本，成本可以随着损失率、保费收入的发展、再保险市场的情况做较大变动，灵活性大。对于接受人而言，不需提供保费和赔款准备金，需预付再保险费，但无须支付再保险手续费。

2. 非比例合同分保的缺点

（1）不能用来交换业务，因此，分出人得不到回头业务。

（2）由于接受人不提供保费和赔款准备金，因而分出人得不到财务上的支持。

（3）分出人经营业务的结果与接受人无直接的联系，如出现大额的赔款，接受人会出现亏损，而分出人仍有盈余；但如出现大量小额赔款，则全由分出人负责，接受人无任何责任。这有悖共命运原则。

3. 非比例合同分保的内容

（1）业务方面。

1）业务种类同比例合同分保。

2）地区范围同比例合同分保。

3）关于免赔额和责任额应该订明。主要包括：

第一，分出人的免赔额。

第二，接受人的责任额。

第三，赔款计算的基础。

4）合同期限。超赔合同有的是有期限的，如一年期，有的没有期限，但应有注销条款，注销条款应订明下列几点：

第一，是赔款发生基础，还是保单签发基础。

第二，合同结束时，未了责任的处理问题。

第三，对于巨灾超赔应规定，如在合同结束时，尚有巨灾事故正在延续，则整个巨灾事故仍由该合同负责，而不管个别风险单位的损失是在合同到期前还是到期后发生的。

第四，关于水险和航空险，如在合同结束时，航程正在进行，应该扩展到航程终了。

第五，由于战争或一方破产等特殊原因而使合同终止的，其处理方法与比例合同分保相似。

5）除外责任。关于除外责任，如战争险等，应在合同中订明。

6）保费。非比例合同分保的保费有固定保费和调整保费两种。如是调整保费，应订明下列几点：

第一，是按已得保费计算分保费还是按毛保费计算。

第二，是按毛净保费（指毛保费已扣除退费和有关分保费）计算还是按净保费（指除了扣除上述项目外，还扣除经纪人佣金和税款等）计算。

第三，是预付保费还是最低预付保费，是一次支付还是分期支付。

第四，如保费是采取纯费率和附加费率来计算，应订明计算的方法，以及最高费率和最低费率。

7）恢复责任。应订明：

第一，恢复责任的次数。

第二，是免费还是应加付保费。

第三，加费的计算方法。

8）赔款。应订明：

第一，关于出险通知。若为财产险，当赔款超过免赔额时应立即通知；若为第三者责任险，当赔款达到免赔额的50%时可发出通知。

第二，关于赔款的处理。若为财产险，一般由分出人决定；若为责任险，有时接受人也参与处理。

第三，关于赔款的给付。接到分出人的赔款账单，经审核后，接受人应立即赔付。

(2) 其他方面。

1）物价指数条款。由于通货膨胀，该条款规定免赔额和责任额应按物价指数进行调整。

2）汇率变动条款。如合同限额规定是一种货币而发生赔款时有两种不同的货币，且汇率有变动，应根据不同的汇率按各种货币所占的比例分配赔款。

三、预约分保

预约分保的特点是既具有临时分保的性质，又具有合同分保的性质。对于分出人，具有临时分保性质；对于接受人，具有合同分保性质。这是因为在业务范围合同中虽有规定，但分出人可自由选择而没有义务一定要将业务放入预约分保合同，而接受人对于分出人放入预约分保合同中的业务必须接受。

运用预约分保，对分出人而言，主要是可以增加承保能力，是对合同分保的自动补充，因为如有大额业务，超过合同分保限额，就能运用预约分保，无须再与接受人逐笔确认。同时，预约分保为经纪人提供了便利，使经纪人能较迅速地安排所经手的业务。如经纪人组织了一份飞机险预约分保合同，限额2 000 000元，由10家接受人参加，每家接受的比例是10%，即200 000元。这样经纪人受分出人的委托安排在2 000 000元以内的任务，就可投入预约分保合同，迅速地安排妥当。

由于预约分保对于分出人具有临时分保的特点，因此分出人对于投入合同的业务，每月或每季须提供业务清单，列明每笔业务的保户、保额、保费等项目，以及赔款清单（上面列明保户和赔款等项目），以便接受人了解所承担的责任和对赔款的审核处理。

预约分保的优点是：有利于分出人对于超过合同限额的业务进行自动安排，有利于经纪人对业务进行迅速安排。

预约分保的缺点是：接受人对于业务质量不易掌握，特别是由经纪人组织的预约分保业务，因为经纪人与合同的盈亏无关。

预约分保适用于火险和水险的比例分保。

四、再保险合同基本条款

（一）共命运条款

此条款仅用于比例合同再保险。其具体内容为：凡是有关保险费收取、赔款结付、对受损标的的施救、损失收回、向第三者追偿、避免诉讼或提起诉讼等事项，授权原保险人为维护分保双方共同利益做出决定，由此产生的一切权利与义务都由双方按达成的协议规定共同分享和分担。共命运条款的目的是给予原保险人灵活自主处理直接业务的权利。

（二）错误和遗漏条款

该条款规定，当分入公司发现分出人提供的资料或信息在实务操作中发生偶然差错、疏忽和遗漏，应该在谅解的基础上对其进行更正和采取补救措施，并且本着共命运的原则仍予负责，以保证分出公司不致因意外的差错不能享受分保保障。

（三）查账条款

该条款主要规定分出人赋予分入公司查核账单及其他业务文件（如保险单、保险费计算表、报表及赔案卷宗等）的权利，以保障分入公司的利益，使其有权核实分出人申报的情况。但在实务中，分入公司一般在与分出人发生争执，有可能付诸诉讼时，才运用该条款。

（四）仲裁条款

再保险合同双方一般在合同中约定：有关本合同或某项目下的业务发生争执或分歧不能友好解决时，可提交仲裁解决。仲裁条款包括对仲裁地点、仲裁机构、仲裁程序和仲裁效力四个方面的规定。

案例分析 8-2

日本地震撼动全球保险业　或推升全球再保险费率

2011 年 3 月 11 日，日本东北部海域发生里氏 9.0 级地震并引发海啸，共造成 15 843 人死亡、3 469 人失踪。风险评估公司 RMS 在 3 月 21 日发布的报告中预计，日本地震带来的经济损失将达到 2 000 亿至 3 000 亿美元。由于绝大多数初级保险商在诸如飓风和地震等灾难险方面都有自己的再保险安排，相对而言，真正“受伤”的要属再保险公司。

全球最大的再保险公司慕尼黑再保险公司于 3 月 22 日发布公告预计，日本大地震及海啸给其带来的赔付损失为 15 亿欧元（约合 21 亿美元），规模仅次于慕尼黑再保险公司的瑞士再保险公司预计，日本地震及海啸给其带来的赔付损失为 12 亿美元；全球第三大再保险公司汉诺威再保险公司同样因日本大地震遭遇至少 2.5 亿欧元（约合 3.5 亿美元）的损失，且汉诺威表示，这一预估尚未确定。此前，另一保险巨头美国国际集团（AIG）宣布，日本地震和海啸给其带来的赔付损失为 7 亿美元。

巴克莱资本保险行业分析师吉尔伯认为，由于灾害带来的赔付损失骤升，造成保险商用于抵御风险的资本留存额下降，同时保险需求同步上升，相关保险特别是再保险业务的成本将出现增长。吉尔伯预计亚太地区再保险费率将率先增长，但不会扩散到全球。日本的再保险合约通常在每年 4 月 1 日更新。吉尔伯预计，基于此次地震灾害带来的大规模损失，2011 年 4 月 1 日合约更新时相关再保险费率可能“至少上升 50%”。

资料来源：网易财经，2011-03-29.

本章小结

再保险人又称为分入公司，是指再保险交易中接受业务的公司。按责任限制分类，再保险分为比例再保险和非比例再保险。比例再保险包括成数再保险、溢额再保险、成数和溢额混合再保险；非比例再保险包括险位超赔再保险、事故超赔再保险、赔付率超赔再保险三种。不同的再保险采用不同的责任分配办法。

再保险合同的基本条款有共命运条款、错误和遗漏条款、查账条款和仲裁条款。比例再保险合同和非比例再保险合同又有不同的内容。

重点概念

自留额	分保额	比例再保险	预约再保险
临时再保险	合同再保险	成数再保险	溢额再保险
成数和溢额混合再保险		险位超赔再保险	事故超赔再保险

复习思考题

一、选择题

1. 再保险业务的分入人一般称为（　　）。

A. 再保险人　　B. 分出人　　C. 分出公司　　D. 原保险人

2. 两家或多家保险公司，对某一保额较大的保险标的或风险单位共同承保，若发生保险项下的赔偿案，各自按其事先约定的比例分别承担对被保险人的赔偿责任，称为（　　）。

A. 重复保险　　B. 共同保险　　C. 原保险　　D. 再保险

3. 比例再保险确定自留额和分保额的基础是（　　）。

A. 保险金额　　B. 保险费　　C. 赔款　　D. 保险金

4. 分入人在再保险合同获得盈余时，将利润额的一部分返还给分出公司，作为对分出公司良好经营效益的报酬，这种报酬称为（　　）。

A. 纯益手续费　　B. 分保手续费　　C. 分保佣金　　D. 保险费

5. 分保接受人参加再保险业务后，为了减少其所承担的责任，将部分分入责任转嫁给其他再保险人，称为（　　）。

A. 原保险　　B. 再保险　　C. 分保　　D. 转分保

6. 再保险市场若以险种划分，可分为（　　）。

A. 国内再保险市场、区域性再保险市场、国际再保险市场

B. 水险再保险市场、火险再保险市场、航空险再保险市场、责任险再保险市场

C. 比例再保险市场、非比例再保险市场

D. 专业再保险市场、兼业再保险市场

7. 以下不属于超额再保险合同基本条款的是（　　）。

A. 共命运条款　　B. 责任恢复条款

C. 最后净损失条款　　D. 一次事故特殊扩展条款

8. 转分保的主要安排方式有成数转分保和（　　）。

A. 超额赔款转分保　　B. 合同转分保

C. 溢额转分保　　D. 临时转分保

二、案例分析题

案例一

某溢额再保险合同规定，分出公司的自留额为 50 万元，分保额为“五线”。

问题：分入公司的最大接受额是多少？如果发生 400 万元的赔款，请计算分入公司和分出公司分别应该承担的赔款。

案例二

某一成数再保险合同共有 A、B 两个风险单位，保险金额分别为 100 万美元和 200 万美元，确定每一风险单位的最高责任限额为 150 万美元，自留额为 45%，分出额为 55%，即 55%成数再保险合同。各个风险单位的保险费总额分别是 1 万美元和 10 万美元；赔款总额分别为 10 万美元和 100 万美元。

问题：如何分配保险责任、保费和赔款？

第九章 保险公司及其业务经营

学习目标

1. 了解保险公司设立的条件和程序；
2. 掌握保险公司偿付能力的内容；
3. 掌握保险公司市场行为的要求；
4. 了解保险营销、核保、投资等保险经营的内容；
5. 掌握保险理赔的方式、原则；
6. 了解保险公司投资的最新动向。

第一节 保险公司概述

一、保险公司的设立

保险公司是指依法设立的专门从事经营商业保险业务的组织机构。所谓依法设立，是指按照保险法律以及其他相关的法律、法规而设立的。保险公司只有依法设立，才能从事保险业务的经营活动，并受到法律保护。在当今世界，保险机构名目繁多，组织形式多种多样。就其经营主体而言，可分为公营保险组织和私营保险组织；就其经营目的而言，可分为营利保险组织和非营利保险组织。目前，除英国等极少数国家和地区外，各国均已禁止个人经营保险业务，保险经营者必须是法人组织。一般来说，经营保险业务的组织可以分为公司制和非公司制两大类。其中，公司制又可分为股份有限公司、有限责任公司、相互公司等；非公司制又可分为保险合作社和其他类型的互助团体。

（一）保险公司设立的条件

1. 有符合《保险法》和《公司法》规定的章程

保险公司章程是关于保险公司组织及行为的基本规则，学理上称其为保险公司的“宪法”。它是保险公司赖以设立、存在和开展各项业务活动的基本文件，保险公司的股东、发起人、董事、总经理、监事都必须遵守。保险公司章程必须载有：公司的名称和住所，公司经营的范围，公司的设立方式，公司的股份总数、每股金额和注册资本，发起人的名称、认购的股份数，股东的权利与义务，董事会的组成、职权、任期和议事规则，公司法定代表人，监事会的组成、职权、任期和议事规则，公司利润分配方法，公司的解散事由与清算办法，公司的通知和公告办法，股东大会认为需要规定的其他事项。保险公司章程是由发起人起草并经全体发起人一致同意，它对外向社会公众表明该保险公司的经营宗旨、运行方式与方法、实力强弱等内容。

2. 有符合《保险法》规定的注册资本最低限额

通常所说的公司资本，多指注册资本。所谓注册资本，又称额定资本、核定资本，是指公司登记成立时所填报的财产总额。它是公司承担财产责任的基础。我国《保险法》第六十九条规定：设立保险公司，其注册资本的最低限额为人民币 2 亿元。国务院保险监督管理机构根据保险公司的业务范围、经营规模，可以调整其注册资本的最低限额，但不得低于本条第一款规定的限额。保险公司的注册资本必须为实缴货币资本。《保险公司管理规定》第十六条进一步规定：保险公司以 2 亿元人民币的最低资本金额设立的，在其住所地以外的每一省、自治区、直辖市首次申请设立分公司，应当增加不少于人民币 2 000 万元的注册资本。

3. 有具备任职专业知识和业务工作经验的高级管理人员

保险公司是经营风险的专门的组织机构，其高级管理人员必须具备相应的专业知识和业务工作经验。现代保险业与传统保险业大不相同，新的问题层出不穷。特别是随着金融全球化和混业经营浪潮的掀起，越来越需要保险公司的高级管理人员具备现代化的专业知识，利用专家治理公司。否则，保险公司将会随时被淘汰出局。

根据《保险公司董事、监事和高级管理人员任职资格管理规定》，我国保险公司的高级管理人员、保险公司分支机构的负责人的任职资格条件如下：

（1）保险公司董事长应当具有金融工作 5 年以上或者经济工作 10 年以上工作经历。

（2）保险公司董事和监事应当具有 5 年以上与其履行职责相适应的工作经历。

（3）保险公司董事会秘书应当具有大学本科以上学历以及 5 年以上与其履行职责相适应的工作经历。

（4）保险公司总经理、副总经理和总经理助理应当具有下列条件：

第一，大学本科以上学历或者学士以上学位；

第二，从事金融工作 8 年以上或者经济工作 10 年以上。

保险公司总经理除具有上述规定条件外，还应当具有下列任职经历之一：

第一，担任保险公司分公司总经理以上职务高级管理人员 5 年以上；

第二，担任保险公司部门负责人 5 年以上；

第三，担任金融监管机构相当管理职务 5 年以上；

第四，其他足以证明其具有拟任职务所需知识、能力、经验的职业资历。

（5）保险公司省级分公司总经理、副总经理和总经理助理应当具有下列条件：

第一，大学本科以上学历或者学士以上学位；

第二，从事金融工作 5 年以上或者经济工作 8 年以上。

保险公司省级分公司总经理除具有上述规定条件外，还应当具有下列任职经历之一：

第一，担任保险公司中心支公司总经理以上职务高级管理人员 3 年以上；

第二，担任保险公司省级分公司部门负责人以上职务 3 年以上；

第三，担任其他金融机构高级管理人员 3 年以上；

第四，担任国家机关、大中型企业相当管理职务 5 年以上；

第五，其他足以证明其具有拟任职务所需知识、能力、经验的职业资历。

(6) 保险公司分公司、中心支公司总经理、副总经理和总经理助理应当具有下列条件：

第一，大学本科以上学历或者学士以上学位；

第二，从事金融工作 3 年以上或者从事经济工作 5 年以上。

保险公司分公司、中心支公司总经理除具有上述规定条件外，还应当具有下列任职经历之一：

第一，担任保险机构高级管理人员 2 年以上；

第二，担任保险公司分公司、中心支公司部门负责人以上职务 2 年以上；

第三，担任其他金融机构高级管理人员 2 年以上；

第四，担任国家机关、大中型企业相当管理职务 3 年以上；

第五，其他足以证明其具有拟任职务所需知识、能力、经验的职业资历。

(7) 保险公司支公司、营业部经理应当具有保险工作 3 年以上或者经济工作 5 年以上的工作经历。

4. 有健全的组织机构和管理制度

健全的组织机构是指保险公司必须真正按照现代公司制度的要求，建立完善的“公司法人治理结构”，应设立股东会（国有保险公司不设股东会）、董事会和监事会，实行科学的“法人治理”，使股东会、董事会、总经理和监事会权责分明、相互制约，既保证投资者的利益，又保证公司能够独立自主地开展保险业务活动。公司是一个有机整体，除了必备的办公条件以外，还应有完备的规章制度，如薪酬分配制度、工作制度、保险营销制度、代理制度、再保险制度等。只有完备的硬件与切实可行的软件相配套，公司才能正常地运营。

5. 有符合要求的营业场所和与业务有关的其他设施

保险公司必须有符合要求的营业场所。公司的营业场所与公司的住所不同。公司的住所仅指公司的主要办事机构所在地，而公司的营业场所是指公司的住所和公司从事经营活动的其他地点。所谓与业务有关的其他设施，是指保险公司必须拥有与其经营范围、业务规模和人员数量相适应的办公设备，如必要的通信设备、信息技术设备等。

外国保险公司在我国申请设立公司必须满足以下几个条件：(1) 经营保险业务必须有 30 年以上的历史；(2) 必须在中国境内设立代表处连续 2 年以上；(3) 提出申请前一年的年末总资产不低于 50 亿美元。

（二）保险公司设立的程序

1. 申请筹建

申请人向监管部门提出筹备建立保险公司的书面请求。申请人通常要提供下列材料：

(1) 筹建申请报告。

(2) 可行性研究报告。

(3) 筹建方案。

(4) 投资人股份认购意向书及背景资料。

(5) 筹建负责人和拟任保险公司董事长、总经理的简历及本人认可证明。

(6) 监管部门要求的其他资料。

2. 正式申请

保险公司经过申请筹建，具备了法律规定的设立条件的，应向保险监督管理部门提交正式申请表和下列有关文件、资料：

(1) 保险公司的章程。

(2) 股东名册及其股份或者出资人及其出资额。

(3) 持有公司股份10%以上的股东的资信证明和有关资料。

(4) 法定验资机构出具的验资证明。

(5) 拟任职的高级管理人员的简历和资格证明。

(6) 经营方针和计划。

(7) 营业场所和与业务有关的其他设施的资料。

(8) 保险监督管理机构规定的其他文件、资料。

3. 申请开业

保险公司提出正式申请，经保险监督管理机构批准成立后，还需提出开业申请，提交下列资料：

(1) 开业申请报告。

(2) 保险监督管理部门认可的验资机构出具的验资证明，资本金入账原始凭证复印件。

(3) 拟任公司高级管理人员的简历、公司部门设置及人员基本构成情况。

(4) 营业场地所有权或使用权的证明文件。

(5) 公司章程。

(6) 3年经营规划和分保方案。

(7) 拟经营险种的保险条款和保险费率。

(8) 计算机设备、软件配置情况的报告。

4. 登记

保险公司只有到工商行政管理机关办理登记，领取营业执照后，方可对外营业。因此，保险公司经保险监督管理部门批准开业后，应持批准文件及保险许可证，到工商行政管理部门办理登记注册手续，领取营业执照后开始营业。通常，保险公司自取得经营保险业务许可证之日起6个月内无正当理由未办理公司设立登记的，其经营保险业务许可证自动失效。

二、保险公司的变更

(一) 保险公司名称的变更

保险公司的名称是其区别于其他公司或组织的专用文字符号。保险公司作为经保险监督管理部门批准设立的专营保险业务的企业法人，只有以自己的名称实施经营行为时，才能取得法律规定的权利和义务，并受法律保护。可见，保险公司的名称直接关系其法律主体资格和相关关系人对它的认知，在一般情况下不应变更，如确实需要变更的，须报经监督管理部门批准。

(二) 注册资本的变更

保险公司增加注册资本有增加原股东的出资和增加新股东两条途径，但均须经注册会计师验资并出具证明。股份有限保险公司为增加注册资本发行新股时，股东认购新股应按照《公司法》设立股份公司缴纳股款的有关规定进行。保险公司确实需要减少其注册资本时，必须编制资产负债表及财产清单，并通知债权人，并且在报纸上做出公告。债权人有权要求公司清偿债务或者提供相应担保。注册资本减少后不得低于法定的最低限额。

（三）公司或者分支机构营业场所的变更

营业场所是保险公司进行业务活动的地方，其变更影响到保险当事人与保险公司的业务联系和其他事务的办理，以及司法、行政管辖等诸多法律问题，因此须经批准并公示。

（四）业务范围的调整

依法核定的业务范围是保险公司开展业务的法律依据。随着社会经济的变化和公司业务的发展，保险公司的业务范围可做相应的调整。由于这种调整会影响公司的权利能力和行为能力，因而须经监督管理部门批准。

（五）保险公司的合并与分立

保险公司的合并和分立必然产生相应的法律后果。因合并或分立而产生的新公司，具有独立于原公司的法人资格；因合并或分立而解散的公司，其法人资格丧失。由此又会引起原公司的财产、债权、债务的分割和继承。因此，保险公司的合并和分立必须严格依照法定程序进行。

（六）保险公司章程的修改

保险公司的章程是规定公司根本性的重大问题的法律文件，它既是公司有效运转的依据，也是公司职员必须遵守的基本规范。保险公司的章程经监督管理部门批准后，即产生效力。章程的修改意味着公司经营管理中重要事项的变更，如公司经营宗旨、利润分配、组织机构的改变等，因此，同样要经监督管理部门的批准，并进行变更登记。

（七）出资人或者持有公司股份10%以上的股东的变更

持有公司资本总额或股份总额10%以上的股东，对公司的决策和资信有重大影响，其变更须经银保监会批准并公示。

（八）保险监督管理部门规定的其他变更事项

保险公司更换董事长、总经理，改变组织机构形式等重大事项，以及银保监会认为必须由其审批的变更事项，应由其批准并进行变更登记。

三、保险公司经营规则

（一）偿付能力

偿付能力是指保险人对所承担的保险责任的经济补偿能力，即支付保险金的能力。它表现为保险人的实际资产减去负债后的数额。偿付能力包括两层含义：一是在保险事故正常发生的情况下，保险人能完全承担赔偿或者给付保险金责任的能力，即最低偿付能力；二是指当超常年景的损失发生时，保险人的赔付能力。保险人偿付能力的有无和强弱，是影响被保险人利益的直接因素。确立偿付能力规则是保险经营组织赖以存在并维持其经营连续性的重要条件，也是维护被保险人利益的重要手段，自然就成为国家对保险业监督管理的核心内容。

1. 影响保险公司偿付能力的因素

（1）承保风险。

1）超出承保能力承保。保险公司应根据自身的资金实力、技术水平、人员素质等条件对承保风险进行风险评估，通过对历史资料等进行综合预测分析，判断保险标的是否具有可保利益。对超出承受能力的业务通过再保险方式转移风险，以保持公司的财务稳定。如果保险公司不根据自身条件，盲目承保超出其承保能力的业务，又不进行风险转移，随时会招来灭顶之灾。

2）自相残杀式承保。保险公司为了占领更多市场份额，不惜采用大幅度降低费率、高额返还、高手续费、降低承保条件等手段争揽业务，忽视承保质量，见物就保，见钱就收，放宽保险责任，甚至人为提高保险金额等，使保险经营成本不断上升，利润率急剧下降，从长远看容易造成不可估量的损失。

3）以赔促保。保险公司通过先赔偿被保险人未保险财产的损失，然后再促使其入保。这种承保方式忽视了保险公司的风险管理，对保险公司的发展极其有害，也大大增加了保险公司的经营成本，降低了保险公司的总准备金的积累，直接削弱了公司的偿付能力。

（2）理赔风险。

理赔风险是指理赔环节中存在的风险，主要包括诈骗赔款、人情赔款、扩大赔款等几种情况。产生的原因：从外部原因看，主要是骗赔。当前骗赔的形式越来越复杂，手段越来越高明，尤其是利用高科技手段进行诈骗、销赃的“一条龙”服务，对保险公司管理是一个严峻的挑战。从内部原因看，主要的风险是保险公司管理松弛，内控制度不严，让不法分子有机可乘。

（3）财务风险。

保险公司经营的特点决定了保险赔偿在时间上的不确定性和赔款金额的不确定性，这就要求保险公司平时必须保持足够的偿付能力，保证随时能够兑现赔款；否则，一旦发生大的自然灾害，在短时间内支付巨额赔款，很可能使保险公司财务发生困难而带来财务风险。此外，一些保险公司的财务会计没有充分运用会计的谨慎性原则实施稳健的财务政策，对本该提取的未到期责任准备金、未决赔款准备金、保险保障基金等少提或不提，导致保险公司自身积累不足，使得偿付能力极其有限，抵御风险的能力不强。

（4）资金运用风险。

1）投资组合不当，资金流动性差。主要表现在长、短期投资比例不当，短期投资等容易变现的项目过少，资金流动性差。

2）投资于房地产、期货、股票等高风险项目。

3）资金运用比例过高。资金运用是保险公司重要的收入来源，但资金运用比例越高，资金运用带来的风险也就越大。

以上经营风险的存在，最终反映为保险公司偿付能力的不足。加强对保险公司偿付能力的监管，是防范和化解保险经营风险的迫切要求，是促进保险业健康发展，从而实现与国际市场接轨、增强保险企业自身实力的需要。

2. 保险公司偿付能力的内容

（1）资本金。

公司开业必须有符合国家规定并与其生产经营和服务规模相适应的资本金，能够独立承担民事责任。资本金是保险公司得以设立和运作的基础，设立保险公司必须有足够的资本金。足够的资本金是保障保险公司正常经营的重要条件。保险公司承保的业务属于风险性业务，在公司开业初期应当具有充足的资本金作为保险赔付的基础，否则，保险公司有可能因为开业初期的保险赔付而倒闭。资本金既可在保险公司重组和清算时提供所需费用，又可以减少被保险人或债权人在清算时的损失。因此，各国法律对设立保险公司的注册资本一般都严格规定了最低限额。我国《保险法》对新设立的公司都规定了最低的注册资本金，但此限额只适合对刚开业公司的偿付能力的控制，对老公司作用有限。其主要缺陷有：第一，未考虑保险公司资产和负债的风险性；第二，未考虑保险公司不同业务种类中隐蔽的风险；第三，很难区分出保险公司的优劣，无法为保险监管部门提供有利的信息。

（2）保险责任准备金。

保险责任准备金是保险公司为处理未到期责任和未决赔款而从保险费收入中提取的准备金。保险公司的各种责任准备金有未决赔款准备金、已发生未报告赔款准备金、未到期责任准备金、长期责任准备金、寿险责任准备金和长期健康险责任准备金。长期责任准备金和长期健康险责任准备金以及寿险责任准备金的提取方法目前看来比较合理。对未到期责任准备金，我国采用1/2法提取。这种方法比较简单，便于操作，但有一定的盲目性。因为1/2法对于保险合同签订不均匀的情况显然不合适，比如上年保险费有3/4是在9月份之后收取的，按1/2法应在本年度6月底终止责任，但上年9月份之后的保险单提前几个月作为上年保险公司的收入结转，使本年度风险加大。对未决赔款准备金和已发生未报告赔款准备金的提取，我国现行的《保险公司财务制度》只做了一些原则性规定，而对估算范围及方法没有明确规定，缺乏可操作性。在实务中，未决赔款准备金和已发生未报告赔款准备金常被当成利润调节器。如经营业绩好的公司为了隐瞒利润，推迟纳税，高估多提；经营业绩不佳的公司为了骗取保户和股东的信任，有意不提或少提，增大了经营风险。另外，实务中的估算方法不够科学，统计制度也不够规范、健全，准确性较差。

（3）保险保证金。

这是国家控制保险公司偿付能力的有效手段。通过提取保险保证金，掌握一部分实有资本来保证保险公司的变现资金数量。它是被保险人利益的最后保障。我国有关法规规定，保险公司成立后，应将其注册资本总额的20%作为法定保证金，存入保险监督管理部门指定的银行，仅用于保险公司因解散或清算时的债务清偿。显然，保证金存放银行不具有资金营运的功能，而且保证金数额固定，不随承保收入的变化而变化，当承保收入远远大于保证金数额时，其保障作用就会下降，经营风险加大。

（4）保险保障基金。

保险保障基金是保险公司为了有足够的能力应付可能发生的巨额赔款而从年终结余中专门提存的后备基金。根据《保险保障基金管理办法》的相关规定，保险公司应当按照其保费收入或者业务收入的一定比例缴纳保险保障基金。财产保险公司的保险保障基金余额达到公司总资产的6%，人身保险公司的保险保障基金余额达到公司总资产的1%时，可以暂停缴纳。在保险公司被依法撤销或者依法实施破产，其清算财产不足以偿付保单利益，或者经中国银保监会有关部门认定，保险公司存在重大风险，可能严重危及社会公共利益和金融稳定的情况下，可以动用保险保障基金。保险保障基金的筹集、管理和使用由国有独资的中国保险保障基金有限责任公司负责。

（5）总准备金。

总准备金属于所有者权益，是保险公司为发生周期较长、后果难以预料的巨灾和巨额危险而提留的准备资金，是构成保险公司偿付能力的重要因素。保险公司经财政机关或公司董事会批准提取的总准备金主要用于巨灾风险的补偿，只能在当年业务收入和其他准备金不足以支付赔款时动用，不得用于分红或转增资本金。提存总准备金并使其积累到适当规模，有助于保险业的发展，对保障保险公司的偿付能力，保障被保险人利益十分重要。我国目前的《保险公司财务制度》既没有规定总准备金提取比例，也没有规定其积累规模，使总准备金的提取带有随意性。

3. 增强保险公司偿付能力的措施

(1) 资本金。

应充分考虑保险公司资产和负债的风险性，采用风险资本标准，实现资产负债匹配的动态管理。这样可以使得保险公司应保持的认可资产随着其业务量的变化而变化，为保险监管部门提供要求保险公司增加资本金的合法依据，加强了对保险公司偿付能力的事前监管，而且由于建立了一个公认的标准，可以使得参与者在保险市场上得到公平对待。保险监管部门应根据保险公司经营规模确定资本金数额，监管保险公司随着其资产规模的扩大相应增加资本金，确保其最基本的偿付能力。

(2) 保险责任准备金。

第一，要充分考虑责任准备金对保险公司正常经营的重要性。责任准备金的提取如不准确，就无法了解保险公司真实的偿付能力。若高估偿付能力，会给保险公司经营带来潜在风险，甚至导致破产；若低估偿付能力，会使保险公司丧失发展机遇，在竞争中处于劣势，甚至被淘汰。第二，要运用先进的方法提取准备金。对未到期责任准备金，随着科学技术的发展和人员素质的提高，可采用更先进、更精确的方法提取。对未决赔款准备金，要先对其统计范围、方法和提取比例等做出明确规定，同时要聘请精算人才，建立精算报告制度，加强对未决赔款准备金估算方法的研究，提高提取的精确度和管理水平。对已发生未报告赔款准备金，要采用科学的估算方法并根据实际情况的变化进行适当调整。

(3) 保险保证金。

我国法律法规对保险保证金的缴存、提取都有严格的规定。我国目前应尽快改变这种保证金缴存银行、固定数量的做法。许多国家对保证金的管理都实行信托制度，保证金在受托人的管理和运用下可获得可观的回报。随着我国资本市场的发展，保险公司的保证金也应寻求安全稳健的投资渠道实现保值增值，以增强保险公司资本实力。

(4) 保险保障基金。

我国在积累保险保障基金时，应根据自身情况选择有效的方法消除其不良的后果。比如，可根据各保险公司的风险程度大小来提取保险保障基金，风险较大的保险公司采用较高的保险保障基金比率，而风险较小的保险公司采用较低的保险保障基金比率。我国还应改变目前统一的保险保障基金模式，建立多层次的保险保障基金。目前可建立以下三个方面的保险保障基金：一是寿险保险保障基金；二是非寿险保险保障基金；三是巨灾风险保险保障基金。

(5) 总准备金。

第一，要尽快确定总准备金的提取比例和积累规模。第二，要考虑到总准备金的如下特点：总准备金是从税后利润中提取的，总准备金的积累必须年复一年地进行，经过较长时期的积累形成一笔巨额资金，可在保险公司存放较长时期，成为保险资金的重要组成部分，保险公司必须充分、稳定地运用这部分资金，使其较快地增长，以增强保险公司的偿付能力；影响总准备金和积累规模的因素较多，不仅取决于保险公司承担保险责任的规模和经验损失率，而且受到保险资金运行机制和保险业外部环境的制约，如在分保机制完善的条件下，保险公司可通过分保方式将超过其负担能力的风险责任转嫁给其他保险公司，这时保险公司的总准备金就可少留一点又如承保地震危险的保险公司应比承保火灾危险的保险公司提存更多的总准备金。

（二）市场行为

市场行为是指保险公司的工作人员在执行、履行职责时所表现出来的行为。保险公司员工是公司开展业务的具体承办人，他们的行为代表保险公司的形象，影响保险公司的信誉，涉及被保险人的利益，甚至关系保险市场秩序。因此，各国都对保险公司员工的行为做出了明确的规定，形成了较完善的保险从业人员管理制度。保险公司的工作人员不得有下列行为：

（1）欺骗投保人、被保险人或者受益人。保险业务是一种专业性很强的业务活动，在经营中需要许多专业知识，尤其是寿险业务活动中的精算方法等，一般人无从了解。保险人在保险业务活动中，不能利用投保人不了解保险业务的弱点，欺骗投保人、被保险人或者受益人。

（2）对投保人隐瞒与保险合同有关的重要情况。保险合同是保险关系成立的基础。保险合同是附合合同，它不像一般经济合同那样，双方当事人经过共同协商之后，拟定合同条款，订立合同，而是保险人在与投保人订立合同之前就已经拟好合同条款，等待投保人来签订。所以保险人应该就合同中的条款向投保人解释清楚，不能有任何隐瞒与保险合同有关的重要情况的行为。

（3）阻碍投保人、被保险人履行《保险法》规定的如实告知义务，或者诱导其不履行《保险法》规定的如实告知义务。如实告知义务是保险合同双方必须履行的义务之一。订立保险合同，保险人应当向投保人说明保险合同的条款内容，并可以就保险标的或者被保险人的有关情况提出询问，投保人应当如实告知。告知的目的是使保险公司了解与保险标的的风险状况有关的重要事实，让保险人决定是否接受承保和正确确定保险费率。保险人为自身利益应当向投保人、被保险人宣传和解释履行告知义务的重要性。

（4）承诺向投保人、被保险人或者受益人给予保险合同规定以外的保险费回扣或者其他利益。保险公司工作人员应当按照保险合同的责任范围和费率标准收取保险费，擅自更改经国家保险监督管理机关批准的保险条款和费率是一种违规行为。保险公司不能出于扩大业务量、同业竞争或者其他目的而违反财务制度，展开无序竞争，承诺给予合同规定以外的利益，包括保险费回扣、保险费减免、扩大承保责任等，破坏双方权利义务的对等关系。

四、保险公司的解散、清算和破产

（一）保险公司的解散

保险公司的解散是指依法已成立的保险公司因分立、合并或者公司章程规定的解散事由出现，经国家保险监督管理机关批准，停办业务并开始清算处理未了结事务的法律行为。保险公司的解散（除分立、合并）是法人资格消灭的开始，直接影响着公司的股东和债权人的切身利益，所以，公司必须依法解散。

保险公司解散事由可分为任意解散事由和强制解散事由。

任意解散事由是指保险公司依据自己的意愿并得到国家保险监督管理机关的批准，自愿终止其业务活动。任意解散事由包括：保险公司股东自愿分立或合并，原来的公司解散；国有独资保险公司由代表国家出资的机构或国家授权的机构依法决定解散；股份制保险公司可以经出席股东大会所持表决权 2/3 以上股东决议解散；公司章程规定的营业期限届满宣告解散。

强制解散事由是指公司依据法律或行政法规的规定而被迫解散。强制解散事由包括：保险公司严重违规经营，被国家保险监督管理机关吊销《经营保险业务许可证》后责令撤销；保险公司经营资不抵债，经国家保险监督管理机关批准，整顿组织依法向人民法院申请宣告该公司破产。

《保险法》第八十九条第二款规定：经营有人寿保险业务的保险公司，除因分立、合并或者被依法撤销外，不得解散。人寿保险业务的保险期限较长，人寿保险公司一旦解散，会给社会造成比较大的影响，严重损害被保险人的利益。因此，经营人寿保险业务的保险公司不能自行宣告解散。被依法撤销或被依法宣告破产的保险公司，其持有的人寿保险合同及准备金，必须转移给其他经营人寿保险业务的保险公司；不能同其他保险公司达成转让协议的，由国家保险监督管理机关指定经营人寿保险业务的保险公司接收。

（二）保险公司的清算

保险公司的清算是指公司出现强制解散事由或章程所规定的解散事由，依法清理公司的债权债务的法律行为。保险公司违反法律、行政法规，被国家保险监督管理部门吊销《经营保险业务许可证》的，依法撤销，由国家保险监督管理部门依法成立清算组，进行清算；清算结束后，清算组应向工商行政管理部门办理注销登记手续。保险公司不能支付到期债务，经国家保险监督管理部门同意，由人民法院宣告破产，并由人民法院组织国家保险监督管理部门等有关部门成立清算组，进行破产清算。

（三）保险公司的破产

保险公司的破产是指保险公司在不能清偿到期债务时，经保险监督管理机构同意，债权人或保险公司向有管辖权的人民法院提出申请，由人民法院经过审理依法宣告保险公司破产，并将保险公司的全部财产公平清偿给所有债权人的法定程序。保险公司的破产是保险公司消灭的一种特殊形式。

根据我国《保险法》第九十一条的规定，保险公司依法破产的，破产财产在优先清偿破产费用和共益债务后，按照下列顺序清偿：

(1) 所欠职工工资和医疗、伤残补助、抚恤费用，所欠应当划入职工个人账户的基本养老保险、基本医疗保险费用，以及法律、行政法规规定应当支付给职工的补偿金。

(2) 赔偿或者给付保险金。

(3) 保险公司欠缴的除第 (1) 项规定以外的社会保险费用和所欠税款。

(4) 普通破产债权。

破产财产不足以清偿同一顺序的清偿要求的，按照比例分配。

破产保险公司的董事、监事和高级管理人员的工资，按照该公司职工的平均工资计算。

相关资料 9-1

宣称寿险公司不能破产 幸福人寿福建分公司被重罚

中国银保监会福建监管局调查发现，幸福人寿福建分公司存在欺骗投保人的违法行为。该公司在2016年9月11日的产品说明会上所使用的课件存在不实表述，如"《保险法》第61条规定：保单是不存在争议的财产分配！""《保险法》第89条、第92条同时规定：人寿保险公司不能破产及解散""身价直翻N倍，市场最高"等。在此次产说会，该公司累计签单3件，涉及保费23万元。在2016年9月3日和9月13日的两场产说会上所使用的课件存在不实表述，如"预期高额收益（历史收益可达6%）"、将首期保费描述成"开户费"。累计签单1件，涉及保费4 100元。另外还查知，幸福人寿福建分公司存在给予和承诺给予投保人保险合同以外的其他利益的违法行为。在2016年6月5日、6月10日、6月16日、7月8日、7月20日、9月11日的六场产说会上，存在给予和承诺给予投保人保险合同以外的其他利益的行为，涉及金额22 001元。

经调查核实，2018年5月23日，中国银保监会福建监管局决定对幸福人寿福建分公司处以19.5万元罚款，并责令改正上述违法行为。该问题课件的制作人和主讲人杨汉泉，对上述违法行为负有直接责任。中国银保监会福建监管局决定对其予以警告，并处以4万元罚款；对问题课件制作人郭洋生予以警告，并处以1万元罚款；对上述产说会的组织者张丽丽、林娟妹及陈辉煌等予以警告，并视情节严重程度分别处以1万元、1万元及5.5万元的罚款。

业内人士告诉记者，《保险法》对保险公司的解散及清算、对保险公司被依法撤销的或者被依法宣告破产后未到期人寿保险合同的法定转让均有详细的规定，不能简单用"人寿保险公司不能破产及解散"去曲解。

第二节　保险营销

一、保险营销的含义和内容

（一）保险营销的含义

保险营销即争取保户，推销保险单，不断扩大承保面，也有不少国家称其为"保险招揽"。它是指保险营销人员引导具有保险潜在需求的人参加保险的行为，也是为投保人提供投保服务的行为。大数法则表明，承保面越大，风险就越分散。保险人只有通过保险营销，组织众多对风险有保障需求的投保人，通过收取保险费的方式建立起集中的保险基金，才能对特定的风险损失进行经济补偿或给付。因此，保险营销是保险业务活动的起点和基础。没有保险营销，就没有业务来源，也就谈不上承保、理赔、防灾、投资等其他保险经营活动的开展。

（二）保险营销的内容

保险营销是一个动态的过程。任何一笔保险业务，保险营销过程大都包括拜访、宣传、沟通，直到客户投保。保险营销的内容大体包括以下几方面：

（1）宣传保险及保险公司。

（2）帮助客户加强风险管理。

（3）向客户推荐险种、解释条款，进而帮助客户选择适当的险种和费率。

（4）动员客户续保等。

二、保险营销的方式

传统的保险营销方式包括直接营销和间接营销两种，其中，间接营销又分为保险代理人营销和保险经纪人营销。

相关资料 9-2

我国"三轨制"营销方式

在我国，由保险公司员工、保险公司管理的个人代理人、保险中介机构从业人员组成的保险营销队伍在保险市场上并存，被称为"三轨制"营销方式。第一"轨"是保险公司员工直接营销（直销业务），给予5%左右的工资和费用（保险公司实际承担的营业费用和工资等营销成本远超过此数）；第二"轨"是保险公司管理的个人代理人（营销员）营销，给予15%左右的收入和费用；第三"轨"是接受兼业代理机构、专业代理公司和经纪公司业务（代理业务），支付20%至40%的代理费用和佣金，有的甚至更高。

（一）直接营销方式

直接营销方式亦称直销制，是指保险公司利用支付薪金的业务人员直接推销保单，招揽业务。这种方式适合于实力雄厚、分支机构健全的保险公司。在我国，中国人民保险公司和中国人寿保险公司在全国各地都设立了分支机构，这为直接营销创造了有利条件。我国城市的企财险一般都采用直接营销方式，各分支机构都设有营业部门，直接承办各种保险业务。此外，有些保险公司还直接通过邮寄、传媒广告、电话、互联网或其他通信工具与顾客取得联系来招揽业务。

但对多数保险公司而言，单靠直接营销是不足以争取到大量的保险业务的，在销售费用上也是不合算的。如果保险公司单靠直接营销，就必须配备大量营销人员和增设机构，而大量的工资和费用支出势必会提高成本，并且保险营销具有季节性特点，在淡季时，人员会显得过剩。因此，国内外大的保险公司除了采用直接营销外，还广泛地建立代理网，利用保险代理人和保险经纪人营销。

（二）间接营销方式

间接营销方式也称中介制，是指保险公司通过保险代理人和保险经纪人等中介机构拓展保险业务的方法。在这种方式下，保险中介人并不能真正替代保险人承担保险责任，只是参与各种保险活动或代办、推销保险业务或提供专门技术服务，从而促成保险业务的开展。

课堂讨论：
直接营销方式和间接营销方式的优缺点。

两种营销方式的区别如图 9-1 所示。

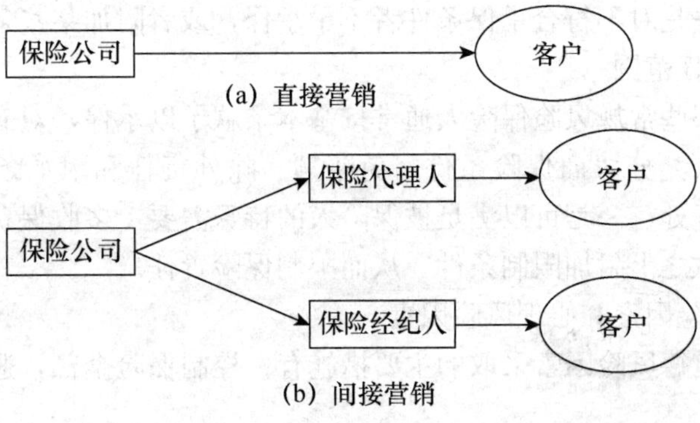

图 9-1　保险营销方式比较

第三节　保险核保

核保是指保险公司对投保申请进行审核评估，决定是否承保这一风险，并在风险可保的前提下，确定适用的费率以及是否需要采取限制措施的过程。在保险实务中，承保往往仅体现为签单、出单、登记存档等工作，而承保前所做的大量的、实质性的、关键的和技术性的工作是核保。从这个角度来看，核保是承保的必要前提。

一、保险核保的内容

保险公司的核保工作包括审核投保申请和控制保险责任两个方面。

（一）审核投保申请

对投保申请的审核主要包括以下三个方面的内容。

1. 投保资格的审核

投保资格的审核主要是审核投保人是否具有完全行为能力及对保险标的是否具有保险利益，其中后者是审核重点。对投保资格进行审核，主要是为了防止投保人或被保险人的道德风险。

2. 保险标的的审核

要对照投保单或其他资料对保险标的的使用性质、所处环境、防灾设施、安全管理等方面进行核查。以企财险的承保为例，应该了解厂房的结构、占用性质、使用的建筑材料、使用的年限以及是否属于危险建筑等情况，并与事先掌握的情况相对比加以核实，或者对标的进行现场查验后，保险人才会加以承保。

3. 保险费率的审核

保险人在核保时应按照不同标准对风险加以分类，制定不同的费率等级，在一定范围内使用。如果承保的业务风险情况不固定，则要对每笔业务的实际情况与它适用的费率条件加以审核，以保证保险费率的合理性。

（二）控制保险责任

控制保险责任是指保险人在核保过程中，应根据自身的承保能力进行承保控制，并尽量避免道德风险和心理风险。具体来说，包括下述三个方面。

1. 避免逆选择

所谓逆选择，就是指那些有较大风险的投保人试图以平均的保险费率购买保险。保险人控制逆选择的方法是对不符合承保条件者不予承保，或者附加某些条件再承保。

2. 控制保险责任范围

一般而言，对那些常规风险保险人通常按基本条款予以承保，对有特殊风险的保险标的，则需要和投保人充分协商保险条件、免赔额、除外责任和附加条款等内容后特约承保。这样做有两个好处：一是可以满足被保险人的特殊需要，多收保费，适当扩大保险责任；二是在基本条款之上附加限制条件，从而限制保险责任。

3. 控制道德风险因素和心理风险因素

保险公司控制道德风险因素采取的主要措施有：控制保险金额，避免高额保险；控制赔偿程度。

保险公司控制心理风险因素采取的主要措施有：

（1）责任控制。即对基本风险，一般使用基本条款，采用基本费率承保；对特殊风险，往往借助附加条款，在基本风险基础上加费承保，或采用特约条款，按特约承保条件承保，或者对自留额以上部分办理分保。

（2）规定免赔额。

（3）续保优惠或其他优惠。

二、保险核保的结果

核保人员通过核保，做出承保决策。保险核保的结果有：正常承保（即按标准费率承保）；附条件承保（增加限制性条件或加收保费承保，如要求投保人安装警报器等安全措施，承保人低于承保标准，减少保险金额或提高免赔额或较高费率）；拒保。

相关资料9-3

保险核保信息的来源

保险核保信息的来源主要有三个，即投保人填写的投保单、销售人员和投保人提供的情况、通过实际查勘获取的信息。首先，投保单是核保的第一手资料，也是最原始的保险记录。保险人可以从投保单的填写事项中获得信息，以对风险进行选择。其次，销售人员实际上是前线核保人员，其在销售过程中获取了大量有关保险标的的情况，其在寻找准客户和进行销售活动的同时实际上就开始了核保过程，可以视为外勤核保。所以，必要时核保人员可以向销售人员直接了解情况。另外，对于投保单上未能反映的保险标的和被保人的情况，也可以进一步向投保人了解。最后，除了审核投保单以及向销售人员和投保人直接了解情况外，保险人还要对保险标的、被保险人面临的风险情况进行查勘，称为核保查勘。核保查勘可由保险人自己进行，也可委托专门机构和人员以适当方式进行。

三、保险核保的程序

第一，接受投保单。

第二，审核验险。审核是保险人收到投保单后，对其进行审定和核实。核实的内容包括保险标的及其存放地点、运输工具行驶区域、保险期限等。验险时对保险标的风险进行查验，从而对风险进行分类。验险分财产保险验险和人身保险验险两种。

（1）财产保险验险。包括查验投保财产所处的环境、查验投保财产的主要风险隐患和重要防护部位及防护措施状况、查验有无正处于危险状态的财产、查验各种安全管理制度的制定和落实情况等。

> **课堂讨论：**
> 人身保险核保和财产保险核保有哪些不同?

（2）人身保险验险。包括医务验险和事务验险。医务检验包括健康状况、个人病史、家庭病史等；事务验险包括年龄、性别、财务状况、职业、是否吸烟、是否酗酒、是否吸毒、有无高风险的运动和度假经历、有无航空风险等。

第三，接受业务。如果投保金额或标的风险超出保险人承保权限，则保险人无权决定是否承保，只能请求上一级主管部门提出建议。

第四，缮制单证。即接受业务后填制保险单或保险凭证的过程。填写保险单时要注意以下几点：

（1）单证相符。即保险单、投保单、财产清单、人身保险的体检报告及其他单证都要符合制单要求，其重要内容如保险标的名称、数量、存放地点等都应相符。

（2）保险合同要素明确。即保险单中要正确填写被保险人的姓名、单位名称和负责人姓名及详细地址；人身保险合同中还要填写受益人的姓名、地址及与被保险人的关系；保险单中应标明保险标的的范围及存放地点、保险利益内容；此外，还有保险责任、保险金额、保险期限、保险费及其支付办法、被保险人义务及其他特约事项。

（3）数字准确。数字代表着投保双方的权益，即使是微小疏忽，也会给双方当事人造成重大损失或导致不该发生的纠纷。

第五，复核签章，手续齐备。每种单证上都应该要求复核签章，如投保单上必须有投保人的签章；验险报告上必须有具体承办业务员的签章；保险单上必须有承保人、保险公司及负责人的签章；保险费收据上必须有财务部门及负责人的签章；批单上必须有制单人与复核人的签章等。

第四节　保险资金运用

保险资金运用，是保险企业经营中的一个重要组成部分，它不仅是保证偿付能力的重要手段，也是维护被保险人权益的重要措施。世界各国保险业无不依靠有效的保险投资使保险人增加盈利，提高偿付能力。

一、保险投资的资金来源

（一）资本金

资本金是保险公司在开业时必须具备的注册资本。在我国，设立保险公司的注册资本的最低限额为 2 亿元人民币。保险公司注册资本必须为实缴货币资本。保险公司的资本金除按法律规定缴存保证金（我国目前为实缴货币资本的 20%）外，均可用于投资，以获得较高的收益率。

（二）各种责任准备金

责任准备金是保险公司为保障被保险人的利益，从收取的保费中提留的资金。包括未到期责任准备金、未决赔款准备金、总准备金和人身保险的各种准备金。

（三）其他投资资金

在保险经营过程中，还存在其他可用于投资的资金来源，主要包括结算中形成的短期负债、应付税款、未分配利润、公益金、企业债券等。这些资金可根据其期限的不同做相应的投资。

二、保险资金运用的原则

保险投资状况直接影响着保险公司经营的稳健程度，影响着保险公司的偿付能力，不仅关系到广大保户的利益，亦对保险公司的存亡影响很大。因而，保险资金运用是保险公司经营上的重要课题，各国政府都把它列为保险业管理的重要部分。许多国家的保险法都对保险公司资金运用的原则、范围、方向与比例等做了明文的限制性规定。

目前，国内外学者对保险投资原则的阐释虽不完全相同，但在安全性、流动性、收益性三条原则的认识上比较一致。保险资金运用应遵循资产负债匹配管理原则，遵循安全性、流动性、收益性原则，防范因资产、负债在数量、期限、成本、收益和流动性等方面不能有效匹配而产生的风险。保险资金运用应遵循以下原则：

（1）独立制衡原则。与保险资金运用相关的各机构、部门和岗位的设置应权责分明、相对独立、相互制衡。

（2）全面控制原则。保险资金运用风险控制的过程应涵盖资金运用的各项业务、各个部门、各级人员以及与保险资金运用相关的各个环节。

（3）适时适用原则。保险资金运用风险控制体系应同所处的环境相适应，以合理的成本实现内控目标，并根据保险公司、保险资产管理公司内外部环境的变化，适时进行相应的更新、补充、调整和完善。

（4）责任追究原则。保险资金运用风险控制的每一个环节都要有明确的责任人，并按规定对违反制度的直接责任人，以及对负有领导责任的高级管理人员进行问责。

相关资料 9-4

银保监会数据显示，2017 年全国保险资金运用收益 8 352.13 亿元，同比增长 18.12%，尤其是股票投资收益猛增，达到 1 183.98 亿元，同比增长 355.46%；投资收益率 5.77%，较 2016 年提高 0.11 个百分点。

数据显示，截至 2017 年底，保险资金运用余额 14.92 万亿元，较 2017 年初增长 11.42%。其中，固定收益类余额 70 886.96 亿元，占比 47.51%，较 2017 年初下降 3.19 个百分点；股票和证券投资基金 18 353.71 亿元，占比 12.3%，下降 0.98 个百分点；长期股权投资 14 769.06 亿元，占比 9.9%，上升 0.73 个百分点。截至 2017 年底，保险业资产总量 16.75 万亿元，较 2017 年初增长 10.8%。

三、保险资金运用的方式

一般来说，可供选择的保险资金运用方式主要有存款、证券投资（债券、股票）、贷款和不动产投资，以及其他保险投资方式。

（一）存款

存款是指保险公司将保险资金存入银行，并获取稳定的利息收入。存款方式将银行作为保险资金的投资中介，安全性比较高，但是收益比较低，所以保险公司一般只有少量机动资金采用这种投资方式。

（二）证券投资

证券投资是为取得预期收入而买卖有价证券的活动，包括债券投资和股票投资。

债券投资分为政府债券投资、公司债券投资、金融债券投资。债券投资的特点：一是具有安全性，到期还本付息，即使公司破产，债务清偿也优先；二是具有收益性，有固定的利息；三是具有流动性，可在二级市场上交易。

股票投资通常比债券投资的收益率高，同时风险也大；其不具有返还性，具有极强的投机性和高风险性，风险高于债券投资。因而，各国对保险资金进行股票投资均有严格的比例限制。

（三）贷款

贷款是保险人将保险资金贷放给单位或个人，并按期收回本金、获取利息的投资活动。贷款比存款的收益率高，但风险相对较高，流动性也相对较低。按贷款条件可分为信用贷款、质押贷款和抵押贷款，一般来说，信用贷款的风险最大。对流动性要求较高的保险投资不宜采用贷款形式。

（四）不动产投资

不动产投资是将保险资金用于购买土地、房产或其他建筑物的投资。它具有流动性较差、投机性强、风险大的特点，因而除寿险公司的少部分资产用于此类投资外，一般不动产投资不宜作为保险投资的主要对象。

（五）其他投资方式

保险公司其他的投资方式包括购买艺术品、古玩和各种有价值的收藏物品。这种投资不像债券、股票那样有较固定的收益率，但是随着时光的流逝会变得越来越值钱。

除上述各种投资方式外，目前我国保险公司投资呈现出多种新趋势：

(1) 通过重组、并购等方式，发展成为具有国际竞争力的保险控股（集团）公司。

(2) 保险公司投资商业银行、基金公司和证券公司等金融机构，提供多元化和综合性的金融保险服务。保险资金参与商业银行的改制上市。

(3) 保险资金向综合管理社会公众资产转变。

相关资料 9-5

我国保险资金投资的部分项目

京沪高铁项目里程长、标准高、投资大，对于缓解交通运输供需矛盾、完善综合交通运输体系、促进经济社会协调发展意义重大。2007 年，泰康资产管理有限责任公司发行“泰康开泰-铁路债权计划”，募集规模 100 亿元。2008 年，平安资产管理有限责任公司通过“平安-京沪高铁股权投资计划”，牵头保险企业集体出资 160 亿元，投资京沪高速铁路股份有限公司股权，成为第二大股东。

“民用大飞机”项目是一个国家经济、工业、科技水平和综合实力的集中体现。“华泰-中国商飞债权投资计划”于 2017 年由华泰资产管理有限公司发起设立，注册规模达 150 亿元。该项目战略意义重大而深远，是保险资金支持战略性新兴产业、支持实体经济的重要体现。

南水北调工程是我国战略性工程，有效地改善了华北和西北地区的水资源条件，缓解了该地区长期资源性缺水的矛盾，促进了区域协调发展。2010 年至 2012 年间，太平资产管理有限公司以分期发行方式发起设立“太平-南水北调工程项目债权投资计划”，注册规模合计 350 亿元。

中保投资有限责任公司设立“中保投-招商局轮船股份股权投资计划”，募集 400 亿元保险资金直接用于招商局轮船境外项目，其中包括在亚洲（斯里兰卡科伦坡港、汉班托塔港）、欧洲（土耳其昆波特码头）、非洲（吉布提国际自由港）和拉丁美洲（巴西 TCP 码头）投资建设港口项目，有效打通了“一带一路”经济带。

中国平安集团设立的 1 500 亿元中国广东发展（平安）基金和 500 亿元“广州南沙新区发展基金”，中保投资有限责任公司与广业集团共同发起设立的 200 亿元“绿色产业发展基金”，国寿投资控股有限公司设立的 100 亿元“国寿广州城投发展基金”和 100 亿元“广州价值创新园区产业基金”等大项目，在支持粤港澳大湾区大型基础设施建设，推动发展智慧城市、人工智能、健康医疗、绿色环保等方面起到了示范带动作用，有效地推动了内地与港澳深化合作，提升了该区域在国家经济发展和对外开放中的地位与功能。

截至2018年2月底，作为保险资金支持实体经济、服务国家战略主要途径的债权投资计划和股权投资计划，在中国保险资产管理业协会注册（备案）的数量总计达到了880项，累计规模超过2.15万亿元。其中，支持“一带一路”9 048.95亿元，支持长江经济带3 947.08亿元，支持棚户区改造1 475.96亿元，支持京津冀协同发展1 654.99亿元，支持振兴东北老工业基地345.12亿元，支持绿色金融6 818.35亿元。

第五节 保险理赔

保险理赔是指保险公司在保险标的发生风险事故后，根据保险合同的规定，对被保险人或受益人提出的索赔请求进行处理的行为。通过保险理赔，可以使被保险人或受益人及时得到赔付，从而使保险的职能和作用得以充分发挥；通过保险理赔，可以使承保业务质量得到检验，并从中发现防灾防损工作中可能存在的问题和漏洞，从而为提高承保业务质量、加强防灾防损工作提供可靠依据；通过保险理赔，还可以提高保险公司的声誉，扩大保险在社会上的影响，促进保险营销。因此，保险理赔在保险业务经营中占有重要地位，是保险经营的一个关键环节。能否做好保险理赔工作，对于保险公司的经济效益和社会效益能否不断提高意义重大。

一、保险理赔的原则

保险公司在进行理赔时，为了确保理赔质量，防止“惜赔”“滥赔”等现象的发生，应该严格遵循以下三条基本原则。

（一）重合同、守信用

这是保险人在理赔工作中应遵循的首要原则。保险经济关系是由保险双方通过订立保险合同建立起来的，在保险合同中，明确规定了保险双方的权利和义务。因此保险公司在处理赔偿案时，必须做到重合同、守信用，要严格按照保险合同中的条款来理赔，既不能“惜赔”，也不能“滥赔”。这关系到保险的经济赔偿、经济给付基本职能的充分发挥，也关系到被保险人的正当权益和保险公司的信誉。

（二）实事求是

保险条款虽然对赔偿责任做了原则性规定，但实际案情是千变万化的，保险合同不可能把所有情况都考虑进去。因此，保险公司在理赔工作中，一方面，应坚持按保险合同条款的规定办事；另一方面，必须对具体问题进行具体分析，根据条款精神，实事求是地根据具体情况，恰当运用条款处理具体问题，做到合情合理，特别是对一些重大疑难案件，更要慎重处理，不能机械地死抠条款，贸然地笼统拒赔。

在理赔中，保险人的通融赔付是贯彻实事求是原则的一个具体体现。所谓通融赔付，是指按照保险条款的规定，对于保险人本不该赔付的索赔，由于某些因素的影响，保险人给予了全部或部分的赔付。当然，通融赔付也并非无原则地随意赔付，而是对保险损失补偿原则的灵活运用。具体来说，保险人的通融赔付通常是基于以下几种考虑：第一，为了保险业的稳定和发展；第二，为了维护保险公司的信誉和在市场竞争中的地位；第三，为了社会的安定团结。

（三）主动、迅速、准确、合理

> **课堂讨论：**
> 谈谈你对保险理赔工作“八字方针”的理解。

这是保险理赔工作的“八字方针”，也是衡量理赔质量的重要标准。它是我国保险业在长期的理赔实践中总结归纳出来的。其中，“主动、迅速”是要求保险人在处理赔付案时，积极主动，不拖延并及时深入事故现场进行查勘，及时理算损失金额，对于属于保险责任范围内的灾害事故造成的损失，应迅速赔付，以利于受灾者及时恢复生产、安定生活。“准确、合理”则是要求保险人在审理赔付案时，分清责任，合理定损，准确履行赔付义务。对那些不属于保险责任范围的案件，应及时向被保险人或受益人发出拒赔通知书，并说明不予赔付的理由。即做到责任划分准确，该赔的赔，不该赔的坚决不赔；定损计算准确，在赔付时既不多赔，也不少赔；赔款处理既严格按合同条款的规定办事，又考虑实际情况，合情合理。在保险理赔的“八字方针”中，“准确”是核心，离开“准确”，其他方面都会变得毫无意义。

我国《保险法》第二十三条和第二十五条的规定较好地诠释了这一原则。第二十三条第一款和第二款规定：保险人收到被保险人或者受益人的赔偿或者给付保险金的请求后，应当及时做出核定；情形复杂的，应当在 30 日内做出核定，但合同另有约定的除外。保险人应当将核定结果通知被保险人或者受益人；对属于保险责任的，在与被保险人或者受益人达成赔偿或者给付保险金的协议后 10 日内，履行赔偿或者给付保险金义务。保险合同对赔偿或者给付保险金的期限有约定的，保险人应当按照约定履行赔偿或者给付保险金义务。第二十五条规定：保险人自收到赔偿或者给付保险金的请求和有关证明、资料之日起 60 日内，对其赔偿或者给付保险金的数额不能确定的，应当根据已有证明和资料可以确定的数额先予支付；保险人最终确定赔偿或者给付保险金的数额后，应当支付相应的差额。由此可见，根据《保险法》的规定，保险人应当在法律规定和保险合同约定的期限内及时履行给付保险金义务，这就要求保险人在理赔工作中，必须严格遵循“主动、迅速、准确、合理”的“八字方针”。

二、几种理赔方式

（一）比例补偿方式

比例补偿方式又叫不定值比例赔偿方式，是针对不足额保险而言的。所谓不定值比例赔偿方式，就是在保险合同中不规定保险价值，只规定保险金额在损失发生后，按损失的保险财产的当时实际价值来确定赔偿额。这种方式一般适用于一些随市价变动较大的动产投保或是估价投保的企业财产险。被保险人投保财产保险，理应按财产的实际价值投保，但如果确定的保险金额低于保险财产的实际价值，则只能按比例补偿方式获得赔偿。

例如，保险财产在损失当时的实际价值是 10 000 万元，保险金额是 8 000 万元，损失金额是 5 000 万元。根据比例补偿方式，保险公司的赔偿金额为：

$$赔偿金额=\frac{8\,000}{10\,000}\times 5\,000=4\,000(万元)$$

比例补偿方式把保险财产的实际价值与保险金额紧密地联系在一起，其目的在于促使被保险人在投保时，尽量按保险财产的实际价值投保。

（二）第一危险损失赔偿方式

第一危险损失赔偿方式又叫实际损失补偿方式，即不考虑保险金额与实际价值之间比例关系的一种补偿方式。这是为避免比例分摊的繁杂计算而设计的。若将保险财产按其实际价值分成两部分，则第一部分是保险金额以内的部分，即保险公司应负责损失补偿的部分；第二部分是超过保险金额的部分，也就是被保险人自负部分。保险公司只对第一部分负赔偿责任。换言之，当损失金额低于或相当于保险金额时，按实际损失金额赔偿；当损失金额高于保险金额时，则最高赔偿额以保险金额为限。

（三）定值保险赔偿方式

定值保险按约定的价值承保，一般在签订保险合同时，已经就保险财产的保险金额做出了规定，并将其作为今后发生损失事故的补偿基础。赔偿时，不管损失当时的市价多少，在保险金额限度内，按约定的价值补偿。定值保险赔偿方式适用于海上货物运输保险。在国外，对火灾保险以及名贵的书画等也有采用这一方式承保的。

在定值保险赔偿中，当发生全损时，赔偿金额等于保险金额；当发生部分损失时，赔偿金额的计算公式为：

$$赔偿金额=\frac{市价-残值}{市价}\times损失金额$$

（四）限额责任赔偿方式

保险双方当事人事先规定限额，因保险事故致使保险财产的损失额发生在规定的限额内，保险公司负责补偿。本补偿方式主要适用于工程保险、责任保险及农作物保险。

相关资料 9-6

小额理赔不再难　保监会推小额理赔指引

2015年10月24日，中国保监会发布《保险小额理赔服务指引（试行）》（以下简称《指引》），最高5 000元以下都可快速理赔了。

车险小额理赔：5 000元以下，仅涉及车辆损失（不涉及人伤、物损），事实清晰、责任明确的车险理赔案。

个人医疗保险：3 000元以下，事实清晰、责任明确，且无须调查的费用补偿型、定额给付型个人医疗保险理赔案。

“多合一”单证：索赔申请、委托授权、转账授权、查勘记录、损失确认和索赔告知等内容整合到机动车辆保险小额理赔申请书中。

“三证一卡”简化证件证明：消费者仅需出示“三证一卡”（行驶证、驾驶证、被保险人有效身份证明、收款人银行卡或账户），由保险公司进行原件验真后拍照留存。

减免维修发票：车辆损失金额2 000元以下的，保险公司根据与消费者确认的损失结果，可减免汽车维修发票直接赔付给消费者（代领赔款的除外）。

三、保险理赔的程序

保险理赔的程序，随着险种和具体案情的不同而略有差异。但通常来讲，保险理赔工作都是从接到损失通知时开始的，理赔过程包括单证审核、现场查勘、核定损失和计算赔款、赔付结案等基本环节。

（一）出险通知

保险标的发生保险事故（件）后，财产保险的被保险人（人身保险的被保险人或受益人）应将事故发生的时间、地点、原因及其他有关情况及时通知保险公司或保险代理人。出险通知可以采用书面形式，也可以采用口头形式，但从备查角度看，采用书面形式更有利。出险通知的内容一般包括被保险人的姓名或名称、地址、保单号码、出险日期、出险原因、受损财产的项目和金额等。

出险通知通常有时限要求，根据险种不同，出险通知的时限要求也有所不同。例如，家财险条款中，明确要求被保险人在保险财产遭受保险责任范围内的盗窃损失后，应当在24小时内通知保险人，否则保险人有权不予赔偿。当然，有的险种没有明确的时限规定，只要求被保险人在其可能做到的情况下，尽快将事故损失通知保险人。及时的损失通知可以使保险公司及时开展损失调查，避免因延误造成调查的困难，从而防止道德风险，便于保险公司能及时采取施救措施，防止灾害事故的蔓延和损失的加重。

如果被保险人在法律规定或合同约定的索赔时效内未通知保险人，可视为其放弃索赔权利。例如我国《保险法》第二十六条规定：人寿保险以外的其他保险的被保险人或者受益人，向保险人请求赔偿或者给付保险金的诉讼时效期间为2年，自其知道或者应当知道保险事故发生之日起计算。人寿保险的被保险人或者受益人向保险人请求给付保险金的诉讼时效期间为5年，自其知道或者应当知道保险事故发生之日起计算。

（二）单证审核

保险公司在接到出险通知后，要立即进行单证的审核，以决定是否有必要进行全面理赔工作。审核内容主要包括以下几个方面：

（1）保险单的有效性。着重审核事故（件）是否发生在保险单有效期内；事故发生的地点是否在承保责任范围内；投保人或被保险人是否认真履行了有关告知、保证、交费、风险通知等义务。如果保单是无效的，就不必受理该案件。

（2）是否构成保险事故。着重审核事故造成的损失是否由承保风险引起，损毁的是否为保险标的，其损失是否在承保责任范围之内并构成索赔条件等。如果保险标的的损失是由不保损失原因造成的，或者可保损失原因造成的是非保险标的的损失，那么，保险公司不承担保险责任，也就没有进一步开展理赔工作的必要。

（3）要求赔付的人是否有权提出索赔要求。着重审查申请索赔的人，在索赔当时，对保险标的是否具有保险利益，或者是否是被保险人或投保人指定的受益人或合法继承人等。

（4）审核各种索赔单证的有效性。应着重审核每一相关单证的真实性和有效性。如在人身保险中，理赔人员要审核缴费凭证、被保险人或受益人的身份证、死亡案件中的死亡证明、残疾案件中的伤残证明等单证是否真实有效。又如，海上保险中除了审核保险单外，还要审核损失证明是否合法，货物的发票、提单与保单是否一致。

经过审查，若初步认为属于保险事故，就应根据损失通知编号立案，以进一步开展理赔工作。

（三）现场查勘

审核通过以后，对于多数赔案，保险人都必须深入事故现场进行查勘，这是理赔工作的重要一环。查勘的主要任务包括：

（1）调查和核实出险的时间和地点，特别要注意与保险合同有效期起讫时间接近的出险时间，以及处于运动状态的保险财产（如运输工具和运输过程中的货物）的出险地点。

（2）调查和核实事故发生的原因和经过，了解事故发生前后的过程及施救情况，并分析造成损失的直接的、有决定意义的原因（即近因）。特别要注意有无发生道德风险的迹象。有些事故原因比较复杂，可以聘请专家提供咨询服务，或请技术部门进行技术鉴定。

(3) 调查和核实事故损失的范围和程度，了解受灾范围内存放了哪些财产、损失情况与损失程度。与此同时，协助受灾单位积极采取施救措施，尽可能地减轻灾害事故损失，防止损失扩大。

（四）核定损失和计算赔款

核定损失是指在现场查勘的基础上，根据被保险人提供的损失清单和施救费用清单，对照有关的账册、报表、单据等，逐项核实受损保险标的的品种、数量、价值、损失程度和损失金额等，还要查清修理费用和施救费用等是否合理，为计算赔款提供真实依据。

保险赔款的计算，依不同险种、不同保险合同而有所不同，应严格按照保险合同的规定进行计算。有损余物资的，应作价折归被保险人，并从赔款中扣除（也可以由保险人收回自行处理）。

关于保险赔偿金额的计算，因保险合同种类的不同而有所不同。通常，人身保险合同多采取定额给付的方式，即保险事件发生时，保险人按照双方事先约定的金额给付。对于财产保险合同中的定值保险合同，在订立合同时，保险标的的价值就已经约定并载明于保险合同中，发生保险事故时，可以按照保险金额（全部损失）或者损失程度（部分损失）来计算赔款。而对于财产保险合同中的不定值保险合同来说，赔款计算则较为复杂。通常要根据比例补偿方式、第一危险损失赔偿方式、限额责任赔偿方式三种不同赔偿计算方式来进行赔款的计算。

在赔偿方式确定后，应根据损失情况，分别按标的损失、施救费用、残值收回、免赔额、其他责任项目列出计算公式，缮制赔款计算书。

（五）赔付结案

保险人经单证审核、现场查勘、核定损失、计算赔款，就赔付金额与被保险人或受益人达成协议后，应及时支付赔款或给付保险金。若被保险人对赔款金额有异议，应协商处理，不能达成一致意见的，可以通过仲裁机构或法院进行仲裁或诉讼解决。

保险理赔人员在支付赔款后，清理有关赔案的所有文件和单证，以及现场的照片和录音，归档管理，以便日后查阅。在结案时，保险理赔人员还要注意追偿。如果涉及第三者责任，被保险人在取得赔偿后应填具权益转让书，把对第三者责任方追偿的权利转让给保险人，并主动协助其代位求偿权的行使。在海上保险中，保险人在按照推定全损赔偿后，被保险人必须将有关保险标的的一切权益委付给保险人。

下面以机动车辆保险为例，给出一般赔案处理流程图，如图 9-2 所示。

四、保险理赔机构

保险理赔不外乎两种方式：保险公司直接理赔和委托代理机构理赔。保险公司一般都设有理赔部门和配备专职的理赔人员。理赔代理人通常也有一定的理赔权，只是对理赔金额有一定限制。代理人理赔有理赔迅速、理赔费用低等优点。此外，国外保险市场上还有许多专业理赔机构或理算组织。如货物运输保险、船舶保险等国际保险业务，单靠保险公司自己的理赔人员去处理发生在世界各地的赔案，既不可能也不经济。英国劳合社的检验理赔代理人就是遍布世界各地的、有影响的理赔代理人。现在我国的保险公司也在世界各地委请检验理赔代理机构。

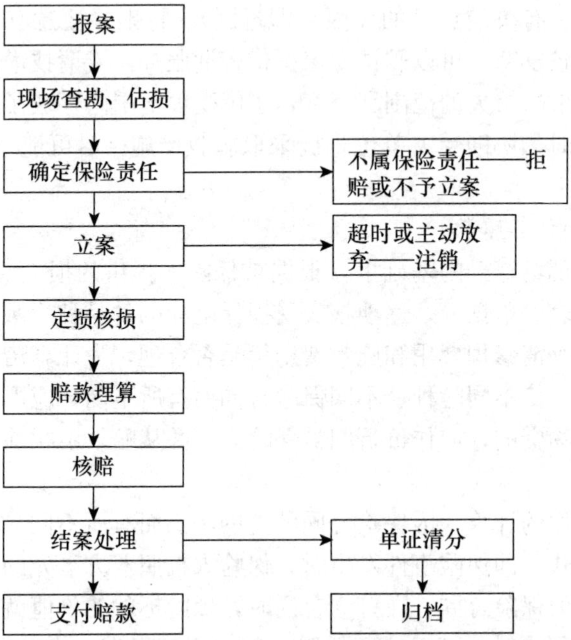

图9-2 赔案处理流程

相关资料9-7

美国的专业理赔机构

美国的专业理赔机构有以下几种：

(1) 独立理算师 (Independent Adjustor)。保险公司在承办某些特定的业务时，因为其业务量不大或因为某些地区索赔金额太小，设立分支机构不合算，于是便使用独立理算师。独立理算师向保险公司提供理算服务，以收取佣金为报酬。

(2) 理算所 (Adjustment Bureau)。这是由保险公司资助的理算组织。理算所雇用的理赔人员都受过专业训练。当某一处所发生巨灾损失时，保险人通常需要理算所提供服务。美国较大的理算组织有通用理算局 (The General Adjustment Bureau)、承保人理算公司等。通用理算局是世界上最大的理算组织，它组建于1906年，拥有雇员5 500人，其中理算人员3 000人，共有650个分支机构，专为美国东北部地区的保险公司服务，从事责任保险和财产保险的理赔。承保人理算公司则为美国中西部的保险公司服务。

(3) 公共理算师 (Public Adjustor)。公共理算师专门代表索赔人与保险公司协商处理赔案。在需要赔偿时，首先由公共理算师向保险人提出索赔，然后再由他们同保险公司的理赔人员一起商讨解决办法。在索赔成功后，一般由索赔人按获取赔偿的一定比例向公共理算师支付佣金。

本章小结

保险公司是指依法设立的专门从事经营商业保险业务的组织机构。保险公司的设立程序有申请筹建、正式申请、申请开业和登记。保险公司的经营规则包括两方面：偿付能力和市场行为。

保险营销是指保险营销人员引导具有保险潜在需求的人参加保险的行为，也是为投保人提供投保服务的行为。传统的保险营销分为直接营销、保险代理人营销和保险经纪人营销。承保是保险经营中的一个重要环节，承保质量的好坏，反映了保险公司经营管理水平的高低。承保工作的主要内容是核保，核保包括审核投保申请、控制保险责任等方面。保险投资是现代保险经营中的两大支柱之一，对保险企业的生存和发展意义重大。保险投资的资金源于资本金、各种责任准备金和其他可运用资金。保险投资的形式主要是存款、证券投资、贷款、不动产投资。我国保险投资现在有了突破性发展，保险资金可直接进入股市。理赔是保险补偿职能的具体体现。保险理赔的程序包括出险通知、审核单证、现场查勘、核定损失和计算赔款、赔付结案等。

重点概念

偿付能力　　准备金　　保险营销核保

保险投资　　理赔

复习思考题

一、选择题

1. 在抵押贷款的财产保险时，银行以抵押权人名义对抵押品房屋投保，如果银行贷款 10 万元，房屋价值 13 万元，保险金额为 12 万元，则保险人赔偿金额为（　　）。

A. 10 万元　　B. 13 万元　　C. 12 万元　　D. 不予赔偿

2. 保险市场的买方是（　　）。

A. 保险代理人　　B. 被保险人　　C. 投保人　　D. 保险人

E. 受益人

3. 在保险活动中，人们以不诚实或故意欺诈的行为促使保险事故发生，以便从保险活动中获取额外利益的风险因素属于（　　）。

A. 逆选择　　B. 道德风险　　C. 心理风险　　D. 法律风险

4. 在可保风险的范围内，保险人应根据自身承保能力，努力承保尽可能多的风险单位，这是保险经营中的（　　）原则。

A. 风险大量原则　　B. 风险分散原则

C. 风险选择原则　　D. 风险集中原则

5. 保险人在支付了 5 000 元的保险赔款后向有责任的第三方追偿，追偿款为 6 000 元，则（　　）。

A. 6 000 元全部退还给被保险人　　B. 将 1 000 元退还给被保险人

C. 6 000 元全归保险人　　D. 多余的 1 000 元在保险双方之间分摊

6. 保险人在保险标的发生风险事故导致损失后，对被保险人提出的索赔请求进行赔偿处理的行为称为（　　）。

A. 保险赔偿　　B. 保险理赔

C. 保险给付　　D. 保险调查

二、判断题

1. 保险投资的资金来源主要是资本金、保证金和各种责任准备金。（　　）

2. 现代商业保险公司的两大类业务是理赔业务和筹资业务。（　　）

3. 再保险和共同保险都是属于事前分散风险。（　　）

4. 在保险投资中必须遵循安全性、流动性和收益性原则，其中流动性原则最重要，被奉为第一原则。（　　）

5. 我国现阶段的保险营销人员属于专业代理人。（　　）

6. 在不定值保险的三种赔偿计算方式中，对被保险人最有利的是比例补偿方式。（　　）

7. 在保险承保过程中，最重要的内容是缮制单证。（　　）

8. 保险人在保险标的发生风险事故导致损失后，对被保险人提出的索赔请求进行赔偿处理的行为称为索赔。（　　）

三、案例分析题

案例一

某企业投保企业财产保险综合险，保险金额为 80 万元，保险有效期间为 2018 年 1 月 1 日至 12 月 31 日。若：

（1）该企业于 2 月 12 日发生火灾，损失金额为 40 万元，保险事故发生时的企业财产实际价值为 100 万元，则保险公司应赔偿多少？为什么？

（2）5 月 18 日因发生地震而造成财产损失 60 万元，保险事故发生时的企业财产实际价值为 100 万元，则保险公司应赔偿多少？为什么？

（3）12 月 18 日因下暴雨，仓库进水而造成存货损失 70 万元，保险事故发生时的企业财产实际价值为 70 万元，则保险公司应赔偿多少？为什么？

案例二

一位美国商人于 2015 年在曼谷用 6.5 万美元买了一批古代工艺品，在新加坡经人估价，价值 3 000 万美元，这位美国商人即以此金额在伦敦保险市场投保了目的地为荷兰的货运险。货物装船前，保险人检查后，以投保人估价过高取消了保险合同。2018 年，这位美国商人又向一家美国保险公司投保，签约时未将三年前曾被取消合同一事告知美国保险公司。后来货物在运输途中发生全损。

问题：保险公司是否应赔偿？

第十章
保险市场

学习目标

1. 掌握保险市场的概念、特点和种类；
2. 熟悉保险中介的三种形式；
3. 了解目前保险人的组织形式。

第一节 保险市场概述

一、保险市场的概念

传统的保险市场是指以保险当事人为主体的、具有固定交易地点和稳定交易行为的保险业务经营场所。现代意义的保险市场已突破传统的地域上的限制，是指促进保险交易实现的诸多环节，包括供给者、需求者、中介人、管理者在内的整个市场运行机制。从这个意义上讲，保险市场就是保险商品交换关系的总和，是综合反映保险供给与保险需求的场所。

一个完整意义上发育正常的保险市场，应该具备有迫切需求的买方、有充足供给的卖方、公平合理的价格以及健全完备的中介四大基本要素。这些不可缺少的要素，通过平等有序的市场竞争，不断进行着一个成熟的保险市场中价值交换的活动过程和良性循环。

相关资料 10-1

据有关资料表明，保险市场最初出现在英国的保险中心——伦巴第街，后来随着“劳合社”海上保险市场的形成，参与保险市场交易活动的两大主体——供给方与需求方渐趋明朗，但这种交换关系仍较简单。后来，随着保险业的不断发展，承保技术日趋复杂化，保险竞争日趋尖锐化，保险推销日趋区域化与全球化，仅由买卖双方直接参与的交换关系已经不能满足需求，这时保险市场的中介力量应运而生，使得保险交换关系更加复杂，同时使保险市场趋于成熟，尤其在信息产业高速发展的今天，通过信息网络，足不出户就可以完成保险的交易活动。

二、保险市场的特点

（一）保险市场是直接经营风险的市场

任何市场都有风险。但是，一般的市场中，交易的对象是商品和劳务，并不是风险本身。而保险的经营对象恰恰是风险，它通过对风险的聚集和分散来开展经营活动。这就需要保险人具有专业知识，能够满足各种各样的人对规避风险的需求。正是由于保险市场交易对象的特殊性，才导致了保险市场具有专业性强、经营面广的特点。

（二）保险市场是非即时清结市场

所谓即时清结的市场，是指市场交易一旦结束，供需双方立刻就能够确切知道交易结果的市场。无论是一般的商品市场还是金融市场，都是即时清结市场。而保险交易活动，因风险的不确定性和保险的射幸性使得交易双方都不可能确切知道交易结果，因此，不能立刻清结。相反，还必须通过订立保险合同来确立双方当事人的保险关系，并且依据保险合同履行各自的权利与义务。因而，保险单的签发，看似是保险交易的完成，实则是保险保障的开始，最终的交易结果则要看双方约定的保险事故是否发生。所以，保险市场是非即时清结市场。

（三）保险市场是特殊的“期货”交易市场

由于保险的射幸性，保险市场中成交的任何一笔交易，都是保险人对未来风险事件发生所致经济损失进行补偿的承诺。而保险人是否履约即是否对某一特定的对象进行经济补偿，则取决于保险合同约定时间内是否发生约定的风险事故以及这种风险事故造成的损失是否达到保险合同约定的补偿条件。只有在保险合同所约定的未来时间内发生保险事故，并导致经济损失，保险人才可能对被保险人进行经济补偿。因此，可将保险市场理解为一种特殊的“期货”交易市场。

（四）保险市场是政府积极干预的市场

由于保险具有社会广泛性，故保险业的经营活动直接影响广大公众的利益。它所承担的是未来的损失赔偿责任，政府有责任保证保险人的偿付能力，以保障广大被保险人的利益。同时政府的监督和管理，对保护投保人获得合理的保险条件和费用支付条件是必不可少的。所以即使在实行自由经济的国家，政府对保险业仍实行严格的监督和控制，如保单格式、保险费率、各项责任准备金、资金运用等都受到政府限制。所以，保险市场在管理形态上基本上是政府积极干预性市场。

三、保险市场的种类

（一）按保险标的划分

按保险标的划分，保险市场可分为寿险市场和非寿险市场。寿险市场又可分为人寿保险市场、健康保险市场和意外伤害保险市场。非寿险市场可以分为财产保险市场、责任保险市场、信用保险市场。其中，财产保险市场又可分为水险市场、火险市场等。此外，传统上有些国家还分为水险市场和非水险市场。

（二）按保险活动空间划分

按保险活动空间划分，保险市场可分为国内保险市场和国际保险市场。国内保险市场按经营区域范围又可分为全国性保险市场和区域性保险市场。国际保险市场就是国内保险人经营国外保险业务的保险市场，国际保险市场还可细分为全球性保险市场和区域性保险市场。

（三）按保险承保方式划分

按保险承保方式划分，保险市场可以分为原保险市场和再保险市场。原保险市场亦称直接业务市场，是保险人与投保人之间通过订立保险合同直接建立保险关系的市场。再保险市场亦称分保市场，即原保险人将已经承保的直接业务通过再保险合同部分或全部转分给再保险人的方式以形成保险关系的市场。

（四）按保险市场的性质划分

按保险市场的性质，当今世界保险市场共有四种类型：垄断型、完全竞争型、垄断竞争型和寡头型。

1. 垄断型保险市场

垄断型保险市场完全由一家保险公司控制，市场价格由该公司确定，其他公司无法进入保险市场。垄断型保险市场还可细分为两种形式：一种是专业性完全垄断模式，即在一个保险市场同时存在两家或两家以上的保险公司，各自垄断某类业务，相互间业务不交叉，以保持完全垄断型保险市场的基本性质。另一种是地区性完全垄断模式，即在一国保险市场上，同时存在两家或两家以上的保险公司，各自垄断某一地区的保险业务，相互间业务没有交叉。

在垄断型保险市场上，价值规律无法充分发挥作用。各种资源配置扭曲，市场效率低下，投保人远远不能达到效用最大化。因此，只有经济落后的国家出于控制的需要，才选择这种保险市场类型。

2. 完全竞争型保险市场

完全竞争型保险市场是指在一个市场上存在数量众多的保险公司，任何公司都可以自由进出市场，市场不受任何阻碍和干扰；同时存在大量买方和卖方，产品同质无差异，资源自由流动，每一位买卖者均掌握或通过中介人掌握充分的信息。投保人与保险人参加保险市场的交易活动完全是自由的，价值规律和供求规律充分发挥作用，市场自发地调节保险商品的价格。外国保险公司可以自由地进入该市场，保险公司的数量基本上由市场供求自行调节。保险行业公会在保险市场管理中发挥重要作用。采取完全竞争型保险市场的国家主要是保险业发展较早的西方发达国家。

3. 垄断竞争型保险市场

随着资本主义垄断的形成，完全竞争型保险市场已无现实意义，市场调节缺乏存在的环境，现在大部分发达国家采用了垄断和竞争并存模式的保险市场。在这样的市场上，大、小保险公司并存，少数大公司在保险市场上取得垄断地位；垄断公司之间、垄断公司与非垄断公司之间、非垄断公司之间同时存在激烈的竞争。

4. 寡头型保险市场

寡头型保险市场比垄断型保险市场的垄断程度要高，在这种保险市场中，只存在少数几家相互竞争的保险公司，其他保险公司进入市场较难。这种竞争是不充分的，通常是国内几家大保险公司展开竞争。在寡头型保险市场上，垄断势力强大。目前，这种类型的保险市场普遍存在于世界上许多国家。

（五）按保险组织形式划分

按保险组织形式划分，保险市场可分为保险公司市场、保险经纪公司市场和“劳合社”市场。前两者都是以公司法人的资格以正式保单方式进行承保的保险市场，是当前世界各国普遍采取的保险组织形式。后者则是英国特有的个人保险组织形式，是一个享有特殊待遇和采取特定承保方式的保险市场。

以上的划分不是绝对的，一个保险市场可以同时反映几种特性。

第二节 保险市场要素

一、保险需求

（一）保险需求的概念

保险需求是保险市场生存和发展的必要前提，如果没有保险需求，保险业就没有存在的客观需要，更谈不上发展的可能。所以说，保险需求对保险公司的经营和保险经济的发展具有决定性的意义。

需求，就是指在一定时期内和一定条件下，消费者愿意购买某种商品或某种劳务的要求。保险需求（量）就是个人或经济单位在某一特定时期内，在一定保险价格条件下，愿意并且能够购买保险服务的需要（总量）。

保险需求有两种表现形式：一种是有形的经济保障，体现在物质方面，即在自然灾害和意外事故发生之后，投保的个人或单位所得到的经济补偿和给付；另一种是无形的经济保障，体现在精神方面，即在获得保险经济保障之后，投保的个人或单位由于转嫁了意外经济损失风险而得到的心理上的安全感。从企业、个人乃至整个社会来看，保险需求无形的经济保障是经常的、大量的，而有形的经济保障则是局部的、少量的，两者都是客观存在和同等重要的。

从保险需求的产生来看，有其历史的必然性，只要经济发展到一定水平，人们就会对保险产生强烈的需求；从保险需求的对象来看，又有其社会的广泛性，由于社会上存在不同的风险，所以就会产生不同的保险需求，如火灾保险需求、海上保险需求、责任保险需求、人身保险需求等。

（二）影响保险需求总量的因素

影响保险需求总量的因素有许多，其中最主要的有风险因素、经济发展因素、经济制度因素、科学技术因素、风险管理因素、价格因素和利息率因素等。其中前四项与总量成正比关系，后三项则成反比关系。

1. 风险因素

无风险，无保险，风险是保险需求的首要条件。风险程度越高，范围越广，保险需求总量也就越大；反之，保险需求总量越小。保险需求总量与风险程度成正比关系。

2. 经济发展因素

经济发展既是刺激保险需求产生的因素，也是促成保险需求总量扩充的因素。社会总产值的增长程度，特别是可用于保险的剩余产品的价值的增长幅度和居民收入增长幅度，是保险需求增长的决定性因素。保险需求总量与国民生产总值的增长成正比关系。

3. 经济制度因素

现代保险属于商品经济范畴。保险发展的历史表明，现代保险是随商品经济的产生而产生，随商品经济的发展而发展的。保险需求总量与商品经济制度的发展程度成正比关系。

4. 科学技术因素

科学技术是第一生产力。科学技术的不断进步及在经济生活中的应用，会不断开拓出新的生产领域，从而产生新的保险需求。保险需求总量与科学技术进步成正比关系。

5. 风险管理因素

风险管理对保险需求总量的增减有直接影响。一般来说，风险管理好，出险频率低，保险需求总量减少；反之，保险需求总量增加。保险需求总量与风险管理优劣成反比关系。

6. 价格因素

保险商品的价格就是保险费率。保险需求总量取决于可支付的保险费的数量，而不是愿意购买保险的投保人的数量。保险费率上升，保险需求下降；保险费率下降，保险需求上升。保险需求总量与保险商品价格成反比关系。

7. 利率因素

现代保险的相当一部分是投资性保险，特别是长期性人身险业务。银行利率是操纵投资者闲置资金流向的枢纽。如果利率高于保险公司收益，人们就会将资金投向银行，保险需求减少；反之，则会投向保险公司，从而使保险需求扩大。保险需求总量与利率高低成反比关系。

此外，民族文化习俗、宗教信仰、文化水平等对保险需求总量也会产生不同的影响。在上述诸多因素中，既有内生变量也有外生变量，其中起最主要作用的是个人收入和保险商品价格两个因素。个人收入在满足日常生活所需之后，可支配的剩余有无购买保险、有多少剩余可购买保险，将直接影响到保险需求总量的大小。同样，保险商品价格居高不下，会抑制大量保险需求；反之，则能适应和满足众多的保险需求。当然在事实上，人们对保险的需求是上述诸多因素共同作用的结果。

二、保险供给

（一）保险供给的概念

保险供给与保险需求是相辅相成的两个方面，缺少任何一方，都构不成基本的市场。“供”与“求”这一相互依存、相互作用的统一体是保险市场的主要矛盾。

供给，就是指在一定时期和一定条件下，生产者或劳务提供者对某一产品或某种劳务可能提供的数量。保险供给（量），就是在一定保险价格条件下，保险市场上各家保险公司愿意并且能够提供的保险商品的数量总和。

与保险需求相联系，保险供给也有两种具体形式：一种是有形的经济保障，即保险人对遭受损失或损害的投保人，按照合同约定的责任范围给予一定数量的补偿或给付，体现在物质方面；另一种是无形的经济保障，即保险人对所有投保人（包括未出险的）提供的心理上获得安全感的保障，体现在精神方面。与保险需求相同，保险供给提供的无形的精神保障在全社会是大量的、经常的，而有形的经济保障则是少量的、局部的。

保险供给“质”的规定性既指各种不同保险种类，又指某种具体的保险品种质量的高低；“量”的规定性既指全社会所提供的保险供给总量，又指某一保险品种所提供经济保障的额度。“质”与“量”的统一，才能使保险市场供给的概念趋于科学性和规范化。

（二）制约保险供给总量的因素

从根本上说，保险需求是制约保险供给的最基本因素。在存在保险需求的前提下，制约保险供给的主要因素有下述几个方面。

1. 资本因素

保险供给是由保险公司和其他保险组织提供的。保险公司开业必须有一定数量的经营资本，用以创造营业的物质条件和作为赔付的准备金，而在一定时期内，社会资本总量及在国民经济各部门的比例是确定的，因此，社会可用于经营保险业的资本量也是客观确定的，制约着保险供给的总体规模。社会经营保险业资本总量与保险供给总量成正比关系。

2. 从业人员因素

从业人员因素是指保险从业人员的数量和质量。保险经营活动是人的经济活动。在一定时期内，社会劳动总量是确定的，用于经营保险活动的劳动量也是确定的，制约着保险供给规模；同时，保险经营活动是具有特殊专业性保险人才的复杂劳动，专业素质水平也影响着保险供给的总量。保险从业人员的数量和质量与保险供给成正比关系。

3. 经营管理因素

保险业的经营和管理是一种技术性、专业性很强的业务活动，尽管随着科学技术的发展，保险业的经营不再像以前那样高深，但仍需经营者在风险管理、条款设计、费率厘定、业务监督等方面具有一定的水平。丰富的承保经验，有条不紊的管理，可以满足社会出现的新的保险需求，不断推出新的保险品种。保险业的经营管理水平与保险供给成正比关系。

4. 缴费能力因素

保险供给的来源之一是被保险人缴纳的保险费，保险人是运用从所有被保险人手里集中起来的保险基金向社会提供经济补偿。取之于面，用之于点。被保险人缴纳保费的能力直接影响着保险供给的规模。被保险人缴费能力强，保险供给就充足；反之，保险供给就匮乏。被保险人缴纳保费的能力与保险供给成正比关系。

5. 保险价格因素

保险价格是保险商品价值的货币表现，也就是保险人用于履行经济补偿、弥补营业费用，而由被保险人支付的货币额。保险价格由价值决定，并受保险市场供求关系的影响，同时对供给和需求产生反作用。对供给的影响是，保险价格偏高，则刺激保险供给；保险价格偏低，则抑制保险供给。保险价格与保险供给成正比关系。

6. 保险利润因素

保险利润是保险企业从当年保险费中扣除当年的赔款、税金、费用支出和提留各项准备金后的纯收入与投资纯收入之和，包括营业利润和投资利润两部分。保险利润是制约保险供给总量的最重要因素。在商品经济高度发展的资本主义制度下，平均利润率规律支配着一切经济活动（保险活动亦不例外）；在社会主义制度下，尽管企业利润与市场竞争和资本主义的利润与竞争有本质区别，但它依然是企业经营的目的和动力，竞争的结果使保险经营的利润趋于平均化。保险利润与保险供给成正比关系。

7. 政府行为因素

政府行为因素包括国家政策、法制建设等。国家制定的经济发展政策从宏观上对保险供给产生重要影响。在国家不同的经济政策指导下，保险供给的总量发生不同的变化。健全的法制建设能使保险供给维持应有的正常水平。此外，政治和经济秩序的稳定，国家对保险的有效管理，都能制约保险供给的规模。政府行为的效力与保险供给成正比关系。

三、保险价格

（一）保险价格的概念

所谓保险价格，就是某种保险的单位保险金额的保险费。所谓单位保险金额，即以一定数额的货币量作为该种保险的一个计量单位。每一个计量单位的保险费，就是保险费率。

保险价格单纯从供给量的内在因素（成本等）考虑，只是理论上的保险价格，加上外部因素（竞争等）才形成通用的市场上的保险价格。保险理论价格是保险市场价格的基础，保险市场价格是保险理论价格的表现形式。

（二）保险理论价格

保险理论价格，是指不考虑影响保险价格的外部因素，仅以决定保险价格的内在因素的价值为基础而形成的价格。价值是价格的基础，价格是价值的货币表现形式，研究保险理论价格，不能不先从保险价值开始。

保险商品的价值从质上说是凝结在保险商品中的人类劳动，从量上说是生产保险商品所耗费的社会必要劳动时间。生产保险商品的社会必要劳动量，决定保险商品的价值量，进而决定了保险的理论价格。

保险价值反映在货币上就是保险价格，保险价格的具体形式是保险费。保险费一般指毛保费，由纯保费和附加保费两部分组成。保险费的计算基础是保险费率，或称毛保险费率，相应由纯费率和附加费率组成。

1. 纯费率

目前，世界各国普遍将以往若干年的平均保额损失率加上一定数量的危险附加率之和作为纯费率，以此计算预期纯保费。

平均保额损失率就是在一定时期（3 年或 5 年）内的保险金额总和与保险赔款总额的比率。即

$$平均保额损失率=\frac{保险赔款总额}{保险金额总和}\times100\%$$

由于按照平均保额损失率计算出来的纯保费只是一个平均数，而实际发生的保险损失额往往会高于或低于平均纯保费的数额，为了提高保险经营财务的稳定性，必须在平均保额损失率的基础上，增加一定比率的危险附加率，两者之和即为预期的纯费率。

2. 附加费率

附加保费通常包括三项内容：营业费用、预期利润、异常风险费用。此三项之和与保险金额总和的比率即为附加费率，用公式表示如下：

$$附加费率=\frac{营业费用+预期利润+异常风险费用}{保险金额总和}\times100\%$$

3. 毛保险费率

毛保险费率包括纯费率和附加费率两部分。其计算公式为：

$$毛保险费率=纯费率+附加费率$$

按照毛费率计算出来的保费即毛保费，或称保险费，也就是保险理论价格。因此，保

险理论价格就是纯保费（风险保险费）与附加保费（费用附加保费、利润附加保费、异常风险附加保费）之和。

（三）保险市场价格

保险理论价格实际上是抽象的价格，在实际经济生活中通用的是保险市场价格。由于外部多种因素的制约和影响，市场价格与理论价格存在一定程度的偏离。

在保险市场机制中，价值规律、供求规律、竞争规律共同发挥作用。其中，价值规律发挥作用的表现形式是：价值决定价格，价格围绕价值上下波动。价格上下波动的原因有：一是供求关系的变化；二是竞争力量的较量。两者对市场价格都会产生相当大的影响。

此外，影响保险市场价格的因素还有货币价值、保险标的、其他商品价格、国家有关保险的政策等。

四、保险中介

保险是一种复杂的经济活动，交易双方存在复杂的权益关系，为了推动市场高效率地运行，需要一定的中介组织提供服务。现代保险市场的中介性组织大致上有两大类：一类是提供营销服务的中介组织，包括保险代理人和保险经纪人；另一类是提供公断、公证服务的中介组织，主要是保险公估人。

相关资料 10-2

美国是当今世界保险代理人制度发展最为完善的国家之一，保险市场营销体系是以代理人营销制度为核心。据统计，目前保险代理人数量已经达到100多万。

英国是典型的使用保险经纪人进行保险营销的国家。劳合社的承保人在1994年以前都是自然人（或称个人会员），1994年以后，劳合社允许公司资本进入该市场，出现了公司会员。个人会员通过经纪人来承保业务，经纪人是受过训练的专家，他们精通保险法律和业务，有能力向当事人建议何种保险单最符合其需求。保险客户不能进入劳合社的业务大厅，只能通过保险经纪人安排投保。

一般认为，保险公估人是伴随着1666年英国伦敦大火之后火灾保险的出现而产生的。起初，估测工作由保险公司业务人员来完成，但保险公司依赖本身雇员及代理人，常常出现串谋及诈骗事件。到了19世纪中叶，涉嫌纵火及诈骗的索赔事件越来越多，因此，被保险人必须取得教区牧师或教区执事发出的证书，以证明索赔要求符合规定。此种需要证明火灾损失是否属实的方式持续了100多年。到了1800年，大多数火灾保险办事处都任命独立的估价人（公估人当时的称谓）作为其独家代理人。财产估价公司起先由从事建筑、测量、估价、买卖、商业等职业的人士发展而来。1867年，多个火灾保险办事处组织成立了一个委员会，并批准通过了一个非专用估价人名单。此后，雇用独立公估人成为一种习惯做法被沿袭下来。1941年，公估人成立了自己的公估师协会，1961年，该协会成为英国特许公估师学会，标志着英国公估业进入了新的发展阶段。英国公估业的发展，对世界其他地区保险公估业的产生和发展起到了直接或间接的推动作用。目前，世界各国、各地区都已有了较为发达的保险公估业，并逐渐形成了各自的特色。

（一）保险代理人

1. 保险代理人的概念

《欧共体中介人服务指南》将保险代理人定义为："通过职业行为，在一个或更多合同指导下，或者被授权以一个或更多保险经营人的名义并代表其利益，从事保险合同规定的介绍、建议和实施准备工作，或者协助合同的管理和执行。"

我国《保险法》第一百一十七条将保险代理人定义为：根据保险人的委托，向保险人收取佣金，并在保险人授权的范围内代为办理保险业务的机构或者个人。显而易见，保险代理人是基于保险人的利益提供中介服务的，保险代理人是保险人的代理人。从这一概念我们不难看出：

(1) 保险代理人可以是自然人，也可以是单位。

(2) 保险代理人受保险人委托代为办理保险业务，所以保险代理人的业务权限在保险人委托授权的范围以内。

(3) 保险代理人向保险人收取代理手续费作为报酬。

(4) 保险代理人在保险人授权范围内的行为，约束保险人。

综观当今世界，保险代理人相当活跃。在美国，保险代理人是保险市场上的主要角色，100多万名保险代理人，是保险公司特别是寿险公司获取业务的重要源泉；在日本，建立起了以女性为中心的近50万名庞大的寿险推销员网络，挨家挨户走访客户、上门推销寿险业务，寿险推销员的触角遍布日本的各个角落；在中国香港，登记注册的保险代理人就有将近5万人；在中国内地，目前拥有保险代理机构1 812多家，保险营销人员约335万人。

2. 保险代理人的特征

保险代理人作为从事民事法律活动的主体，其法律特征主要有：

(1) 保险代理人必须以被代理人的名义从事活动。保险代理人只有以被代理人（即授予代理权的保险人）的名义进行民事法律行为时，才能取得权利、设定义务。保险代理人以自己的名义进行的民事法律行为是一种直接行为，不是代理行为。因此保险代理人在从事保险代理活动时，需要凭借保险公司的名义而非自己的名义。

在保险代理关系中，保险代理人通过代替保险人从事法律行为，以实施保险人所追求的民事法律后果。显然，基于代理行为所产生的民事法律关系的主体应是保险人，所以，保险代理人一般应用保险人的名义从事代理行为。

(2) 保险代理人必须在保险人的授权范围内进行活动。保险代理人在代理合同所规定的授权范围内，以保险人名义为保险人招揽业务、销售保单，并以代理手续费的形式从保险人处获得报酬。为了切实保障保险人的利益，法律要求保险代理人必须在代理权限范围内从事活动，保险代理人也只有在代理权限范围内从事保险代理活动，才能够保障保险人的民事利益。正是在此种意义上，保险代理人在实施代理行为过程中超过代理权限范围的行为，就是不真实的，其代理行为也应依法无效或被撤销、被变更。

(3) 保险代理人必须与第三者产生民事法律行为。保险代理人的代理活动并非要建立起保险人与保险代理人之间的民事法律关系，即保险关系，保险代理人向保险人购买保险是一种直接业务，并非代理业务。作为代理活动，保险代理人是通过自身的活动，使保险人与第三者即投保人之间发生法律上的权利、义务关系，即保险关系，这是保险人委托保险代理人通过代理行为为其拓展业务的真正目的。

（4）保险代理人的民事法律活动的后果必须由保险人最终承担。在法律上，保险代理人与保险人被视为一人，保险代理人在代理活动过程中，因自身的原因导致投保人蒙受损失，由保险人承担责任。同时，投保人通过保险代理人购买的保险公司的保险产品，其赔偿和给付的保险责任由保险公司负责。

我国《民法通则》规定："代理人在代理权限内，以被代理人的名义实施民事法律行为。被代理人对代理人的代理行为，承担民事责任。"也就是说，通过保险代理人的代理行为，能够在保险人与投保人之间产生、变更或消灭某种民事法律关系，通过保险代理人实现了保险的买卖关系，在这一关系形成过程中，保险代理人是代理行为的实施者，而保险人则是法律后果的承受者，这是民事代理制度得以适用的本质属性。

3. 保险代理人的种类

（1）按销售的险种分类。

按所销售的险种分类，保险代理人可分为产险代理人和寿险代理人。

1）产险代理人，是指接受保险人的委托，从事财产保险业务销售的保险代理人。由于财产保险的技术性强，如卫星保险、核保险等财产保险对专业技术有很高的要求，因此，产险代理人必须具备相关的专业知识，才能与投保人进行良好的沟通，促进合同的达成。所以从理论上讲，产险代理人采用保险代理公司的形式较为适宜。

2）寿险代理人，是指接受保险人的委托，从事人寿保险业务销售的保险代理人。寿险市场一般比较分散，其业务的对象通常是个人和家庭，这决定了寿险代理人一般以个人代理为主，从而能够为投保人提供更为个人化的服务。

（2）按保险业务动作的程序分类。

按保险业务动作的程序分类，保险代理人可分为承保代理人、理赔代理人和追偿代理人。

1）承保代理人，是指接受保险人的委托代为办理承保业务的代理人。承保代理人根据委托书的授权，代理规定限额以下的各种承保业务。委托书授权范围外的承保业务，均需征得保险人的同意后才能接受。承保代理人一般无权签发保险单，但与保险人有特别约定的除外。

2）理赔代理人，是指接受保险人的委托，从事保险事故现场的检验、索赔计算、追偿和处理损余的保险代理人。

3）追偿代理人，是指接受保险人的委托，专门从事向第三者责任方或其他责任方追偿的保险代理人。

（3）按职权范围不同分类。

按职权范围不同，保险代理人可分为独立代理人和专属代理人。

1）独立代理人，是指同时独立地为多个保险人代理保险业务的代理人。独立代理人的代理权限一般为签发保险单、收取保险费、招揽续保的独占权等，酬金一般比专属代理人低。美国的财产保险和责任保险大多采用独立代理人制度。

2）专属代理人，是指仅为一个保险人或一个保险集团代理保险业务，并且由保险人保留其占有、使用和控制保险单记录的权利。因此，专属代理人的酬金较独立代理人要高。由于专属代理人只代表一个保险人，能够满足保险人的生产目标和培训要求，因而其要求的欲望显然高于独立代理人。

独立代理人与专属代理人最主要的区别就在于独立代理人拥有保单续保的权利。通常，独立代理人只适用于财产与责任保险，而人寿保险多采用专属代理人的形式。

（4）按从业性质的不同分类。

按从业性质的不同分类，保险代理人可分为专业代理人、兼业代理人和个人代理人。这是我国保险代理人的分类方式。

1）专业代理人，是指专门从事保险代理业务的保险代理公司。保险代理公司的组织形式通常包括合伙公司、有限责任公司、股份有限公司。一般情况下，保险代理公司经授权后，可以代理销售保险单、代理收取保险费、提供保险和风险管理咨询服务、代理损失勘查和理赔等。

2）兼业代理人，是指接受保险人的委托，在从事自身业务的同时，指定专人为保险人代办保险业务的单位。兼业代理人的业务范围是代理销售保险单和代理收取保险费。在我国，兼业代理人主要分布在城镇地区的不同行业和部门。兼业代理人具有建立机构简单、易于开展业务、适应性强等特点。

3）个人代理人，是根据保险人的委托，向保险人收取代理手续费，并在保险人授权范围内代理保险业务的个人。个人代理人经保险人的授权，可以代理销售保险单和收取保险费。凡满足法律规定条件的个人，都可以申请从事保险代理业务。通常法律规定，个人不能兼职从事保险代理业务，亦不得同时为两个以上的保险人代理保险业务。

（5）国际上保险代理人的通常分类。

国际上通常将保险代理人分为总代理人、营业代理人、特别代理人、自我代理人、保险再代理人和劳合社代理人。

1）总代理人，是指与保险人或保险集团签订合同，由保险人授权其在一定地区范围内代表保险人或保险集团开展业务，并相应取得佣金收入的保险代理人。总代理人有权任用再代理人，向其支付佣金。

2）营业代理人，是指根据代理合同或者授权书，向保险人收取酬金并代表保险人经营保险业务的保险代理人。根据国际惯例，营业代理人从事招揽保险业务、出具暂保单、代收保险费等工作。

3）特别代理人，是指就特别事项或某项保险业务接受委托的保险代理人，如理赔代理人、海损代理人等。海损代理人是专门从事船舶或货物受损时的查验、估算及赔款处理的专业保险代理人。海损代理人中既有事前与保险人签约接受委托的正式保险代理人，也有临时接受委托的海损代理人，如劳合社代理人。

4）自我代理人，是指保险单持有人为自己安排保险时由保险人指定为保险人的代理人。自我代理人是为了避开保险同业工会的规定而产生的。保险人采取自我代理的办法，主要是为了避开“禁止回扣”的规定，在形式上与同业工会保持一致，从而在竞争激烈的市场上以优惠的条件战胜竞争对手。严格地讲，自我代理人并不属于保险代理人的范围。

5）保险再代理人，保险代理人将代理事项转委托给第三人，第三人即为保险再代理人。原则上，保险代理不宜转委托他人。但在紧急情况下，为了实现保险人的利益，保险代理人可以转委托第三人再代理。

6）劳合社代理人，是指由英国劳合社聘请的分布于世界各主要港口的社团代理人。

其主要职责是将船舶费用和其他涉及保险人利益的事项以及商界动态及时通知劳合社。劳合社代理人并非都是保险代理人，但当今各国的保险人常常利用劳合社代理人从事受损船舶的查验、估算或代为处理索赔事宜。

4. 我国对保险代理人的法律约束

（1）保险代理人的种类。

在我国按照《保险法》的规定，将保险代理人划分为保险专业代理机构、保险兼业代理机构、个人保险代理人三类。

1）保险专业代理机构。保险专业代理机构是指符合中国银保监会规定的资格条件，经中国银保监会批准取得经营保险代理业务许可证，根据保险人的委托，向保险人收取佣金，并在保险人授权的范围内专门代为办理保险业务的机构。保险专业代理机构的组织形式包括合伙企业、有限责任公司、股份有限公司三种。

2）保险兼业代理机构。保险兼业代理机构是指在从事自身业务的同时，根据保险人的委托，向保险人收取佣金，并在保险人授权的范围内代办保险业务的机构。从事保险兼业代理业务必须向中国银保监会申请保险兼业代理资格，并经中国银保监会核准后取得保险兼业代理许可证。在我国，主要的保险兼业代理机构有银行、邮局、民航、铁路、车管所等。

3）个人保险代理人。个人保险代理人是以个人名义与保险公司签订代理协议，根据保险公司的委托，向保险公司收取保险代理手续费，在保险公司的授权范围内为其销售保险产品的个人。目前，我国的个人保险代理人主要是指保险营销员，又称保险顾问或理财规划师。保险营销员实现的保费收入占全国保费收入的1/3以上，是我国保险业特别是寿险业的重要销售渠道。

（2）保险代理人的市场准入条件。

1）保险专业代理机构。必须符合规定的最低注册资本要求。保险专业代理机构以合伙企业或者有限责任公司形式设立的，其注册资本或者出资不得少于人民币50万元；以股份有限公司形式设立的，其注册资本不得少于人民币1 000万元。另外，还需在以下几个方面符合管理规定的要求：有符合法律规定的公司章程或者合伙协议；具有符合《保险代理机构管理规定》任职资格条件的高级管理人员；持有《保险代理从业人员资格证书》的员工人数在2人以上，并不得低于员工总数的1/2；具备健全的组织机构和管理制度；有固定的、与业务规模相适应的住所或者经营场所；有与开展业务相适应的计算机软硬件设施；至少取得1家保险公司出具的委托代理意向书。

2）保险兼业代理机构。必须符合以下条件：具有工商行政管理机关核发的营业执照；有同经营主业直接相关的一定规模的保险代理业务来源；有固定的营业场所；具有在其营业场所直接代理保险业务的便利条件。

3）个人保险代理人。必须符合以下条件：具有初中以上文化程度；参加保险代理从业人员资格考试，成绩合格；有完全民事行为能力；品行良好，适合从事保险代理工作；与保险公司签订代理合同；取得所代理保险公司核发的《保险代理从业人员展业证书》。

（3）保险代理人的业务范围。

1）保险专业代理机构。保险专业代理机构的业务范围较为宽泛，这是因为保险专业代理机构是为代理保险业务专门成立的机构。具体地讲，保险专业代理机构的业务范围是：代理推销保险产品；代理收取保险费；协助保险人进行损失的勘查和理赔；监管机关批准的其他业务。

2）保险兼业代理机构。保险兼业代理机构的业务范围仅限于代理推销保险产品、代理收取保险费，而且只能代理与本行业直接相关、能为被保险人提供便利的保险业务。

保险兼业代理机构的业务范围相对狭小，而且必须与其主业密切相关。例如，目前民航飞机售票处只可兼业代理销售航空人身意外伤害保险，铁路货运收货处只可兼业代理销售铁路货物运输保险等。

3）个人保险代理人。个人保险代理人的业务范围是：代理推销保险产品，代理收取保险费。个人保险代理人不得办理企业财产保险和团体人身保险，这是为了防止个人保险代理人通过代理企事业单位的保险业务赚取超额手续费。

（二）保险经纪人

1. 保险经纪人的概念

保险经纪人就是投保人或被保险人的代理人，是受投保人或被保险人的委托，基于投保人或被保险人的利益，为投保人或被保险人代办投保、续保、交付保险费、索赔、提供风险管理咨询以及保险档案管理等中介服务，并依法收取佣金的单位。我国《保险法》将保险经纪人定义为：基于投保人的利益，为投保人与保险人订立保险合同提供中介服务，并依法收取佣金的机构。

国际上，保险经纪人的发展已有几百年的历史。外国企业习惯于通过保险经纪人为其寻求保险人，安排保险项目，办理理赔手续。保险经纪人在保险市场中占有重要的位置：在美国保险市场中约有120万名保险经纪人，他们不仅数量众多，而且控制了大城市的大部分工商企业的保险业务；在英国则有3 200多家保险经纪公司，由保险经纪人招揽的业务超过保险业务收入的60%；在德国，工业企业保险业务的50%～60%是通过保险经纪人实现的，个人保险业务的8%也是由保险经纪人招揽来的，高于银行代销（5%）和保险公司直销（7%）。目前，我国保险经纪机构近420家，但通过保险经纪公司实现的保费收入占总保费收入的比重并不高，这也说明保险经纪人在我国有着巨大的发展空间。

2. 保险经纪人的特征

（1）保险经纪人提供的业务范围广，服务专业性强。

（2）保险经纪人要独立承担法律责任。

（3）保险经纪人代表的是被保险人的利益。

（4）对保险经纪人的报酬支付方式多样化。

（5）保险经纪人的市场准入条件及监管要求较高。

3. 保险经纪人的种类

按照不同的分类标准，保险经纪人可以划分为不同的类型。

（1）根据委托方划分，保险经纪人可分为直接保险经纪人和再保险经纪人。

1）直接保险经纪人。直接保险经纪人专指原保险市场上的经纪人，也就是通常所指的保险经纪人，即介于投保人和原保险人之间的、直接接受投保人委托，提供保险经纪业务服务并从保险人处收取佣金的保险中间人。

2）再保险经纪人。再保险经纪人是指促成再保险分出公司与接受公司建立再保险关系的保险经纪人。他们把分出公司视为自己的客户，在为分出公司争取较优惠的分保条件的前提下选择接受公司，并收取由后者支付的佣金。再保险经纪人不仅介绍再保险业务、提供保险信息，而且在再保险合同有效期间对再保险合同进行管理，继续为分出公司服务，如合同的续转、修改、终止等，并向再保险接受人递送分保账单。

（2）根据人员规模划分，保险经纪人可以分为小型保险经纪人和大型保险经纪人两种。

1）小型保险经纪人。根据英国法律的规定，小型保险经纪人是指公司员工少于25人的保险经纪人。由于它的所有人或者经营者十分了解本公司的日常经营，所以小型保险经纪人往往不需要建立正式的组织机构。一般小型保险经纪人的传统业务有三类：一是个人业务，主要是家庭保险和私人汽车保险；二是商业业务，是指所有的制造业及工商业保险；三是人寿保险的年金业务。小型保险经纪人注重如何建立和维持与客户的关系，更注重对细分市场的开发和经营。

2）大型保险经纪人。大型保险经纪人是相对于小型保险经纪人而言的，其特点是人员多、机构完整和业务范围广。大型保险经纪人通常采用公司形式的组织结构，并有健全的管理层次和组织机构，从而可以从财务、预算、费用、人员、经营等方面对企业进行更好的管理，以适应不断变化的市场环境。

（3）按业务性质分类，保险经纪人可分为寿险经纪人和非寿险经纪人。

1）寿险经纪人。寿险经纪人是指在人身保险市场上代表投保人的利益，为其提供保险经纪服务并从保险人处收取佣金的中间人。

2）非寿险经纪人。非寿险经纪人又称财产险经纪人，是指在财产保险市场上，代表投保人的利益，为其提供保险经纪服务并从保险人处收取佣金的中间人。

（4）根据保险经纪人组织形式分类，保险经纪人可分为个人保险经纪人、合伙保险经纪人和保险经纪公司。

1）个人保险经纪人。个人保险经纪人是指以个人名义从事保险经纪业务的经纪人。大多数国家都允许个人保险经纪人从事保险经纪业务活动，如英国、美国、日本、韩国等国家，个人保险经纪人是保险经纪行业的有机组成部分。

2）合伙保险经纪人。合伙保险经纪人是指由各合伙保险经纪人订立合伙协议，共同出资、共同经营、共担风险、共享收益，并对合伙企业债务承担无限连带责任的保险经纪组织。

3）保险经纪公司。保险经纪公司是指以公司形式（一般是有限责任公司或股份有限公司）设立的，具备法人资格的保险经纪组织，这是所有国家都普遍认可和使用的保险经纪人组织形式。这种形式一般并不要求股东具备保险经纪人资格，而且在很多情况下股东并非自然人而是法人，但要求公司的董事及一定数量的员工须具备保险经纪人资格。

4. 我国对保险经纪人的法律约束

（1）保险经纪人的种类。

我国《保险经纪机构监管规定》明确规定，除中国银保监会另有规定外，保险经纪机构应当采取的组织形式有两种，即有限责任公司和股份有限公司。所以，不管是直接保险经纪人还是再保险经纪人，都必须采取有限责任公司、股份有限公司两种形式。

1）有限责任公司。有限责任公司是指股东以其出资额为限对公司承担责任，公司以其全部资产对公司的债务承担责任的法人企业。

设立有限责任公司应当具备下列条件：股东符合法定人数；股东出资额达到法定资本最低限额；股东共同制定公司章程；有公司名称，建立符合有限责任公司要求的组织机构；有固定的生产经营场所和必要的生产经营条件。

2）股份有限公司。股份有限公司是指由一定人数以上的股东组成，公司全部资本分为等额股份，股东以其所持股份为限对公司承担责任，公司以全部资产对公司的债务承担责任的法人企业。

设立股份有限公司应当具备下列条件：发起人符合法定人数；发起人认缴和社会公开募集的股本达到法定资本最低限额；股份发行、筹办事项符合法律规定；发起人制定公司章程，并经创立大会通过；有公司名称，建立符合股份有限公司要求的组织机构；有固定的生产经营场所和必要的生产经营条件。

（2）保险经纪人的市场准入条件。

根据我国《保险经纪机构监管规定》，设立保险经纪公司，应当具备下列条件：

1）股东、发起人信誉良好，最近 3 年无重大违法记录；

2）注册资本达到我国《公司法》和《保险经纪机构监管规定》的最低限额；

3）公司章程符合有关规定；

4）董事长、执行董事和高级管理人员符合《保险经纪机构监管规定》的任职资格条件；

5）具备健全的组织机构和管理制度；

6）有与业务规模相适应的固定住所；

7）有与开展业务相适应的业务、财务等计算机软硬件设施；

8）法律、行政法规和中国银保监会规定的其他条件。

保险经纪公司的注册资本不得少于人民币 1 000 万元，且必须为实缴货币资本。

依据法律、行政法规的规定不能投资企业的单位或者个人，不得成为保险经纪公司的发起人或者股东。

保险公司员工投资保险经纪公司的，应当书面告知所在保险公司；保险公司、保险中介机构的董事或者高级管理人员投资保险经纪公司的，应当根据我国《公司法》的有关规定取得股东会或者股东大会的同意。

保险经纪机构的名称中应当包含“保险经纪”字样，且字号不得与现有的保险中介机构相同，中国银保监会另有规定的除外。

申请设立保险经纪公司，全体股东、全体发起人应当指定代表或者共同委托代理人，向中国银保监会办理申请事宜。

（3）保险经纪人的业务范围。

1）为投保人拟订投保方案、选择保险公司以及办理投保手续；

2）协助被保险人或者受益人进行索赔；

3）开展再保险经纪业务；

4）为委托人提供防灾、防损或者风险评估、风险管理咨询服务；

5）中国银保监会批准的其他业务。

（三）保险公估人

1. 保险公估人的概念

保险公估人是指接受保险人或被保险人的委托，为其委托的保险标的或保险事故提供评估、勘验、鉴定、估损理算，并出具公估报告书的保险中介服务机构。

根据我国《保险法》的规定，保险活动当事人可以委托保险公估机构等依法设立的独立评估机构或者具有相关专业知识的人员，对保险事故进行评估和鉴定。接受委托对保险事故进行评估和鉴定的机构和人员，应当依法、独立、客观、公正地进行评估和鉴定，任何单位和个人不得干涉。因故意或者过失给保险人或者被保险人造成损失的，依法承担赔偿责任。接受委托对保险事故进行评估和鉴定的机构收取费用，应当依照法律、行政法规的规定办理。我国《保险公估机构监管规定》更加明确地指出：保险公估机构是指接受委托，专门从事保险标的或者保险事故评估、勘验、鉴定、估损理算等业务，并按约定收取报酬的机构。

2. 保险公估人的特征

（1）经济性。

保险公估人是独立的法人组织，其目标是追求经济效益最大化。保险公估人的服务是有偿的，它接受保险人或被保险人的委托，提供公估服务，收取合理的费用。一方面，保险人和被保险人需要保险公估人的服务；另一方面，保险公估人要面对诸多的保险合同当事人并接受其委托，有条件地处理不同类型、数量的业务，这使得保险公估人的经济性得到有效的保障。

（2）超然性。

保险公估人与同为保险中介服务机构的保险代理人和保险经纪人相比，其地位显得更为独立和超然。保险公估人是处理保险理赔业务的第三者，独立于保险合同当事人，它既可以接受保险人的委托，也可以接受被保险人的委托。保险公估人以“独立、公正”的身份参与保险事故处理，以科学为依据做出评估鉴定，不偏袒任何一方，缓解保险合同双方当事人的矛盾，维护保险人与被保险人双方的合作关系。

（3）专业性。

保险公估人为保险人与被保险人提供保险服务的领域很广，公估人需要具有不同专业背景，同时应熟悉金融、保险、法律、会计等专业知识。当今时代是高科技的时代，保险公估行业需要更多掌握高新技术的专业人才；同时，由于保险公估人的鉴定结果直接影响着保险人的赔偿，事关保险人和被保险人的合法权益是否能够得到切实的保障，这就要求保险公估人必须具有专业资格。一般而言，保险公估人都是由各行业通晓金融、保险、法律、会计与相关专业技术的专家组成，其专业性相当强。

（4）法律性。

保险公估人要依法设立、依法经营，并且只能在法律规范许可的范围内从事保险公估活动。就保险公估行为而言，保险公估人在承保前或承保后对保险标的进行评估时，一切结论都不是凭空编造的，而是依据相关法律或法规得出的，是有章可循、有法可依的，并不是人为臆测的。保险公估人在完成公估业务后，向委托人出具的公估报告书和公估证明都具有相关的法律依据。当然，保险公估人的公估结论对保险当事人并不具有法律效力。如果保险人对保险公估人的公估报告不满意，保险人可以不接受；如果被保险人对保险公估人的公估报告不满意，被保险人可以与保险人继续协商或通过法律程序解决彼此之间的争议。

3. 保险公估人的种类

(1) 根据执业顺序分类。

按照保险公估人在保险公估执业过程中的先后顺序的不同，保险公估人可以分为以下两类：

第一类是核保时的公估人。核保时的公估人主要从事保险标的价值评估和风险评估业务。由其提供的查勘报告是保险人评估风险、审核承保能力的重要参考。查勘报告由保险公司核保部门的专业受雇人或保险公估公司完成。

第二类是理赔时的公估人。理赔时的公估人是在保险事故发生后，受托处理保险标的检验、估损和理算的专业公估人。保险理赔公估人依其执行业务的性质或范围，又可以细分为以下三种：

1) 损失理算人。这是指在保险事故发生之后，计算损失赔偿金额、确定损失分担赔偿责任的理赔公估人。根据海上保险业务和其他财产保险业务的区别，国际保险实务惯例又将损失理算人分为陆上损失理算师和海上损失理算师。前者是指处理一般非海事保险标的理赔事项的理算师；后者是指专门处理海事保险标的理赔事项的理算师。

2) 损失鉴定人。这是指在保险事故发生之后，判断事故发生原因、确定事故责任归属的理赔公估人。关于损失鉴定人的准确含义，国际保险界有两种不同观点：一种观点认为损失鉴定人是专门鉴定海事损失责任归属的海损鉴定人；另一种观点认为鉴定人和理算人只是名称上的差异，事实上两者之间并没有任何区别。在一般保险实务中，大多数人认为鉴定人是指海事公估人，而理算人是指非海事的一般公估人。在保险公估实践中，除了海上保险中的船舶保险和货物保险对损失理算人或损失鉴定人的性质进行区别之外，其他险种对此并未加以区分。保险公估业务的内容一般也不因为损失理算人和损失鉴定人的不同而有所区别。

3) 损失评估人。在英、美等国家，损失评估人是指接受被保险人委托办理保险标的损失查勘和计算的人。损失评估人区别于损失理算人、损失鉴定人的主要特点是：损失评估人不需要经过专业考试获得资格认证，便可以接受被保险人单方面的委托，为了被保险人的利益从事保险公估业务。

(2) 根据执业性质分类。

根据保险公估人执业性质的不同，保险公估人可分为以下三类：

第一类是“保险型”保险公估人。这类保险公估人侧重于解决保险方面的问题，技术性专业知识只是辅助手段，因而这类保险公估人更精通保险专业知识。英国的保险公估人大多属于此类。

第二类是“技术型”保险公估人。这类保险公估人侧重于解决机械、电子、物理、化学、生物、能源、地质、水文、建筑、法律、财会、经济、金融和商务等方面的技术性问题，而对保险方面的知识则涉猎较少，掌握得不是很透彻。德国的保险公估人大多属于此类。

“保险型”保险公估人和“技术型”保险公估人在很大程度上体现了“术业有专攻”这一道理。

第三类是“综合型”保险公估人。这类保险公估人不仅熟练掌握保险专业知识，而且熟悉一定的专业技术知识。因此他们不仅可以处理保险方面的问题，而且可以处理保险公估业务中所涉及的大量技术性问题。他们是保险公估业中全面发展的综合型人才。欧洲许多国家的保险公估人属于此类。

（3）根据执业内容分类。

从保险公估人参与保险公估业务内容的不同，保险公估人可以分为以下四类：

第一类是海上保险公估人。这类保险公估人主要处理海上、航空运输保险等方面的业务。

第二类是火灾及特种保险公估人。这类保险公估人主要处理火灾及特种保险等方面的业务。

第三类是汽车保险公估人。该类保险公估人主要处理与汽车保险有关的业务。

第四类是责任保险公估人。该类保险公估人主要处理各类责任保险业务，避免由于保险公司理赔人员缺乏经验而出现的错赔、滥赔、惜赔、拒赔现象，缓和了保险人与被保险人的矛盾。

（4）根据委托关系分类。

从保险公估人与委托方的关系来看，保险公估人可以分为雇佣保险公估人和独立保险公估人两类。雇用保险公估人长期受聘于某一家保险公司开展工作，按该公司的委托或指令处理各项理赔业务，一般不能接受其他保险公司的委托业务。独立保险公估人可以同时受聘于多家保险公司开展业务，它们之间的雇佣关系是暂时的，一旦公估人完成保险公司委托的业务后，这种雇佣关系即告结束。

（5）根据委托方的不同分类。

根据委托方的不同，可以分为接受保险公司委托的保险公估人和只接受被保险人委托的保险公估人，以及既可以接受保险公司委托又可以接受被保险人委托的保险公估人三大类。接受保险公司委托的保险公估人，受保险公司委托，但必须站在中立的立场上，公正、公平地处理保险承保和保险理赔业务。接受被保险人委托的保险公估人，只接受被保险人的委托处理索赔和理算，而不接受保险公司的委托。在日本和韩国，保险公估人一般只能受聘于保险公司开展保险公估工作，不可以为被保险人服务。在法国，则明文规定保险公估人不能接受保险公司的委托。英国的损失鉴定人和美国的公共损失理算人只接受被保险人的委托，办理保险标的的损失查勘、理算。美国的独立损失理算人则只接受保险公司的委托。在德国和意大利，各类保险公估人都可以接受保险人或被保险人的委托，为其提供公估服务，我国的保险公估人也属于这种类型。

4. 我国对保险公估人的法律约束

（1）保险公估人的类型。

根据我国《保险公估机构监管规定》的规定，保险公估机构可以是合伙企业、有限责任公司或股份有限公司。

（2）保险公估人设立的条件。

根据我国《保险公估机构监管规定》的规定，设立保险公估机构，应当具备下列条件：

1）股东、发起人或者合伙人信誉良好，最近3年无重大违法记录；

2）注册资本或者出资达到法律、行政法规和《保险公估机构监管规定》的最低限额；

3）公司章程或者合伙协议符合有关规定；

4）董事长、执行董事和高级管理人员符合规定的任职资格条件；

5）具备健全的组织机构和管理制度；

6）有与业务规模相适应的固定住所；

7）有与开展业务相适应的业务、财务等计算机软硬件设施；

8）法律、行政法规和中国银保监会规定的其他条件。

保险公估机构的注册资本或者出资额不得少于人民币200万元，且必须为实缴货币资本。

依据法律、行政法规的规定不能投资企业的单位或者个人，不得成为保险公估机构的发起人、股东或者合伙人。

（3）保险公估人的业务范围。

根据我国《保险公估机构监管规定》，保险公估机构可以经营下列业务：

1）保险标的承保前的检验、估价及风险评估；

2）保险标的出险后的查勘、检验、估损理算及出险保险标的残值处理；

3）中国银保监会批准的其他业务。

保险公估机构及其分支机构可以在中华人民共和国境内从事保险公估活动。

第三节 保险市场组织形式

保险组织形式的人格化就是保险供给者或保险供给行为者。保险供给是通过组织形式来实现的，这种组织形式也就是保险关系中保险方的组织机构。

一、国际保险市场中的保险组织形式

（一）国营保险公司

国营保险公司是指由国家投资经营保险业务的保险组织。国营保险公司根据国情又分为以下几种：

（1）国家独家保险公司。全国只有单一的国营保险公司，独揽一切保险业务，实行全国统一核算的经济管理体制，是唯一的垄断性质的保险组织。

（2）发展中国家国营保险公司。有些发展中国家（如巴基斯坦、阿根廷等）为了建立独立的民族经济和保险市场，设立国营保险公司，对保险业实行垄断经营或部分垄断经营。

（3）发达国家国营保险公司。某些发达国家（如美国、英国等）设立国营保险公司的目的是专门经营那些风险大、私人无力经营，或由政府强制保险的险种，如地震保险、农业保险、出口信用保险等。

（二）私营保险公司

私营保险公司是指由私人投资兴办的保险组织形式，是国际保险市场上的主要组织形式和普遍组织形式。私营保险公司一般都采取股份有限公司的形式，所以又叫“公司保险”。在发达国家的保险市场，私营保险公司占较大份额，它们纯属营利性或商业性保险公司。

（三）合营保险公司

合营保险公司是指国家投资和个人投资相结合、实行合资经营的保险组织形式，一般

以合股公司的名义出现。发展中国家（如智利）存在此类保险组织形式。

（四）合作保险组织

合作保险组织是指有共同风险的个人或经济单位，为了获得经济补偿或经济给付保障，共同出资建立的保险组织形式，这类保险组织又分为相互保险社和相互保险公司两种类型。参加合作保险的经济单位或个人按其所保财产的数量缴纳一定比例的保险费，以建立保险基金，既是保险人又是被保险人，一身两任，盈亏共担。由社会选举组成的管理委员会是最高权力机关。这类保险组织属于非营利保险组织。

（五）个人保险组织

保险组织一般都是经过政府审查批准的企业法人。唯有英国的劳合社实行个人承保制度。劳合社市场是英国所特有的一种保险组织形式和承保方式。劳合社承保人需要具备一定的条件和审批手续，方可取得执业资格。他们是以自然人的身份进行承保的，承保时还须由劳合社经纪人受投保人委托推销保险标的，由承保人认定承保额度。此外，劳合社承保人承保的是无限责任和无限赔偿额度。

二、我国的保险组织形式

2009年10月1日起正式实施的修订后的《保险法》为适应保险业的发展需要，规定保险公司在组织形式上直接适用《公司法》，既可以采取有限责任公司的形式，也可以采取股份有限公司的形式。目前，我国保险公司主要有国有独资保险公司和股份有限保险公司两种形式。

（一）国有独资保险公司

国有独资保险公司作为有限责任公司的一种特殊形式，是指由国家授权投资的机构或国家授权的部门单独设立的有限责任保险公司。

1. 国有独资保险公司的法律特征

第一，投资主体单一（即股东只有一个），出资人是国家。因此，国家对公司法人财产享有所有权，在公司运营以后，原投资财产以及由此滋生积累的财产，仍然具有全民所有制性质。公司转让资产，应由国家授权投资的机构或部门审批，并办理产权转移手续。公司不能通过发行股份来募集资金，也不能成为上市公司。

第二，国有独资保险公司的股东（国家）仅就其出资额对公司承担责任，公司以其全部资产对公司债务承担责任。当股东将其资产投入公司后，该资产即构成公司的法人财产，股东对公司的责任仅以其出资额为限，即不承担投资额以外的责任。如果公司在经营过程中出现资不抵债的情况，只能以公司的全部资产来承担责任。

第三，公司的组织机构中无须设立股东会。由于国有独资保险公司的股东单一，不具备设立股东会的条件，所以公司中只设董事会、监事会、经理等。国有独资保险公司的董事会由3至9名成员组成，每届任期3年，它是公司的常设权力及执行机构，依法行使股东会的权力和董事会固有的权力，主要有：(1) 决定公司的经营计划和投资计划；(2) 制定和审批公司的利润分配方案和弥补亏损方案；(3) 制定和审批公司的年度财务预算方案、决算方案；(4) 制定公司增加或者减少注册资本的方案；(5) 拟定公司合并、分立、变更公司形式、解散的方案；(6) 决定公司内部管理机构的设置；(7) 聘任或者解聘公司经理，根据经理的提名，聘任或者解聘公司副经理、财务负责人，决定其报酬事项；(8) 制定公司的基本管理制度。

2. 对国有独资保险公司的监督

国有独资保险公司设立监事会作为公司的监督机构，在公司经营、管理中对公司各种准备金、最低偿付能力和国有资产保值增值等情况，以及高级管理人员违反法律、行政法规或者公司章程的行为和损害公司利益的行为进行监督。监督的方式主要有：

(1) 检查。主要是对公司财务进行检查。监事会可以随时审核、查阅公司的会计报告和其他会计资料，检查公司的业务和财产状况。检查时，可以聘请注册会计师、执业审计师等，聘请费用由公司承担。

(2) 监督。主要是对董事、经理进行监督。监事会可以阻止董事和经理从事的违法或违反公司章程的业务活动，当董事、经理的行为有损公司利益时，监事会有权要求其纠正，如果其仍不加以纠正，可以书面形式向主管机关报告。

(3) 代表。当董事和经理在履行公司职责时有违法行为，监事会可以代表公司对其进行起诉。

监事会由金融监管部门、有关专家和保险公司工作人员代表组成，每届任期3年，任期届满，可连选连任。监事会的议事方式和表决程序由公司章程规定。公司董事长、副董事长和经理不得兼任本公司监事。监事应当依照法律法规和公司章程，忠实履行职责。

(二) 股份有限保险公司

股份有限保险公司除具有一般股份保险公司的特征外，按照我国《公司法》和《保险法》的规定，它在组织机构方面有着自己的特点。

1. 股东大会

股东大会是由公司全体股东定期或临时举行的会议。股份有限保险公司是以股东(一般在10个以上)出资为基础设立的，股东作为出资者，既要以其出资对公司承担责任，也享有所有者的资产受益、重大决策和选择管理者等权利。因此，股东大会是公司的最高权力机关，行使下列职权：(1) 决定公司的经营方针和投资计划；(2) 选举和更换董事，决定有关董事的报酬事项；(3) 选举和更换由股东代表出任的监事，决定有关监事的报酬事项；(4) 审议批准董事会的报告；(5) 审议批准监事会的报告；(6) 审议批准公司的年度财务预算方案、决算方案；(7) 审议批准公司的利润分配方案和弥补亏损方案；(8) 对公司增加或者减少注册资本做出决议；(9) 对公司发行债券做出决议；(10) 对公司合并、分立、解散和清算等事项做出决议；(11) 修改公司章程。

2. 董事会

董事会是指由全体董事参加的日常经营决策和常设业务执行机关。董事会由5至19名成员组成，董事由股东大会选举产生和决定更换，任期由公司章程规定，但每届任期不得超过3年，董事任期届满，可以连选连任，任期届满前，股东大会不得无故解除其职务。董事会对股东大会负责，行使下列职权：(1) 负责召集股东大会，并向股东大会汇报工作；(2) 执行股东大会的决议；(3) 决定公司的经营计划和投资方案；(4) 制定公司的年度财务预算方案、决算方案；(5) 制定公司的利润分配方案和弥补亏损方案；(6) 制定公司增加或者减少注册资本的方案，以及发行公司债券的方案；(7) 拟定公司的合并、分立、解散方案；(8) 决定公司内部管理机构的设置；(9) 聘任或者解聘公司经理，根据经理的提名，聘任或者解聘公司副经理、财务负责人，决定其报酬事项；(10) 制定公司的基本管理制度。

董事会设董事长 1 人，可以设副董事长 1 至 3 人。董事长和副董事长以全体董事的过半数选举产生。董事长为公司法定代表人，主要职权是：主持股东大会和召集、主持董事会会议；检查董事会决议的实施情况；签署公司股票、公司债券。副董事长协助董事长工作，董事长不能履行职权时，由其指定的副董事长履行职权。公司根据需要，可以由董事会授权董事长在董事会闭会期间，行使董事会职权。

股份有限保险公司设置的经理，由董事会聘任或解聘。经理对董事会负责，行使下列职权：(1) 主持公司的生产经营管理工作，组织实施董事会决议；(2) 组织实施公司年度经营计划和投资方案；(3) 拟定公司内部管理机构设置方案；(4) 拟定公司基本管理制度；(5) 制定公司的具体规章；(6) 提请聘任或解聘公司副经理、财务负责人；(7) 聘任或者解聘除应由董事会聘任或解聘以外的管理人员；(8) 公司章程和董事会授予的其他职权。经理列席董事会会议。公司董事会可以决定由董事会成员兼任经理。

3. 监事会

监事会是股份有限保险公司的监督机构。其成员不得少于 3 人，由股东代表和适当比例的公司职工代表组成，并由股东和职工民主选举产生。监事会应在其成员中推选 1 名召集人。董事、经理及财务负责人不得兼任监事。监事每届任期为 3 年，任期届满后，可连选连任。监事会行使下列职权：(1) 检查公司财务情况；(2) 对董事、经理执行公司职务时违反法律、法规或者公司章程的行为进行监督；(3) 当董事、经理的行为损害公司的利益时，要求董事和经理予以纠正；(4) 提议召开临时股东大会；(5) 公司章程规定的其他职权。

本章小结

保险市场是交易保险商品的场所，是保险交易主体间所产生的全部交换关系的总和。它具有直接经营风险、非即时清结市场、特殊的“期货”交易市场、政府干预性四个特点。现代保险分为四类：完全竞争型市场、垄断型市场、寡头型市场、垄断竞争型市场。

保险市场作为市场经济的一个组成部分，同样要受到价值规律、供求规律以及竞争规律的不断作用和影响，在保险交易过程中随着交易价格的波动，保险市场自动调节保险的供求关系；作为一种经济杠杆，保险对国民经济的比例关系也发挥着调节作用。

保险是一种复杂的经济活动，交易双方存在复杂的权益关系，为了推动市场高效率地运行，需要一定的中介组织提供服务。现代保险市场的中介主要包括保险代理人、保险经纪人、保险公估人。

保险人的组织形式不尽相同。综合来说，有国营保险公司、私营保险公司、合营保险公司、合作保险组织和个人保险组织。

重点概念

保险市场　　保险价格　　保险代理人　　保险经纪人
保险公估人　　保险股份有限公司　　个人保险组织

复习思考题

一、填空题

1. 保险市场就是（　　）买卖行为的总和。

2. 保险中介主要由（　　）、（　　）和（　　）组成。

3. 在我国，根据《保险法》的规定，保险人的组织形式可以是（　　）和（　　）。

二、判断题

1. 保险商品的特殊性在于它是一种有形商品。（　　）

2. 一般来说，风险管理好，出险频率低，保险需求量减少；反之，保险需求量增加。（　　）

3. 劳合社是世界上最大的保险公司。（　　）

三、选择题

1. 可能影响保险市场需求的因素有（　　）。

A. 风险因素　　B. 保险费率

C. 消费者的货币收入　　D. 利率因素

2. 在当今保险市场上，主要存在的保险市场有（　　）。

A. 完全竞争型保险市场　　B. 完全垄断型保险市场

C. 垄断竞争型保险市场　　D. 寡头垄断型保险市场

3. 保险市场表现出的独有特征有（　　）。

A. 保险市场是直接的风险市场　　B. 保险市场具有政府干预性

C. 保险市场是无形市场　　D. 保险市场是买方市场

4. 保险市场供给可能受到（　　）的制约。

A. 保险费率　　B. 保险利润　　C. 经营管理因素　　D. 政府行为

5. 我国的保险代理人包括（　　）。

A. 独立代理人　　B. 专业代理人　　C. 兼业代理人　　D. 专属代理人

E. 个人代理人

6. 下列关于劳合社的表述中，正确的是（　　）。

A. 劳合社是一个保险公司

B. 劳合社是一个保险市场

C. 劳合社的成员只能是法人

D. 投保人在投保时和承保辛迪加直接见面

四、案例分析题

某工厂于2017年1月1日向某保险公司投保企业财产险，保险期限为一年。合同到期后该厂提出了续保要求。2018年1月1日，该厂向保险公司的业务员王某递交了投保单，王某接受了该投保单并足额收取了保险费，但未及时将投保单和保险费交到保险公司，因此保险公司没有给该厂签发保险单。2018年2月13日，该厂发生火灾，财产损失巨大。该厂向保险公司索赔，保险公司拒绝，理由是并未收到该厂的保险费，也未经核保签发保单。该厂诉至法院，要求保险公司承担赔偿责任。

问题：此案应该如何判决？

第十一章
保险业的监督管理

学习目标

1. 了解保险监管的原因、目标；
2. 掌握保险监管的主要内容；
3. 了解保险监管的方式。

第一节 保险监督管理概述

保险监管有广义和狭义之分。广义的保险监管是指具有法定监管权的政府机构、保险行业自律组织、保险企业内部的监管部门以及社会力量，对保险市场及市场主体的组织和经营活动的监督或管理。狭义的保险监管是指保险监管机构根据一定的目的、目标或原则，对保险经济活动中经济主体的行为所进行的约束和管制，以确保保险人的经营安全，同时维护被保险人的合法权益，以此确保保险市场的正常秩序，并促进保险业的发展。

相关资料 11-1

最早建立保险监管制度的国家是英国。1575 年，英国女王特许在伦敦皇家交易所内设立保险商会，英国政府要求海上保险单必须向该商会办理登记。这是政府对保险业进行管理的开端。随着世界经济和国际贸易的发展，海上保险业得到了空前的发展和繁荣，与此同时，出现了保险业发展混乱无序的局面。许多资本规模比较小的保险公司从事海上保险业务，但因承担风险过大，纷纷倒闭。保险公司频繁地新旧交替，给被保险人的利益带来了极大的损害，影响社会经济发展的稳定。

面对这种局面，一些国家开始干预保险业，通过保险立法，成立专门机构对保险业实施监管。1601 年，英国颁布了第一部与海上保险有关的法律。1720 年，英国女王特许皇家交易保险公司和伦敦保险公司统一经营海上保险，其他保险公司不得涉足。英国于 1746 年第一次以法律条文的形式要求投保人对投保财产应具有保险利益。保险利益这一重要法律概念的提出，对区分赌博与正常的保险业务起到了重要作用，有效地遏制了当时大量海事欺诈事件。

一、保险监管的原因

（一）保险业涉及公众利益

保险业与银行业类似，它对整个社会有着极大的影响。从范围上看，一家保险企业涉及众多家庭和企业的安全保障问题；从期限上看，一家保险企业可能涉及投保人的终身生活保障。一旦一家保险企业经营失败，众多的家庭和企业将失去保障，众多被保险人的晚年生活可能失去着落，并造成社会动荡。保险业的这一特点，不适应一般工商企业的自由竞争机制，即用市场的力量优胜劣汰，任保险企业自生自灭。为了维护众多家庭和企业的利益，保证社会稳定，政府有必要将保险业置于其监管之下，而不能任其破产、倒闭。

（二）保险业具有很强的技术性

保险业的经营有很强的技术性，保单条款的制定、费率的计算都需要专业人员。投保人在投保时，保单的条款和保险费率都是由保险人设计好的，投保人可能难以辨别这些条款和费率是否公正。因而保险监管机构需对保单条款和费率水平进行审核，以保护投保人的利益。

（三）保险业是最易于产生过度竞争的行业

一般来说，保险企业的经营不需要投入很多的固定资产和聘用较多的员工。如果政府不规定市场准入标准，则社会上可能有很多资质很差的人（或机构）投资于保险业，造成保险业过度竞争，结果可能造成破产现象频频发生。保险监管机构应根据市场供求情况，对保险市场的进入者规定一定的资格要求，限制保险机构的自由出入。

二、保险监管的模式

（一）北美型

北美型的监管是强势监管，是与弱势监管相对立的。其特点是既从定性的角度通过对保险经营各环节的监管来保证偿付能力的实现，又从定量的角度通过法定偿付能力额度的规定来保证被监管保险公司处于有偿付能力的状态。通常，它是对市场行为、偿付能力和信息披露要求都相当严格的一种监管方式，强调对保险条件和费率的预防性监督。费率的条件、保单利率、红利分配、一般保险条件等均有明文规定，并在投放市场前受到监管部门严格和系统的监督。这种限制的原因之一是使消费者对保险产品做到心中有数，以此弥补其信息劣势。这种制度的后果是限制了保险公司的创造力，使保险产品的差异变小，不利于应对随时可能出现的新风险，也不利于保险公司最大化地分散公司经营风险。保险监管模式属于这一类型的主要有美国各州、加拿大等。美国是这一类型的典型代表，它的保险市场从最初的少有监管到后来的严格监管经历了漫长的过程，最终形成了今天的严格监管局面。

通常，这种类型的监管机构将实施两个层次、全方位的偿付能力监管，政府既监管条款、费率等经营管理活动，同时监管最低偿付能力额度。以美国各州的人寿保险监管为例，保险条款、费率大都采取事前报保险监督局审批的制度，偿付能力监管主要通过基于各类监管报表分析的非现场检查和现场检查来实现的。除此之外，美国和加拿大还设计了很多偿付能力额度监管的方法，如风险资本要求、保险公司预警系统、资产负债管理、现金流测试等动态的偿付能力管理方法。

（二）英国型

英国型的监管是一种弱势监管。这种形式的监管给予保险公司很大的自由度，同时给予它们更大的责任。在这种监管模式下，保险公司在确定费率和保险条件时享有很大的余地，监督者的精力集中于公司的财务状况和偿付能力上，只规定保险公司应该保持的法定偿付能力额度，如果保险公司的实际偿付能力额度保持在法定偿付能力额度或其上，则认为保险公司是有偿付能力的，它们的经营一般不会受到更多的干预。这种方式的监管根据在于保险公司只要在法律和道德范围内以负责的态度经营，政府就不应该干预。因此，这种制度能够更多地发挥保险公司的积极性，促进保险市场产品的多样化。但是从理论上讲，这种制度要求加强对保险中介机构的监管。因为中介机构承担了保证市场的透明度，指导消费者选择最能满足其需要、适合其收入特点的产品类别和费率的任务。属于这种监管类型的主要是欧盟国家。其主要特征是保险条款、保险费率由市场调节，政府不直接干预保险公司的承保和资金运用，将保险监管的重点放在偿付能力额度的监管上。

这种类型的监管主要有三个特点：一是保险公司必须维持与其承担的风险相一致的最低法定偿付能力额度，公司承担的业务风险大，要求的法定最低偿付能力额度也大。二是人寿保险业务的风险由其准备金和风险保险金额来衡量，非寿险业务的风险由其保费收入或赔款支出来衡量，每类风险的系数通常在精算模型的基础上，根据经验修正来确定。三是保险公司的实际偿付能力额度为其认可资产和认可负债的差额。如果保险公司实际偿付能力额度低于法定偿付能力额度，政府将根据其低于法定偿付能力额度的程度，采取不同的干预措施，如限期补充资本金、限制签发新保单等。

英国型模式的监管重点是偿付能力额度监管，但间接地控制了正常层次的监管。在实行这一保险监管模式的国家，保险条款和费率由市场调节，保险经纪人可以充分利用其专业知识和信息，为投保人以最便宜的费率购买最优的保险保障，因而保险经纪人发挥着重要的作用。据统计，英国保险市场中90%以上的非寿险业务都是通过保险经纪人成交的。

相关资料 11-2

1997年席卷亚洲的金融危机给尚稚嫩的中国金融业敲响了警钟，在当年举办的第一次全国金融工作会议上，确立了金融分业监管机制。基于此，定位为国务院直属副部级事业单位的中国保险监督管理委员会于1998年11月18日正式成立，开启了中国保险业的专业监管时代。

到2000年底，全国保险监管组织体系初步建立，在31个省市设立了保监派出机构。

2001年12月11日，中国正式加入WTO，对保险业做出“高水平、宽领域、分阶段开放”的承诺。这一年，国务院颁布《外资保险公司管理条例》，保监会也公布了保险业加入WTO的承诺。

2004年年初，保监会驻各地派出机构统一更名为“保监局”，除原有31个派出机构更名外，还新设立了大连、青岛、宁波、厦门4个计划单列市及西藏自治区保监局。

2006年6月26日，《国务院关于保险业改革发展的若干意见》（简称“国十条”）正式颁布，业内高呼“春天来到了”。

2007年，保监会协同中国人民银行、国家外汇管理局发布了《保险资金境外投资管理暂行办法》，允许保险机构运用自有外汇或购汇进行境外投资，同时逐渐放宽保险资金在股票市场上的投资渠道。

2009 年，国内保险保费收入首度突破万亿大关，人身险实现保费收入 7 338 亿元，同比增长 10.99%；财产险保费收入 2 446 亿元，同比增长 13.83%。

2014 年，国务院发布了《国务院关于加快发展现代保险服务业的若干意见》(新“国十条”)，保险业的大发展从“行业意愿上升到了国家意志”。

2018 年 3 月 13 日，国务院公布的机构改革方案，组建中国银行保险监督管理委员会，不再保留中国银监会、保监会。

三、保险监管的原则

（一）依法监管原则

依法监管包含两层含义：一是指保险公司必须接受国家保险监管机关的监督；二是指保险监管机关在履行其监管职责时必须依据有关法律和行政法规进行监管，其监管行为不得与之相抵触，必须保持保险监管的权威性、严肃性、强制性和一致性。具体来讲：

(1) 保险监管主体地位的确立和监管权力的取得来源于法律，法律应对保险监管机关的法律地位和职责权限做出明确的规定，并充分保证保险监管行为符合保险法律、行政法规和规章的要求；保险监管的步骤、方法和环节符合法定程序，确保保险监管目标的顺利实现。

(2) 保险监管主体应依法行使监管权，保险监管主体必须在法律授权的范围内行使权力，其监管行为无论是在实体上还是在程序上都要符合保险法律、行政法规和规章的规定，不得超越权限，不得侵犯保险公司的合法权益。中国银保监会履行监管职责时，如不按照法律、行政法规和规章规定的内容、程序实施监管行为，尤其是实施行政处罚行为，不仅会导致该保险监管行为无效的后果，达不到保险监管的目的，还会大大损害中国银保监会的保险监管形象和保险监管的权威性、有效性。

（二）维护保险当事人利益的原则

保险人的经营行为是否规范，直接影响到投保人或被保险人的切身利益，关系到投保人或被保险人是否能享受良好的保险服务及投保人或被保险人的合法权益是否能够得到充分保障。通过法律和法规对保险公司进行必要的约束，可以改变保险消费者的弱势地位，切实保障消费者的权利。事实上，维护保险消费者的利益，就是维护整个保险市场良性发展的基础。保险消费者是保险市场持续发展的源泉和动力。

（三）保证保险市场健康发展的原则

国家对保险业的监管，要考虑保险产业布局和保险市场的均衡发展，强化市场运行机制；顺应保险市场自身的发展规律，促进公平竞争，防止不正当竞争和恶性的盲目竞争。监管部门作为监管规则的制定者和执行者，应该在运用宏观调控手段的同时，发挥市场机制的调节作用，最大效率地做好保险业的监管工作。同时，作为保险市场的重要组成部分，保险公司服务质量的好坏直接影响到保险潜在需求向有效需求的转化，所以，国家对保险公司实施监管，考虑的是保险市场的整体状况，监管的目标是有利于保险市场健康发展。

（四）综合管理原则

保险监管部门对保险公司的监督是综合性的，不仅通过行政手段，还通过法律和经济等监管手段进行监管，对违法违规的被监管者根据其违法违规性质的不同，分别规定了所须承担的法律责任，即行政责任、民事责任和刑事责任。这种综合性的监管方式保证了监管的严肃性、适法性和有效性。要加强保险机构自身的内部自我约束，建立、健全内部管理机制和内控机制，充分发挥行业自律组织的有效作用，做到内部监督和行业监督相结合、内部制约和外部制约相结合、内部自我约束和外部政府监管相结合。

第二节 保险监督管理的内容

保险监管涉及的内容甚广，不同国家的保险监管各有特点，并各有偏重。但总的来说，可以分为组织监管、业务监管和财务监管。

一、组织监管

国家对保险组织的监管，是指国家对保险业的组织形式、保险企业的设立、停业清算、保险从业人员资格以及外资保险企业等方面的监督和管理。

> **课堂讨论：**
> 保险监督的主要内容。

（一）对组织形式的监管

保险业的组织形式对保险业经营产生重大影响。《保险法》对保险公司的组织形式有特定要求。

目前，除英国等极少数国家、地区外，世界各国均已禁止个人经营保险业务，保险经营者必须是法人组织。经营保险业务的组织包括公司制和非公司制两类。公司制包括股份有限公司、有限责任公司、相互公司等形式，非公司制包括保险合作社及其他类型的互助团体。

各国保险监管制度对保险经营者的组织形式都有适合国情的规定和限制。股份有限公司是被普遍采用的保险组织形式。我国《保险法》第六条规定：保险业务由依照本法设立的保险公司以及法律、行政法规规定的其他保险组织经营，其他单位和个人不得经营保险业务。同时《保险法》还规定，保险公司在组织形式上直接适用《公司法》，既可以采取有限责任公司的形式，也可以采取股份有限公司的形式。目前，我国保险组织采用股份有限公司或国有独资公司的形式。随着市场的开放程度，对有关组织形式的法律法规，将会做出新的补充和调整。

（二）对保险企业设立的审批

各国保险监管制度均规定，设立保险企业必须向主管部门申请批准，并在工商行政管理部门注册登记，取得营业执照，方准营业。申请时要提交资本金的证明，以及有关企业的章程、负责人资格、有关条款、费率、营业范围等文件、资料。

（三）对停业清算的监管

保险企业可能因经营不善而破产，也可自行决定解散或与其他保险企业合并。正常解散或合并时，应该清偿全部债务或将保险合同全部转让。因经营不善、严重违法或负债过多而破产时，除按破产法的规定处理外，还有一些特殊的清算程序。保险主管机关可选派清算人员，直接介入清算程序，但一般都尽量帮助保险企业改善经营条件，使其免于破产。

（四）对保险从业人员资格的监管

保险行业的专业性和技术性很强，从业人员的资格是否符合要求，这与保险业的经营和发展有着密切的关系。对保险从业人员资格的监督包括两个方面：一方面是高级管理人员和保险公司的主要负责人都要符合监管机关规定的任职资格，在机构设立之前，均需报监管机关审定；另一方面是保险从业人员中从事过保险工作和大专院校保险专业或相关专业的毕业生应占到 60％以上，保险公司必须聘用经中国保险监督管理机构认可的精算人员。

各国保险法规对保险从业人员资格都有严格规定，尤其是对保险企业的高级管理人员和主要负责人，都要求必须具备一定的资格条件，不符合规定条件的，不能担任相应职务。对于其他从业人员，如对于核保人员在选择风险单位、测定风险程度、推定风险等级和适用保险费率等方面，对于理赔人员在认定责任归属、查勘损失、计算赔付金额等方面，以及对于会计人员在财务计算和会计核算等方面，也都由法规做出明确规定。

（五）对外资保险企业的监管

对外资保险企业的监管，因各国经济制度和体制大不相同，监管的方法也大不相同。英、美等经济发达国家，本国保险业的实力雄厚，对外资保险企业大多采取较为宽松的开放政策；但也有少数国家采取严格的限制政策，如日本。而发展中国家均采取保护本国保险业发展的监管措施，以限制外资保险企业进入本国保险市场，有的还禁止本国公民和国内的财产向境外的保险企业投保，或对向外资保险企业投保的投保者课以重税。

二、业务监管

国家对保险业务的监管，是指国家对保险企业的营业范围、保险条款和费率、再保险业务、保险中介人以及精算制度的监督和管理。

（一）营业范围的限制

为了保障广大被保险人的利益，各国一般都规定，禁止非保险业经营保险或类似保险的业务，禁止保险公司经营保险以外的业务（不包括保险投资）。大部分国家还禁止保险公司同时经营寿险和非寿险业务，如我国《保险法》第八条规定：保险业和银行业、证券业、信托业实行分业经营、分业管理，保险公司与银行、证券、信托业务机构分别设立。也有国家允许寿险、非寿险兼营的（如美国），但寿险业务必须单独核算。唯有英国对保险企业的保险业务经营范围基本上不加限制，每个保险企业都能够自由经营任何一种或数种保险业务。

（二）核定保险条款和费率

保险条款是专业性和技术性极强的保险文书。为了保障广大被保险人的合法利益，保证保险条款的公平性、公正性，世界上很多国家的保险监管部门都要依法对保险条款进行审查，以避免保险公司欺骗被保险人及防止保险公司对被保险人做出不合理的保险承诺。保险费率是保险商品的价格，直接关系到保险公司的保费收入、保险基金的积累、偿付能力等，对保险公司的财务稳定性和被保险人的利益都有很大影响。因此，许多国家均规定保险费率的制定须报经主管部门核准方为有效。

根据我国《保险法》第一百三十五条的规定，关系社会公众利益的保险险种、依法实行强制保险的险种和新开发的人寿保险险种等的保险条款和保险费率，应当报国务院保险监督管理机构批准。其他保险险种的保险条款和保险费率，应当报保险监督管理机构备案。

（三）对再保险业务的监管

各国对再保险业务都进行监管，这种监管有利于保险公司分散风险和稳定经营，有利于防止保费外流和发展民族保险业。

我国《保险法》第一百零三条第一款规定：保险公司对每一危险单位，即对一次保险事故可能造成的最大损失范围所承担的责任，不得超过其实有资本金加公积金总和的10％；超过的部分应当办理再保险。第一百零五条还规定：保险公司应当按照国务院保险监督管理机构的规定办理再保险，并审慎选择再保险接受人。

中国银保监会在对再保险的监管过程中，有权限制或者禁止保险公司向中国境外的保险公司办理再保险分出业务或者接受中国境外再保险分入业务，并要求保险公司办理再保险分出业务时，优先向中国境内的保险公司办理。

（四）对保险中介人的监管

对保险代理人、保险经纪人、保险公估人，各国政府均通过法律明确其地位、资格、执业条件、法律责任等。保险中介人一般均需经考试合格，向保险监管部门注册登记，并交存规定的保证金后，才能经办保险业务。国家制定了专门的法规或条例，明确保险中介人的权利和义务，并对其业务活动进行监督和检查，如发现有严重过失或违法的行为，则给予经济处罚，直至取消注册。保险中介人的佣金标准也由保险监管部门核定。

（五）对精算制度的监督管理

精算是指运用概率论和大数法则进行保险业务数理计算的科学。尤其是人寿保险业务，必须通过精算才能保证保险公司科学地收取保险费，提取寿险责任准备金。《保险法》第八十五条规定：保险公司应当聘用专业人员，建立精算报告制度和合规报告制度。

精算是一门专业性强、技术含量高的科学，精算人员必须经过精算知识的专门培训才能胜任这一工作。1999 年，我国开始自办精算师资格考试，为培养精算人才奠定了基础；现在，我国许多高校与国际保险学术机构合作开办了保险精算师资格考试。

三、财务监管

保险公司必须建立健全各项财务制度。财务制度贯穿于保险企业经营活动的整个过程，是保险企业经营管理的综合反映。国家对保险公司财务的监管包括对资本金和保证金、责任准备金、偿付能力、保险投资及财务核算的监管。

（一）对资本金和保证金的监管

保险公司申请开业必须具备最低数量的资本金，其数额通常都高于一般企业。这与保险业的特点有关，原因有两个：其一，由于保险风险发生的偶然性、意外性和不平衡性，有可能在保险公司开业初期就会发生保险事故，需要赔偿或给付，所以保险公司随时都有履行赔付的义务。资本金既用于开业的费用，也用于开业初期的赔付。其二，开业之后，业务量还不是很大，有可能遇到意外的事故，以致风险过于集中，使保险公司难以应付，此时也需要有一定量的资本金。

（二）对责任准备金的监管

各种责任准备金都是保险人为了履行赔偿和给付义务而建立的基金，因此，责任准备金管理是财务管理中最为重要的部分。财产保险准备金分为未到期责任准备金、未决赔款准备金和总准备金三个部分。人身保险中保险期限在 1 年以内的，责任准备金的计算方法与财产保险基本相同；长期人身保险一般都实行均衡保费制，其责任准备金的计算方法复杂而精确。各国保险监管机构都对不同险种责任准备金的计算方法和提取有明确规定，并由专门的精算师审定。

（三）对偿付能力的监管

保证保险人的偿付能力是保险监管的最根本目的，因此，对保险公司的偿付能力进行监管是保险监管工作的核心。为了保证保险公司具有偿付能力，各国保险法都规定了许多专门措施，如保险公司的资本金要求、保证金的提存、保险保障基金的建立、最低偿付能力额度的确定等。近年来，各国保险监管部门都在探索更为有效的偿付能力监管措施。从目前看，偿付能力监管手段主要有最低资本充足率监管、保险监管信息指标体系监管和保险监管机构组织的现场检查等。保险监管部门往往综合使用这些监管手段，对保险公司进行系统分析。在偿付能力监管体系中，保险保障基金具有独特的作用，它不是对保险公司偿付能力的分析，也不是对失去偿付能力的保险公司的经济制裁，而是用全行业积累的资金对丧失偿付能力的保险公司的保单持有人的经济损失进行补偿。目前，世界各国基本上都有关于建立保险保障基金的规定。

（四）对保险投资的监管

由于保险公司在设计保险产品和确定保险费率时均把一定比例的资产增值考虑在内，同时由于保险公司与被保险人的权利义务在执行时间上的不对称性，所以各国保险监管部门都把保险投资作为主要监管内容。许多国家，包括我国的保险立法，都对保险投资做了比较严格的限制。在这些限制措施中，有的是限制使用范围，有的是对保险公司资金在某一项目上的运用做了比例限制，如美国纽约州规定保险公司投资在不动产上的资金不得超过该公司认可资产的10%，日本在保险法中规定保险公司购买股票的投资额不得超过总资产的30%。

相关资料 11-3

半年39张监管函，创史上之最

2018年上半年，银保监会共下发39张监管函，超历年全年总量。

涉及35家保险机构。其中：财产险公司26家，人身险公司6家，资产管理公司2家，保险集团1家。

3家保险公司今年多次被下监管函。这3家公司分别是：紫金财险（3次）、浙商财险（2次）和中华联合（2次）。

银保监会重拳整治问题产品。39张监管函中：19张涉及问题产品，9张涉及电网销，8张涉及保险资金运用违规，3张涉及境外投资违规。

11家公司停止备案新产品（农险除外）。抽检出有问题的保险产品立即停用，责令3个月（或6个月）内禁止备案新产品，甚至包括“老三家”之一的平安财险。

5家公司在整改期内，被限制资金运用。这5家公司分别是：中华联合、幸福人寿、安诚财险、紫金财险和民生通惠资管。

1家董事长被罢免。监管函明确要求调整安邦集团原董事长、总经理吴小晖职务，尽快选举新董事长、总经理人选。

（五）对财务核算的监管

为了有效管理保险企业的经营和随时了解、掌握保险企业的营业状况，各国一般都要求保险企业在年终时向主管部门递交年终报告，反映其财务核算状况。

根据我国《保险法》和《保险公司管理规定》的相关条款，保险机构应当按照规定及时向中国银保监会报送营业报告、精算报告、财务会计报告、偿付能力报告、合规报告等报告、报表、文件和资料。保险公司应当按照国务院保险监督管理机构的规定，真实、准确、完整地披露财务会计报告、风险管理状况、保险产品经营情况等重大事项。这些规定都是为了保证保险企业财务活动的稳定，防止其发生财务危机。

第三节　保险监督管理的方式

保险监督管理的方式是指为达到监管目的，对保险监管内容进行监管所必须采用的方法和手段。换言之，即为实现监管目标的必经途径。科学而适当的监管方式是实现有效监管的基本条件。

一、保险监管的一般方式

（一）公示方式

公示方式即监督机关对监管对象不加以任何直接管理，而仅将其资产负债、营业结果以及其他有关事项予以公布。至于保险企业业务的实质及经营优劣，由被保险人和公众自己判断。关于保险业的组织、保险合同格式的设计、资金的运用等由保险公司自主决定，政府不做过多干预。这是国家对保险市场最为宽松的一种监管方式。其优点是保证保险企业自主经营，使保险企业在自由竞争的环境中得以发展；缺点是一般公众对保险企业优劣的判断标准不易准确掌握，对不正当的经营无能为力，保险企业的不规范行为难以得到及时有效的纠正。这种方式一般为实行英国型监管模式的国家所采用。

实行公示方式的国家必须具备相应的条件：客观上，该国国民经济高度发达，保险机构普遍存在，投保人有选择优劣的可能，保险企业具有一定的自制能力，保险行业自律机制较为健全，市场具有平等竞争的条件，企业具有良好的商业道德；主观上，国民具有较高的文化水准和自我保护意识，投保人对保险企业的优劣有一定的判断能力和评估标准。随着二十世纪六七十年代英国一些保险公司的破产，政府对保险业的监管有加强的趋势，这一方式逐渐被抛弃。

（二）规范方式

规范方式又称准则主义或形式监督主义，是指由政府规定保险业经营的一般准则，并要求保险业共同遵守的监管方式。政府对保险经营的重大事项，如最低资本额的限定、资产负债表的审查、法定公布事项的主要内容、管理当局的制裁方式等，都有明确规定。这种方式较公示方式要严格一些，但政府对保险业是否真正遵守规定，仅在形式上加以审查。由于保险专业技术性强、业务复杂，有关法规很难适用于所有保险机构，因而形式上合法而实质上不合法的行为时有发生，这就增加了政府监管的难度，使监管措施难以奏效。荷兰在1922年以后曾采用过这一方式。

（三）实体方式

实体方式又称许可方式，即国家制定完善的保险管理规则，监管机关具有较大的权威和权力。在保险组织创设时，必须经政府审查核准，发放许可证；经营开始后，在财务、业务等方面进行有效的监管；在破产清算时，仍予以监理。这是当今世界大多数国家都采用的方式，如美国、日本、德国等，我国亦采用此种方式。目前，在保险费率管理、保险条款审定、竞争约束、资金运用等方面，许多原来管理严格而审查秩序较好的国家，对此有解禁的趋势。

二、我国的保险监管方式

根据我国法律的规定和以往的实践，我国的保险监管方式主要有下述几种。

（一）稽核

稽核是中国银保监会依法对保险机构的业务活动及相关的财务活动的真实性、合法性、安全性和效益性进行审查的一种监管方式。稽核是中国银保监会作为监管机关对保险业进行经济行政管理的重要手段。它主要是通过对由保险机构的会计核算资料所反映的财务、业务状况，根据国家保险法律、法规和政策，进行审查、评价，对保险机构不合法、不安全和效益差的业务活动提出改正建议，对保险机构违法违纪的经营活动按照有关规定做出处理，并将稽核结论和处理建议报告本级银保监会主任、上级银保监会稽核部门和被稽核保险机构的主管部门。

中国银保监会对保险机构的稽核一般须经过稽核准备、稽核实施和报告处理三个阶段。稽核的内容主要有：

（1）承保稽核。包括保险合同稽核、保险费率稽核和承保质量稽核。

（2）理赔稽核。即对保险机构是否按照合同约定和有关规定切实履行赔付义务进行稽核，包括理赔业务的稽核和理赔纪律的稽核。

（3）财务管理稽核。即对保险机构财务收支状况、各种准备金的提取和使用情况，以及保险防灾费、宣传费、手续费、成本列支等进行稽核。

（二）检查

1. 检查的形式

检查可分为现场检查和非现场检查两种形式。

（1）现场检查，是指监管机构派专业检查人员到保险公司及其分支机构进行实地检查，检查人员在行使检查职权时，应持有中国银保监会统一颁发的《检查证》。这种检查可以是一般性检查，也可以是对特定问题的专门性检查；可以是以发现问题为目的的主动性检查，也可以是根据群众或有关部门的检举、揭发而进行的核实性检查。监管机构在检查过程中，要深入调查研究，听取群众和有关部门的意见，实事求是地写出调查报告，肯定成绩，揭露问题，对需要处理的人和事，要提出处理意见。

（2）非现场检查，是通过对保险公司上报的财务报表和资料进行分析、稽核来进行监督。即通过对保险公司的业务状况、财产状况及资金运用状况的报告、报表、文件等资料进行审查，发现存在的问题，提出改进和处理意见。此种检查要求被检查人报送的资料必须完整、真实、及时，否则就难以达到检查的目的。

现场检查和非现场检查可以独立进行，也可以结合进行，但一般是结合进行。在目前国家监督机构人力不足的情况下，先进行非现场检查，如发现问题再进行现场检查，通过现场检查来核实和校正非现场检查发现的问题。当然，也不排除在现场检查中发现和查处新的问题。

2. 检查的内容

检查包括根据实际需要而进行的日常检查和法定的年度检查（简称年检）。对保险机构检查的内容主要有：

（1）机构设置或变更事项的审批手续是否完备。

（2）申报材料的内容与实际情况是否相符。

（3）资本金、营运资金、公积金、各项准备金是否真实、充足。

（4）是否超范围或跨区域开办业务。

（5）是否按规定执行保险条款和保险费率。

（6）机构负责人的任用或变更手续是否完备。

（7）业务经营和财务状况是否良好，报表是否齐全、真实。

（8）营业场所和安全设施是否符合要求。

（9）中国银保监会认为需要检查的事项。

保险机构的年检时间为每年的第一季度。被检查的保险机构应在接到年检通知书后15日内，向检查机关报送下列材料：年检报告书；资产负债表和损益表；年度决算报告；《保险机构法人许可证》或《经营保险业务许可证》副本；中国银保监会要求申报的其他材料。对年检合格的保险机构，中国银保监会在其许可证副本上加盖公章；对不合格的保险机构，应责令其限期改正。对检查的有关资料和结论，由中国银保监会记入该保险机构档案。

（三）行政命令及行政处罚

采取行政命令，责令改正，予以行政处罚，是在监管机构确认保险公司有违反法律的行为时必须采取的一种监督方式。对情节轻微的违法行为，采取责令改正的方式即可；对情节严重的违法行为，除责令改正外，还必须采取行政处罚措施，包括没收非法所得、罚款、限制业务范围、责令停止接受新业务、吊销《经营保险业务许可证》、对责任人做出行政处分等。

（四）整顿

整顿是保险监管机构对保险公司违反保险资金运用规定的行为做出限期改正的决定后，在保险公司限期内未予以改正的情况下采取的监管方式。对保险公司进行整顿的目的在于改善公司的经营管理状况，促进其稳定、健康发展。整顿需有负责整顿的组织。整顿组织由中国银保监会选派保险专业人员和指定保险公司的有关人员组成。整顿开始前，监管机构应做出整顿决定并予以公告。公告的作用包括：一是警示其他保险公司避免重蹈整顿的覆辙；二是为维护保险公司的合法权益，防止监管机构滥用职权。整顿公告必须载明被整顿的保险公司的名称、整顿的理由、整顿组织和整顿期限。

在整顿期间，保险公司并未丧失权利能力，其原有的各项日常业务仍由该保险公司处理。整顿组织的职权是进行监督，既要监督保险公司限期改正已出现的违法行为，又有权停止其在业务中新出现的不合法行为或损害被保险人利益的不合理行为。由于整顿的原因是保险公司资金运用违法而处于不良状态，因此，整顿组织有权停止该项业务的进行。被整顿的保险公司经过整顿，经营管理状况得到改善，原整顿理由全部消失，整顿组织应提出报告，经中国银保监会审查，整顿工作确已达到预期目的的，应批准结束整顿。

（五）接管

接管是一种较整顿更为严格的监督方式，它与整顿不同，接管组织可对被接管的保险公司直接采取必要的强制措施。接管的目的是制止保险公司危害社会公共利益的行为，恢复保险公司的正常经营，保障保险业的稳健运行。

接管要受法律的严格限制，监管机构不能任意采取这一监管方式。采取接管方式的条件是：保险公司违反《保险法》的规定，损害社会公共利益，可能危及或者已经危及保险公司的偿付能力。

中国银保监会对保险公司决定实施接管以后，应由中国银保监会选派保险专业人员和指定保险公司的有关人员组成接管组织，制定接管实施办法，并予以公告。公告对接管组织、被接管的保险公司及中国银保监会均有约束力，也便于公众对其进行监督。公告应载明被接管保险公司的名称、接管的理由、接管组织和接管期限。接管期限根据保险公司恢复正常经营所需时间和便于稳定经济生活和各种法律关系，由中国银保监会确定。接管组织对被接管的保险公司实施接管而采取的各项措施，必须在接管期限内做出。如果确有特殊情况致使保险公司工作不能在接管期限内恢复到正常状态，中国银保监会可以决定延期，但最长不得超过2年。如果在接管期限内或接管期限届满时，被接管的保险公司恢复了正常的经营能力，中国银保监会应决定接管终止。如果接管组织认为被接管的保险公司的财产已不足以清偿其债务，经中国银保监会批准，可由接管组织依法向人民法院申请宣告破产。一旦进入破产程序，接管工作即告结束。

接管，并非是被接管的保险公司主体地位的变更，而只是对其管理行为的一定限制。因此，保险公司被接管后，其债权债务关系仍由保险公司承担，对于被保险人等提出的索赔，被接管的保险公司不得拒绝。

相关资料 11-4

被接管的保险公司

2006年，新华人寿原董事长关国亮挪用巨额公司资金的事件浮出水面。2007年，保监会通过保险保障基金接管新华人寿，先后购买隆鑫集团有限公司、海南格林岛投资有限公司等所持的新华人寿股权，占新华人寿股权的38.815%，成为第一大股东。2009年，保险保障基金将持有的新华人寿38.815%的股权转让给中央汇金公司。

与新华保险不同，中华联合保险被接管的主要原因是公司巨额亏损和偿付能力不足。2009年，新疆兵团将其所持有的61%的中华联合的股权交由保监会托管。2011年，保险保障基金公司控股中华联合保险，持股比例为57.43%。2012年，在中华联合保险增资至75亿元后，保险保障基金持股比例增至91.49%，成为第一大股东。此后，中华联合保险公司完成重组，由东方资产管理公司以债转股方式注资78.1亿元，控股51%，成为第一大股东。

2018年2月12日保监会发布通告：鉴于安邦集团存在违反法律法规的经营行为，可能严重危及公司偿付能力，为保持安邦集团照常经营，保护保险消费者合法权益，依照《保险法》的有关规定，中国保监会决定于2018年2月23日起，对安邦集团实施接管，接管期限一年。6月22日，中国银保监会公布对安邦保险集团变更股本结构的批复。批复显示，安邦保险的总股本为619亿股，由3家股东持有，分别是上汽持股1.22%、中国石化持股0.55%、保险保障基金持股98.23%。

上述几种监管方式既相互区别又彼此联系，保险监管部门可根据实际情况决定单独使用或一并采用。除稽核、检查被广泛使用于所有的监管对象外，其余的监管方式都是针对具体的违法行为，保险监管机关不能无条件地任意使用，否则就要承担相应的责任，因为这是滥用权力的行为。同样，保险监管机关按照法律的规定应当对违法的保险公司采取相应的监管方式而不采取的，也应承担相应的责任，因为这是失职行为。保险监管机关只有正确地采取监管方式，才能达到监管的目的，保证保险业的稳定健康发展。

本章小结

保险监管主要是针对市场行为和偿付能力进行监管，监管的形式包括公示方式、规范方式、实体方式。我国保险监管的主要方式是稽核、检查、行政命令及行政罚款、整顿、接管。

重点概念

公示方式　实体方式　规范方式　稽核接管
现场检查　非现场检查

复习思考题

一、选择题

1. 国家保险监管机构进行保险监督管理行为的性质属于（　　）。
A. 强制性　B. 选择性　C. 自愿性　D. 保护性

2. 保险监督管理部门监督管理的对象是（　　）。
A. 保险产品的供给者　B. 保险中介人
C. 保险的投保人　D. 保险产品的供给者和保险中介人

3. 政府对保险市场进行监督管理的各种方式中最为宽松的一种是（　　）。
A. 规范管理　B. 公示管理
C. 实体管理　D. 流程管理

4. 根据我国《保险法》的规定，保险人可以采取的组织形式包括（　　）等。
A. 股份有限公司　B. 合伙制企业
C. 合作制企业　D. 个人独资企业

5. 保险监督管理部门审查和分析保险机构各种报告和统计报表，依据报告和统计报表审查保险机构法律法规和监督管理要求的执行情况，这种检查方式称为（　　）。
A. 现场检查　B. 非现场检查
C. 临时检查　D. 定期检查

6. 一般来说，保险公司被强制解散的原因是（　　）。
A. 公司章程规定的营业期满　B. 公司权力机构的决定
C. 公司被依法撤销或破产　D. 公司分离或合并

7. 对于保险条款的监督管理，我国《保险法》规定主要采取的方式是（　　）。
A. 由保险公司自行拟定条款，报经保险监督管理部门审批或备案
B. 由保险公司拟定并使用，但需备案

C. 由保险监督管理部门制定条款

D. 法律允许的，由保险同业协会依法制定条款

二、简答题

1. 保险监管的目标是什么?
2. 保险监管有哪些方式?
3. 我国保险监管包括哪些主要内容?
4. 我国保险监管采取哪些方式?

主要参考文献

1. 孙祁祥. 保险学. 北京：北京大学出版社，2017.

2. 刘子操，刘波，周婷婷. 保险学概论. 北京：中国金融出版社，2017.

3. 王绪瑾. 保险学. 北京：高等教育出版社，2017.

4. 法律出版社法规中心. 中华人民共和国保险法注释本. 北京：法律出版社，2016.

5. 上海市保险学会，上海市第二中级人民法院. 保险典型案例评析. 上海：上海人民出版社，2016.

6. 中国保险行业协会，余勋盛. 保险法理论与实践. 北京：法律出版社，2016.

7. 刘连生，申河. 财产保险. 北京：高等教育出版社，2015.

8. 李民，刘连生. 保险原理与实务. 北京：中国人民大学出版社，2015.

9. 张洪涛. 保险学. 北京：中国人民大学出版社，2014.

10. 刘金章. 再保险理论与实务. 北京：北京交通大学出版社，2014.

11. 刘连生. 保险学. 北京：中国财政经济出版社，2013.

12. 项俊波. 保险原理与实务. 北京：中国财政经济出版社，2013.

13. 兰虹. 财产与责任保险. 成都：西南财经大学出版社，2013.

图书在版编目（CIP）数据

保险原理与实务/李民，刘连生编著．—4版．—北京：中国人民大学出版社，2019.2
21世纪高职高专规划教材．金融保险系列
ISBN 978-7-300-26710-4

Ⅰ．①保… Ⅱ．①李…②刘… Ⅲ．①保险学-高等职业教育-教材 Ⅳ．①F840

中国版本图书馆CIP数据核字（2019）第028557号

“十二五”职业教育国家规划教材
经全国职业教育教材审定委员会审定
21世纪高职高专规划教材·金融保险系列
保险原理与实务（第四版）
李　民　刘连生　编著
Baoxian Yuanli yu Shiwu

出版发行	中国人民大学出版社		
社　　址	北京中关村大街31号	邮政编码	100080
电　　话	010－62511242（总编室）		010－62511770（质管部）
	010－82501766（邮购部）		010－62514148（门市部）
	010－62515195（发行公司）		010－62515275（盗版举报）
网　　址	http://www.crup.com.cn		
经　　销	新华书店		
印　　刷	北京昌联印刷有限公司	版　　次	2008年5月第1版
规　　格	185 mm×260 mm　16开本		2019年2月第4版
印　　张	16	印　　次	2022年6月第7次印刷
字　　数	378 000	定　　价	39.00元